Iris Paxino

Engelstunden

Iris Paxino

Engelstunden

Gespräche mit der Engelwelt

Verlag Freies Geistesleben

4. Auflage 2024

Verlag Freies Geistesleben
Landhausstraße 82, 70190 Stuttgart
geistesleben.de

ISBN 978-3-7725-2944-3

ⓔ auch als eBook erhältlich

Umschlaggestaltung & Satz: Bianca Bonfert
Umschlagfoto: Dirk Wustenhagen / Trevillion Images
Druck: GGP Media GmbH, Pößneck
Printed in Germany

MIX
Papier | Fördert gute Waldnutzung
FSC® C014496
FSC www.fsc.org

Druckprodukt mit finanziellem Klimabeitrag
ClimatePartner.com/53248-2106-1005

INHALT

Allen wunderbaren Engeln dieser Welt gewidmet

Ein Engel ist
der für dich ficht
sacht wie der Mond aufgeht.

Er schweigt und steht,
er hält dich aus,
er bleibt und trägt
dein irdisches Gewicht.

Kein Mensch ist irgendwo allein
und nirgends ohne Licht.

Markus Schrauth

EINLEITUNG

«Ich gehe jetzt und werde
wiederkommen.
Und doch bin ich stets bei dir.»

Der Lehrerengel

Alles begann mit einer kleinen, weißen Feder. Es war ein nasskalter, weiß-gräulicher Februartag. Eilig stieg ich aus dem Auto aus, nahm meine Tasche mit und schlug die Autotüre zu. Ich wollte schnell noch einige Besorgungen machen und drehte mich um, um loszulaufen. Der Wind pfiff und wirbelte die letzten trockenen Blätter des vergehenden Winters durch die feuchte Luft. Die Atmosphäre war seltsam unruhig, als ob die Luft sprechen würde. Kurz blieb ich stehen und schaute mir dieses wundersame Schauspiel an. Und auf einmal, ganz unerwartet, flog eine kleine, weiße Feder heran und blieb, direkt in Herzhöhe, an meinem Mantel hängen. Ich war völlig erstaunt und hatte zugleich das Empfinden, als ob jemand sanft mein Herz berührt hätte. Ich stand noch kurz da, doch Kälte und Wind waren zu ungemütlich, als dass ich diesen Eindrücken hätte länger nachgehen können. Ich nahm die Feder, steckte sie in die Manteltasche und ging eilig meiner Wege.

Zwei Tage später, in einem ruhigen Moment, holte ich die kleine Feder wieder hervor und schaute sie mir an. Strahlend weiß war sie und wunderschön-flaumig. Ich hielt sie behutsam in meiner Hand, schloss die Augen und spürte mit dem Herzen zu ihr hin. Nach einigen Augenblicken erschien im Raum ein weißer Engel. Ganz licht war er und von kraftvoller Gestalt, sein warmes Weiß war durch und durch geformt. Er strahlte eine würdevolle Klarheit aus. Überrascht wandte ich mich meinem Schutzengel zu und schaute, wie er auf diese Anwesenheit reagierte. Er trat vertrauensvoll einen Schritt zur Seite, öffnete also den Raum, wies auf den neuen Engel und sagte: *«Höre ihm zu.»* Der weiße Engel begann zu sprechen:

«Du hast so viele Fragen zu unserer Engelwelt. Wer wissen will, darf auch erfahren. Wir verstecken uns nicht vor den Menschen. Ihr dürft mit uns lernen und wachsen, ihr könnt eure Seelen weiten und fliegen lassen. Seite an Seite mit uns könnt ihr euch über diese, eure, wunderbare Welt erstrecken und sie liebend, verstehend, mitfühlend sehen lernen. Wir raunen euch Himmelsworte zu, ihr könnt sie erlauschen und beginnen zu begreifen. Es ist die Zeit gekommen, in der die Menschen aus ihrer Egoität aufwachen müssen. Ihr seid eins mit der Welt, sie ist euer tragender Grund und zugleich eure Entwicklungsaufgabe. Sie ist und wird durch euch.

Wir stehen euch zur Seite, damit wir gemeinsam, Engel und Menschen, als Brüder, diese Erdenwelt durchlichten, durchlieben und erlösen. Es ist eure Welt. Der Vater im Himmel hat sie euch geschenkt – werdet ihrer würdig! Und wenn ihr gemeinsam mit uns wirken wollt, so könnt ihr das tun. Jeder in eurer Zeit kann beginnen, mit den Engeln zu arbeiten. Ihr müsst euch nur entscheiden, und dann wird sich euch der Weg auch zeigen.» Der Engel machte eine kurze Pause und sagte dann abschließend: *«Wenn du lernen willst, so darfst du lernen. Ich gehe jetzt und werde wiederkommen. Und doch bin ich stets bei dir.»* Er verbeugte sich leicht und entschwand meiner Wahrnehmung. – Erstaunt, ergriffen und tief berührt blieb ich in Gedanken versunken zurück.

Ich kannte bereits Engel, dies war nicht meine erste Begegnung mit einem solchen Wesen. Und doch schien diese

Begebenheit eine andere Signatur, eine andere, neue Bedeutung für mich zu haben. Meinen Schutzengel kannte ich schon lange. Über Jahre hinweg hatte ich mir schrittweise eine bewusster werdende Verbindung zu ihm aufgebaut; anfangs mich immer und immer wieder an ihn wendend, ihn einladend, ihn fragend, ihm dankend, aber ihn dabei nur ‹erspürend›. Mit den Jahren konnte ich ihn dann klarer wahrnehmen, konnte seinen Rat und seine Antwort auf Fragen vernehmen und ihn konkreter in meine Arbeit einbeziehen.

Auch die Schutzengel meiner Patienten und Klienten wurden mir mit der Zeit immer vertrauter, sie gaben wertvolle Hinweise für die gemeinsame Arbeit. Aus der Beschäftigung mit Verstorbenen waren mir Engel, die ihre Menschen über die Schwelle und durch die nachtodlichen Geistbereiche begleiten, ohnehin geläufig. Stufenweise hatte ich zudem erleben dürfen, dass Familien, Gemeinschaften und soziale Zusammenhänge von Engeln gehalten, getragen und geführt werden. Begegnungen mit Engeln, die Landschaften hüten und betreuen, kannte ich ebenfalls aus einzelnen Begebenheiten heraus. Doch durch die überraschende Begegnung mit diesem weißen Engel hatte ich den Eindruck, dass hier etwas Neues beginnen würde. Seine Worte klangen tief in mir nach: *«Wenn du lernen willst, so darfst du lernen»,* hatte er gesagt. Ja, natürlich wollte ich lernen, seit Jahren bewegten mich unzählige Fragen über die Engelwelt.

Es begann von da an ein reger, intensiver Austausch mit diesem und mit vielen anderen Engeln, die mir Einblicke in ihr Wirken gaben. Ich verstand, dass unsere Welt viel unmittelbarer und intensiver von Engeln begleitet wird, als uns dies bewusst ist. Wir sind es gewohnt, vom Schutzengel zu sprechen und ihn zu ‹denken›. Darüber hinaus ahnen wir, dass es vielleicht noch andere Engel geben müsste, wahrscheinlich viele. Wir erfahren von ihnen in biblischen Geschichten, in Legenden und Märchen.

Sie treten uns entgegen in den Kirchengemälden unserer christlichen Kultur und in zahlreichen Kunstdarstellungen. Allerdings bleibt unser Verständnis hier sehr diffus. Weder fragen wir innerlich weiter nach, noch suchen wir in diesen Zusammenhängen Begegnung und konkrete Erkenntnis. In der Regel stellen wir uns über dem Bereich der Schutzengel gleich die höheren Hierarchien vor, ohne wahrhaftig bei der Engelwelt zu verweilen und uns einen tieferen Einblick in ihre Wirklichkeit zu erarbeiten.

Es gibt jedoch Myriaden von Engeln, die mit unserer Erden- und Menschenwelt verbunden sind. Nicht *ein* Engel begleitet einen jeden Menschen, sondern *mehrere*, und zwar in ganz unterschiedlicher Weise und mit jeweils verschiedenen Aufgaben. Darüber hinaus sind alle unsere Lebens- und Seinsbereiche vom Engelwirken durchdrungen. Im Leben aller Menschen auf Erden werden Geburten und Übergänge, Krisen- und Heilungsvorgänge, Gefahrensituationen und Todesprozesse von einer Vielfalt von Engeln begleitet. In jeglichem gemeinschaftlichen Geschehen, in allen sozialen Abläufen wirken Engel begleitend und leitend mit. In allen Naturvorgängen, in Landschaftsbildungen und Wetterphänomenen bringen sich Engelkräfte zum Ausdruck. Die Engel sind diejenigen, die uns die Schicksalstore öffnen und die Geschicke unserer Leben so gestalten, dass Schicksalsbegebenheiten möglich werden. Sie inspirieren uns in unserem Denken, impulsieren uns in unserem Fühlen und bestärken uns in unserem Handeln. Sie umhüllen uns in ihrem milden Licht und wachen liebend über uns. Sie fördern Wachstum und Bewusstwerdung des Menschen und ermöglichen geistige Verbrüderung auf Erden.

Die Anthroposophie gibt uns hierzu kostbare Hinweise, denn Rudolf Steiner hat mit einem überragenden Weitblick und in einer unvergleichlichen Konkretheit eine weltumspannende

Landkarte der geistigen Welten aufgezeichnet. Alle Kategorien geistiger Wesen hat er aus eigener, lebendiger Anschauung beschrieben. Diesen Indizien können wir, meditativ übend, folgen. Auch wenn wir mit unserer Wahrnehmung nicht sehr ‹weit› kommen, so beginnt doch die entworfene Landkarte in den kleinen Bereichen, die wir uns erobern, für uns lebendig zu werden. Persönliche Begegnungserlebnisse mit unterschiedlichen Wesen dieser Welten werden möglich, die anfänglichen Einblicke eröffnen uns weitere Erfahrungsfelder.

Wir Menschen sind ohnehin aus einer Vielzahl von Wesen ‹beschaffen›, die wir selbst nicht im Geringsten überschauen können. Alle diese Wesen wirken an uns, mit uns, durch uns, auf der geistigen, astralischen und ätherischen Ebene, bis in unser Physisches hinein. Die Engel selbst sind nur eine Wesensart von diesen vielen. Wenn wir lernen, uns ihnen in der eigenen Herzensstille zuzuwenden, dann merken wir, dass sie immer bei uns sind. Wenn wir bereit sind, ihnen zuzuhören, dann sprechen sie unmittelbar zu uns. Entsprechend unserem Schicksalsweg geben sie uns stets Geleit und Hilfestellung. Sie sind die Freunde unseres Werdens, die innigsten Weggefährten auf dem Schicksalspfad der Menschheit. – Wir haben so viele, unzählige lichte Helfer, deren Existenz wir noch nicht einmal erahnen. Und sie stehen uns seit jeher unermüdlich und unverbrüchlich, in jedem Augenblick unseres Seins, zur Seite. Auf allen Ebenen des himmlischen und irdischen Lebens wirken sie, bei Tag und bei Nacht, in unserer Existenz auf Erden und in unserem nachtodlichen Sein.

Viele Herzensfragen, die mich persönlich bewegten, entwickelten sich mit der Zeit zu immer vertrauter werdenden Gesprächen mit den Engeln. Ich durfte erfahren, dass Engel selbst beten und dass sie singen; dass sie Humor haben und sich an unserer Herzensfreude freuen; dass sie uns manchmal

Grüße schicken durch Federn, die wir einfach auf der Straße finden; dass sie am tiefen Leid der Erde selbst mitleiden und uns in allen Finsternissen unseres Menschseins beistehen. Trotz alledem verurteilen sie uns nicht und lieben uns so hingegeben, wie wir es kaum ermessen können.

Natürlich sind die Einblicke, die ein einzelner Mensch hier haben kann, nur winzige Mosaiksteine in einem unermesslich vielfältigen kosmischen Geschehen. Durch meine persönliche Arbeit und meinen psychologisch-therapeutischen Schwerpunkt bin ich mit der Welt des Seelischen vertraut. Entsprechend waren auch meine Fragen an die Engelwelt gestellt. So zeigte sich durch diesen Austausch vorwiegend das Engelwirken ins *Menschenseelische* hinein. Ganz anders hätte sicherlich ein Arzt gefragt. Der Blick auf Wirkungen des Geistigen ins Menschenleibliche hinein hätte ganz andere Facetten des Engel-Tuns beschrieben. Und wieder anders würde es etwa bei einem Landwirt sein oder bei einem Pädagogen. Die Wege, die das Ich des Menschen sucht, um Wirkungen des Geistigen zu erforschen, sind also individuell verschieden. So kann auch dieses Buch nur einzelne Aspekte der wunderbaren, lichten Engelwelt umgreifen – mehr nicht.

Der weiße Engel kam, nach dieser ersten Februarbegegnung, erneut; von da an stets in Begleitung eines weiteren, großen, grün-goldenen Engels. Gemeinsam mit meinem Schutzengel haben mir diese beiden unerwartete Zusammenhänge aufgezeigt und mich durch viele lehrreiche und zutiefst berührende Erlebnisse geführt. Von allen Begegnungen, die ich mit der Engelwelt haben durfte, waren die Zusammenkünfte mit ihnen die für mich prägendsten. Mit ihnen konnte ich die innigsten Gespräche führen, von ihnen konnte ich am meisten lernen. So nenne ich sie ‹meine Lehrerengel› und danke ihnen für diese unaussprechlich kostbaren Geschenke mit aller Liebe meines Menschenherzens.

ENGEL, WER SEID IHR?

«Aber in dem Augenblicke,
wo das Bewusstsein aufwacht
und imaginativ wird,
erfüllt sich diese ganze Sinneswelt,
oder besser gesagt sogar,
sie verwandelt sich
in eine Welt webender Bilder.
Diese Welt webender Bilder,
sie zeigt sogleich
in sich eingewoben die Welt der
Angeloi, der Engel.»[1]

Rudolf Steiner

In der Rangordnung der himmlischen Wesen, die sich aus dem Schoße der Trinität entfalten, bilden die Engel die neunte Hierarchie. Neun Chöre in jeweils drei Gruppierungen gestalten die geistigen Entwicklungsstufen zwischen der Göttlichen Dreifaltigkeit und der Erdenwelt der Menschen. Alle Himmelschöre, aus dem göttlichen Schöpfungsprinzip geboren, zugleich aus dem Wirken der jeweils Höheren ‹herausgesetzt›, lassen unterschiedliche Prinzipien des Werdens walten. Sie vertreten unterschiedliche Stufen geistiger Bewusstheit und somit geistigen Daseins.

Die Engelhierarchie gab es bereits vor der Schöpfung des Menschen, sie vollzog und vollzieht auch weiterhin Schritte eines eigenen Entwicklungsgangs. Die Menschheit folgt ihr in einem sie selbst charakterisierenden Reifezyklus, bei dem sie zugleich von allen höheren Hierarchien durchdrungen und getragen wird.

In dieser überaus weisheitsvoll gewebten kosmischen Architektur sind die Engel die den Menschen am nächsten stehende Wesensordnung. Sie auf der einen Seite und die Elementarwesen auf der anderen Seite sind unsere nächsten Gefährten und Helfer. Innig mit unserer Welt verbunden sind auch die Verstorbenen und die Ungeborenen, doch diese bilden keine für sich selbst stehende Hierarchie. Sie sind Menschenwesen, nur eben in einem nicht inkarnierten Zustand; sie sind ‹wir selbst›, nur auf der ‹anderen Seite›. Wenn wir also die Menschheit in all ihren Entwicklungsstadien als eine Gesamtheit denken, so sind die unmittelbar an sie angrenzenden Hierarchien die Engel auf der geistig-himmlischen Ebene und die Elementarwesen auf der geistig-irdischen Ebene.

Auch wenn die neun Himmelschöre eine ‹hierarchisch› gegliederte Struktur haben, so bedeutet das nicht, dass die Engel als neunte Hierarchie lediglich der darüberstehenden Stufe der Erzengel dienen. Sie sind *allen* Hierarchien hingegeben und haben teilweise einen unmittelbaren Bezug zu viel höheren Sphären. Es gibt beispielsweise ‹Engel des Christus›, also solche, die direkt dem Christus dienen, ‹Engel der Himmelsmutter›, ‹Engel des Vatergottes›, also Engel, die direkt einem bestimmten Aspekt der Trinität unterstehen. Durch ihr eigenes Sein repräsentieren sie einen bestimmten geistigen Zusammenhang, wirken ganz in seinem Sinne und vermitteln zwischen ihm und den anderen Seinsebenen. Wenn wir uns zum Beispiel in einem innigen Gebet an das Wesen des Christus wenden, dann erscheinen ganz unmittelbar um uns herum Engel, die dem Christus dienen. Wenn wir existenzielle Fragen in Bezug auf Leben und Tod stellen, und das in einer zutiefst aufrichtigen, demutsvollen Haltung tun, dann kann, in einem

Gnadenmoment, ein Engel des Vatergottes vor uns aufleuchten. Die Hierarchien der Himmelswesen stellen demnach nicht eine rigide lineare Struktur dar, sondern bilden Welten gegenseitiger Durchdringung, die wie ein lebendiges Wasser sich in harmonischer Bewegung fließend bedingen. Ein Wesen wirkt stets durch das andere hindurch, eine Realität bildet sich durch eine andere ab, jede der anderen dienend, sich gegenseitig offenbarend und darstellend. Und so ist es auch mit den Engeln: Sie sind den höheren, sie lenkenden Hierarchien hingegeben, und zugleich dienen sie auch uns, denn auch wir sind Teil dieser Geisteswelten, die in einer weisheitsvoll abgestimmten Wechselbeziehung zueinander stehen.

Das Sein und Wirken der Engel ist also stets eingebettet in ihren Zusammenklang mit der höheren geistigen Welt. Sie agieren aus einem inneren Licht heraus, welches kosmischer Natur ist und zugleich ihre eigene Seinssubstanz bildet. Sie selbst konstituieren gesamte Welten selbstloser, unmittelbarer Hingabe, die von geistigem Licht und von Himmelsliebe durchwoben sind. Ihre Verbundenheit mit der Erdenwelt ist Bestandteil dieser kosmischen Gesamtkomposition; zugleich stellt sie eine selbst auferlegte Hinwendung zu uns dar. Die Anteilnahme der Engel und ihr von Liebe getragenes Wirken uns gegenüber ist bedingungslos. Weisheit, Liebe und Licht sind ihre Wirkungsprinzipien und zugleich auch die realen Schöpfungssubstanzen allen Seins. So entsprechen die Engel ganz dem Strom der reinen, ewigen Wirklichkeit und umschließen uns als Menschheit in diesem mannigfaltigen, wunderbaren Schöpfungsgebilde.

Wenn wir die Engel selbst fragen, wer sie sind, dann können wir, als Fragment, folgende Antwort vernehmen:

«Unsere Hierarchie ist die Hierarchie des Weisheitslichtes, von Liebe durchdrungen sind unsere Wesen. Unsere Welten leuchten in allen Farben der himmlischen Harmonien. Liebe,

Licht und Weisheit, im Eins-Sein des Vatergottes verbunden, bilden das Schöpfungsprinzip dieses Kosmos. Dieses Schöpfungsprinzip der Einheit entfaltet sich als Heilige Dreiheit, die sich dann selbst in manigfaltige Aspekte und Entwicklungsstufen ergießt. All diesen Stufen des Himmlischen dienen wir ganz aus unserer Wesenhaftigkeit heraus, die erhabenen Impulse der Höheren durch uns selbst euch weiter vermittelnd. Auch sind wir diejenigen, die eure Impulse den Höheren, dem Kosmos übermitteln. Vermittler sind wir also – doch nicht nur: Substanz aus unserer Substanz haben wir geopfert, damit ihr, Menschheit, zu dem gelangen könnt, was ihr ‹die Menschenwürde› nennt. Ja, eines Tages wird sie eure sein. Bis dahin jedoch pflegen wir sie euch, tropfenweise, liebend, ein. Mit ihr, durch sie gelangt ihr zu den Christus-Kräften, die eure Iche Seiner würdig werden lassen. Geschenkt wird euch vom Kosmos euer ganzes Sein, und wir vertrauen darauf, mit Christus uns vorausschreitend, dass auch ihr selbst Geschenk einst werdet: Ihr könnt die Erde, durch euch selbst erlöst, den Himmeln übergeben. So schließt sich dann ein Ring des Seins, den ihr, mit uns und allen Himmlischen, aus eurer selbst errungenen Freiheit neu gebildet habt.

Wir sind mit euch auf diesem langen Weg des Werdens. Wir tragen euch, und segnen euch, und hören niemals auf, euch wahr und licht zu lieben. – So sei es, bis ans Ende der Zeiten.»

Die Verbindung der Engel zu uns Menschen ist eine besondere, denn sie lassen durch sich selbst den Himmel in uns gegenwärtig sein. Sie vermitteln die Wirkungen aller Hierarchien, und zwar in spezifischer Weise für jeden einzelnen Menschen. Sie durchweben unsere Wesensglieder, stützen uns in unserer geistigen Aufrichtekraft, durch die unser Menschenwesen mit der Zeit zu seiner wahrhaftigen Würde gelangen kann. Dadurch ‹erheben› sie uns ein Stück weit und befähigen uns, nicht nur Erdenmenschen, sondern zugleich auch Himmelswesen zu sein.

Der Blick der Engel ist stets auf das Gute gerichtet, auf das Zukunftspotenzial eines jeden von uns und auf die Entwicklungschancen eines jeglichen Geschehens. Sie begleiten uns in immerwährender Treue, impulsieren und durchlichten uns. Zugleich lassen sie uns Menschen ganz frei. Entsprechend dem Charakteristikum aller lichten geistigen Wesen greifen sie niemals in unseren freien Willen ein. Sie dienen uns voller Vertrauen in die sich entwickelnde Kraft der menschlichen Freiheit – doch stets nur im Rahmen derjenigen Gegebenheiten, die wir selbst bilden.

Es gibt natürlich auch dunkle oder gleißend helle Engelgestalten, die nicht unsere Freiheit achten – diese sind Boten ganz anderer Kräfte. Solche Kategorien von Wesen werden ‹Widersacher› genannt. Sie bieten dem fließenden Lebensfluss der kosmischen Harmonien Widerstand und bilden somit Gegenpole zu den lichten Welten der sich gemäß der geistigen Ordnung entwickelnden Hierarchien. Diese Mächte suggerieren dem Menschen Ziele einer Selbstwerdung, die ihn vom mittigen Pfad zwischen Himmel und Erde abbringen wollen. Sie stehen ihm nicht selbstlos und freilassend zur Verfügung, sondern wickeln ihn gerne ein in Täuschung und Macht. Durch Verführung und Anziehung, durch Überhöhung oder Erniedrigung versuchen sie, ihn in die Extreme des Daseins zu locken. Ihr Spiel ist gekonnt in Szene gesetzt und taktisch exzellent gestaltet. – Doch wenn wir ganz genau hinschauen, stellen wir fest, dass auch diese Wesen nicht *gegen* unsere Entwicklung, sondern, lediglich in einer ganz anderen Weise, *für* unsere Menschwerdung arbeiten. Ihre Bestimmung ist es, uns kunstvoll Aufgaben zu stellen, um uns zu schulen und uns zu *prüfen*. Gerade sie sind diejenigen, die den Reifegrad unseres Mensch-seins veranschaulichen und uns die Möglichkeit geben, unser Bewusstsein weiter auszuformen.

Am innigsten mit dem Menschenwesen verbunden sind hier die sogenannten Doppelgänger, die ‹Schattenengel›. Ähnlich den Schutzengeln wachen und agieren sie beständig an unserer Seite. So wie der Schutzengel unser Licht trägt, tragen diese Gestalten unsere Dunkelheiten. Doch auch sie sind Teil unseres eigenen Wachstums, auch sie sind uns treu ergebene Entwicklungsbegleiter: durch Hürden, die sie uns stellen, durch dunkle Kräfte, die sie sich für uns ‹einverleiben›. Sie hüten unser eigenes Unerlöstes und halten es uns durch Spiegelbilder und Entsprechungen vor. – So rufen uns Licht *und* Schatten dazu auf, Verantwortung für die Gestaltung des eigenen Menschenwesens und somit der gesamten Erde zu übernehmen.

Wenn wir den Blick erneut auf die lichtvoll sich entfaltenden Hierarchien wenden, erkennen wir, dass sie Strukturen bilden, die sich in vielfältigen Strömungen des Geistigen offenbaren. Durch jeweils eigene Impulse bringen sie die Reifungsprozesse der Erdentwicklung voran. Diese Strömungen werden von Erzengeln geleitet, welche gesamte ‹Schulen› von Wesenheiten dirigieren. Jeder Erzengel hat also seine ‹Schule›, die am Bau unserer Welt wirkt. Es gibt Erzengel, die das Göttliche der Himmel vertreten, wie auch Erzengel, die das Göttliche der Erde vertreten. Die vielen Erzengel der Erde haben die Aufgabe, den Leib der Erde zu bilden und ihn als Inkarnationsort für den Menschen zu gestalten. Die ausführenden Organe dieser Erzengel sind die Natur- und Landschaftsengel, die wiederum die Elementarwesenreiche dirigieren. Die unvergleichliche Schönheit unseres Planeten ist das gemeinsame Werk dieser Wesenheiten, die das Göttliche *durch* den Erdenleib hindurch offenbaren.

Die Erzengel, die das Himmlische vertreten, sind ebenfalls zahlreich. Von ihnen kennen wir vorwiegend die großen Haupterzengel, die sogenannten planetarischen Erzengel. Diese haben unterschiedliche Ausprägungen und Aufgabenschwerpunkte. Dadurch ergänzen sie sich und sind, als Gesamtheit, dem Christus-Wesen als Sonnenzentrum, als Herz unseres planetarischen Systems hingegeben. Auch sie bilden jeweils ‹Schulen› von Wesenheiten, bestehend aus Engeln und Menschen, die in ihrem Sinne an der Erdentwicklung arbeiten. Manche dieser Erzengelschulen haben die Aufgabe, das Geisteslicht auf die Erde hinunter zu bringen. Andere wiederum wirken dafür, dass die Erde sich wieder ins Geisteslicht erhebt. Einige haben die Aufgabe, sich der Dunkelheit zu stellen und zu kämpfen. Bei anderen wiederum geht es darum, das Geisteslicht unter den Menschen zu vermehren. Es sind also jeweils unterschiedliche, ganz charakteristische und sich gegenseitig ergänzende ‹Gesten› im Tun dieser Erzengelschulen. Die übergeordnete Führung der Erzengel wechselt sich in größeren Zeitrhythmen untereinander ab und prägt der Erdentwicklung die entsprechende Gebärde, die Ausrichtung des leitenden Wesens ein. Zugleich wirken die anderen Erzengel durch ihren Einfluss beständig weiter und ermöglichen auf diese Weise ein gemeinsames Ganzes.

Alle Engel, die unter der Führung dieser Erzengel stehen, agieren im Dienste der Trinität. In einer ganz besonderen Weise sind sie voller Hingabe und Liebe dem Wesen des Christus hingegeben. Sie alle arbeiten, entsprechend ihren jeweiligen Aufgabenbereichen, in Seinem Sinne an der Durchchristung der Welt:

«Wir dienen Christus in der seienden, tätigen, alles durchlebenden Liebe für die Welt. Er ist die Sonne als geistiger Ursprung. Aus Ihm, durch Ihn, für Ihn, in Seinem Dienste handeln wir alle weiß-golden-durchwobenen Wesen. Alle!»

Die Engel haben in ihrer eigenen Wesensentwicklung ihre ‹Menschheitsstufe› lange vor uns durchgemacht. Ganz eigene

Erfahrungen haben sie geprägt, andere Ziele verfolgte ihr Werden. Doch, als die uns am nächsten stehende Hierarchie, verstehen sie uns, wie auch den Schmerz unserer Selbstwerdung, und stehen uns darin bei:

«Mensch und Engel sind in diesem Erdenzyklus in einer besonderen Weise miteinander verbunden. Nie war das ‹Mensch-Sein›, also die Etappe der Menschenstufe, so nah am Abgrund der Dunkelheit wie jetzt bei euch. Das ist der Preis für die Freiheit, die ihr euch zu erringen habt. Der Himmel schaut auf diese Entwicklung mit großer Geistesgegenwart, alle Hierarchien wissen um die Bedeutung dieses Geschehens. Alle wünschen der Menschheit das Gelingen, das Bewältigen dieser großen Hürde. Und wir alle, groß bis klein, wirken mit euch daran.

Wir Engel sind diejenigen, die unmittelbar über euch stehen: Mit euch gehen wir jeden dieser Schritte am Abgrund. Wir halten euch und reichen euch rettend die Hand, wie ein Freund den anderen festhält, wenn er im Gebirge ausrutscht und droht abzustürzen. Die Landschaften eurer Seelenwege sind steil, wie hohe, scharfe Klippen. Ihr lauft fast blind, wie Bergsteiger in der finsteren Nacht, und entgeht oft nur knapp den lauernden Gefahren. Wir schützen euch, hüten jeden eurer Schritte, lenken eure Blicke zum nächsten Lichtstrahl, zur nächsten sicheren Stelle.

Den Wanderweg geht ihr stets Hand in Hand mit uns, wir sind euch stets Gefährten, und manchmal Träger eurer Lasten. Wir leuchten euch voraus, bereiten euch den Pfad, besänftigen Natur- und Schicksalsmächte, damit ihr weiterlaufen könnt, damit die wilden Tiere in der Finsternis euch nicht ergreifen und vernichten können. Wir glauben unabdingbar an euer inneres Wesen, wissen darum, wie mühsam, schmerzhaft, schwierig diese Wege sind.

Als wir in unserem Zyklus ‹Menschen-Bewusstsein› hatten, waren unsere Hürden ganz andere. Nie kannten wir die Finsternis wie ihr, nie hätten wir uns selbst vernichten können. Und doch fühlen wir euren Schmerz tief mit, ‹Prüfung› ist uns noch nah genug als Seins-Empfinden. So sehr wünschen wir euch das Licht, die Überwindung alles dessen, was euch vom lichten Himmel trennt. Und wir erfüllen uns von neuem immer wieder mit Liebe, Hoffnung, Zuversicht, und senden diese an euch weiter, damit der Stern der Zukunft für euch leuchten kann.

Wir lieben euch, ihr Menschenkinder, wie man nur lieben kann in diesem Kosmos! Von Gott dem Vater, von der Himmelsmutter, vom Sohn sind wir zu euch hinabgesandt und tragen Ihre Liebe weiter, durch alle Zeiten, Räume, Weiten, zu euch, ihr Menschenkinder, die ihr die Brücke bilden sollt zwischen Vergangenem und Künftigem der Schöpfung. Ihr seid der Schlüssel dieser Welt, mit euch beginnt die Zukunft! Mit euch weint alles Höhere Sein – mit euch erstrahlt die Sonn' von morgen! So sei es! Segen mit euch, Kinder dieser Welt!»

Die Erscheinung der Engel

Bewahr in deiner Seele dir
die reine Kraft – zu staunen:
von Geistes-Wunderwelten raunen
doch alle Dinge hier.

Herbert Hahn

Aus vielzähligen Engeldarstellungen der christlichen Kultur kennen wir Engel als schöne, erhabene, geflügelte Gestalten. Auch wurden Engel in der früheren religiösen Kunst als ‹Kinder› dargestellt. Viele Maler hatten damals noch ein lebendiges Seelenempfinden für die Wirklichkeit der Engel, die Kindgestalt war Ausdrucksmittel für den Reinheitscharakter ihrer Wesen. Die Qualität der Unverfälschtheit, des Himmlisch-Reinen, sollte dadurch vermittelt werden. Doch wie wirkt ihr Anblick auf uns, wenn wir sie geistig schauen?

Ein Erstes: Engel sind *heilig*, und das vernimmt man ganz unmittelbar in ihrer Gegenwart. Wenn man sie selbst danach fragt, was ‹heilig› ist und warum sie ‹heilig› wirken, dann antworten sie: *«Heilig bedeutet: ‹Aus der Kraft des Vaters, des Sohnes und des Heiligen Geistes›. Das ist heilig: ‹aus der Kraft der Trinität›.»*

Ein Weiteres: Engel sind lichtvoller, schöner, erhabener, vielgestaltiger und in ihrer Ausstrahlung ergreifender als alle Gemälde und bildlichen Darstellungen, die wir kennen. Wenn wir uns innerlich auf sie einstimmen, sehen wir sie als innig-anmutige Lichtwesen in mannigfaltigen Ausdifferenzierungen, in unterschiedlichen Größen, in differierenden Haltungen, Merkmalen und Physiognomien. Keinesfalls sind die Engel ‹gleich›. So wie wir Menschen in der Gesamtgestalt immer als

‹Mensch› wahrgenommen werden können, so zeigen sich auch die Engel in einer erkennbaren ‹Engelgestalt›. Doch wie jeder Mensch auf Erden sein ganz eigenes, individuelles Aussehen hat, so zeigen sich Engel auch in ganz vielseitigen, ausdifferenzierten Ausdrucksgestalten.

Sie erscheinen uns, *als ob* sie in wunderschönen ‹Lichtschleiern› gekleidet wären, die in ganz feinen, durchscheinenden Farben leuchten. Diese ‹Schleier› sind nicht etwas ‹außerhalb› des jeweiligen Engels, sondern stellen die eigene Seelenleiblichkeit der Engel dar, sie gehören ganz unmittelbar zu ihrem Wesen dazu. Die Gewandfarben der Engel sind zugleich Ausdruck ihrer individuellen Aufgabe und ihres Wirkungsbereiches. Ein Friedensengel zum Beispiel erscheint immer weiß, oder in einem Weiß, welches ganz leicht gelb-gold durchsetzt ist. Ein solcher Engel könnte nicht rötlich erscheinen, denn das würde nicht seiner charakteristischen Natur entsprechen. Die Farbigkeit der Engel spiegelt also ihren Auftrag und ihre Bestimmung wider.

Manche Engel sind in einer einheitlichen Farbe ‹eingekleidet›. Bei den meisten kann man jedoch mehrere Farben wahrnehmen, die in sanften Verläufen ineinander übergehen. Einige Engel haben um ihr Haupt ein besonderes Leuchten, wie einen goldscheinenden Aura-Kranz andere nicht. Von den für uns gewohnten irdischen Eindrücken ist das feine, durchschimmerndlebendige Leuchten der Regenbogenfarben das Einzige, das man mit den Farbgebungen der Engelgewänder vergleichen könnte. In der geistigen Welt gibt es jedoch in einer *gleichen* Farbnuance weit mehr Differenzierungen, als wir das von unserer irdischen Sinneswelt her kennen. Es gibt zum Beispiel Weißtöne, die sich in ihrer ‹Gestimmtheit› unterschiedlich anfühlen, obwohl sie alle ganz weiß ‹aussehen›. Christus dienende Engel sind in ihren Gewandfarben strahlend weiß, und die Engel der Himmelsmutter sind ebenfalls strahlend weiß, und trotzdem trägt ihre Farbigkeit eine etwas anders geartete *Wirkung* in sich, an welcher man sie unterscheiden kann.

Wenn Engel gleichen Aufgabenbereichen unterstehen und in Gruppen tätig sind, dann erstrahlen sie auch entsprechend in der gleichen Farbe. Durch unseren ungeübten Blick können wir dabei den Eindruck haben, dass sie sich zum Verwechseln ähnlich sind. Doch wenn wir unsere innnere Aufmerksamkeit länger darauf richten, bemerken wir, dass auch diese gruppenbildenden Engel durchaus unterschiedlich sind. Ihr Antlitz und ihre Haltung haben immer auch etwas Individuelles, und die Gewänder weisen, obwohl sie sich in den genau gleichen Nuancen zeigen, doch feine Detailunterschiede auf.

Es gibt nicht männliche und weibliche Engel, wie wir es vom Menschengeschlecht her kennen. Es gibt jedoch Engel, die überaus kraftvoll, groß, aufrecht und sehr entschieden bis streng wirken können und die wir eher als ‹männlich› bezeichnen würden. Und es gibt Engel, die in ihrer Wirkung vorwiegend eine berührende, verständniserfüllte Milde und eine sanfte, umhüllende Wärme ausströmen. Diese würden wir dann eher als ‹weiblich› bezeichnen. Engel verkörpern durch ihre Gestalt also unterschiedliche Aspekte des Geistigen, denen sie entsprechen. Diese Merkmale bilden zugleich die Grundqualitäten ihres eigenen Wirkens ab.

Auch können wir bei den Engeln feststellen, dass ihr Inneres und ihr Äußeres immer im Einklang miteinander sind. Das ist anders als bei uns Menschen, denn wir können durchaus etwas nach außen darstellen, was sich in unserem Inneren ganz anders gestaltet. Ein Mensch kann zum Beispiel überaus freundlich wirken und sprechen, dabei aber etwas Abfälliges denken, etwas Negatives empfinden, sogar etwas Böses tun. Bei den Engeln ist es nicht so. In ihrem Wesen gibt es keine Widersprüche und Diskrepanzen, keine ‹Brüche›. Rudolf Steiner beschreibt es folgendermaßen: «Der Mensch ist fähig, etwas wahrzunehmen und andere Vorstellungen in seinem Inneren zu erwecken, auch zu äußern, als sie den Wahrnehmungen entsprechen. Die Möglichkeit der Lüge besteht bei den Wesenheiten der dritten Hierarchie, wenn sie ihre Natur beibehalten, nicht. (...) Diese Wesenheiten müssen im Reich der absoluten Wahrheit leben, wenn sie sich überhaupt erleben wollen. (...) Und jede Abweichung von der Wahrhaftigkeit würde diese Wesenheiten betäuben, ihr Bewusstsein herabstimmen.»[2]

Wesen und Erscheinung der Engel sind also übereinstimmend und bilden zugleich eine Einheit mit ihrer Mission. Ihr unterstes Wesensglied ist ihr ätherischer Leib, der jedoch feiner gewebt ist als der menschliche. Ihr astralischer Leib ist ihr eigentlicher ‹Lebensleib›, also das, was bei uns das Lebendige unseres Ätherleibes ausmacht.

Auf die Frage nach ihrer Erscheinung und Beschaffenheit geben die Engel folgende Hinweise:

«Wir sind aus Licht gewebt.»

«Was bedeutet das?»

«Eure Substanzialität ist aus den vier Elementen gewoben, die dem Irdischen eigen sind, aus unterschiedlichen Ätherqualitäten und aus sehr ausdifferenzierten Astralsubstanzqualitäten. Bei uns ist es so, dass wir nicht einfach aus ‹Äther› sind, sondern vorwiegend aus Lichtäther, aber mit weiteren Ätherqualitäten gemischt, die unserer jeweiligen Natur und Beschaffenheit entsprechen. Das Seelische, das uns belebt und sich in unserer ‹Farbigkeit› darstellt, ist ein weit durchgeistigteres, reineres Astralisches als bei euch, es ist ein ‹höheres›, ‹geläutertes› Seelisches. Und dieses macht gar nicht unser ‹Empfinden› aus, sondern ist uns nur Lebensleib. Unser ‹Empfinden› und ‹Denken›, unser inneres Sein ist bereits geistig.

Das Seelische ist euch Innenleben, uns ist es – in einer ge-

läuterten Qualität – Lebensleib, wie euch der Ätherleib. Du siehst einem Engel an seiner Erscheinung sofort sein ‹Seelisches› an, weil das schon sein ‹lebendiger Leib› ist. Und darin drückt sich zugleich sein Geistiges aus, weil er eins ist mit sich selbst.

Ihr seid das noch nicht, werdet es aber im Laufe eurer Entwicklung durch die Inkarnationen. Einige geistige Wesen können sich durchaus verstellen, aber wenn man sie in ihrer eigentlichen Gestalt sieht, erkennt man sofort ihre Geistigkeit, da diese eins ist mit ihrer seelischen Erscheinungsform. Bei euch Menschen spiegeln sich in den jeweiligen Inkarnationen jeweils nur bestimmte Aspekte eures Wesens in eurer Erscheinung wider. Das Geschulte, das Erlittene, das Erarbeitete sieht man einem Menschen auch an. Aber er kann sich noch sehr verbergen und verstecken, wie Luziferische auch. Das wird in einigen Jahrtausenden nicht mehr möglich sein. Euer Antlitz wird sichtbar die Außenseite eurer Innenseite werden.»

Die luziferischen Engel können also anders erscheinen, als sie sind, sie können sich verstellen, die Gestalt eines anderen Wesens annehmen, können uns etwas vormachen und uns hereinlegen. Auch die ahrimanischen Wesen können diese Eigenschaften haben, doch nur sehr bedingt, denn sie sind nicht Meister im Spiel mit dem Licht.

Ganz anders ist es bei den Engeln des wahrhaftigen Lichts. Ihr Äußeres entspricht ihrem Inneren in harmonischer Übereinstimmung, sie bilden eine *völlige Einheit* und stellen somit als Gesamtgestalt eine ‹verkörperte Wahrhaftigkeit› dar. Zugleich ist ihre Erscheinung nicht so unveränderlich wie unsere physische Gestalt. Sie ist wandlungsfähig und bringt dadurch unterschiedliche Ebenen des Eingebunden-Seins in ihren jeweiligen Wirkungsfeldern zum Ausdruck.

Bei Festlichkeiten des geistigen Geschehens, wie zum

Beispiel in den Heiligen Nächten, erscheinen die Engel in prächtigeren, feierlicheren Gestalten, so als ob ihre Gewänder ‹fedriger›, eindrücklicher und leicht ausladender wären. Immer wieder erstaunte und bewegte mich diese Wahrnehmung.

Eines Tages schaute ich mir eine weiß-hellgräuliche Vogelfeder an, die ich im Garten gefunden hatte. Sie war vom Ansatz her bis zu ihrer Hälfte ganz flauschig und weiß; ab der Hälfte zur Spitze hin war sie ausladender und von der Struktur her glatt. Auch verdunkelte sich ihre Farbigkeit nach außen hin. Erneut entstand in mir die Frage nach der sich verändernden Erscheinung der Engel:

«Wie wundersam diese Federn als Teil des ‹Vogelkleides› sind. Wie ist es mit euren ‹Engelkleidern›?»

«So ähnlich ist es mit unseren ‹Gewändern› auch. Es gibt eine innere Seite, die ganz ‹fedrige›, ‹flauschige›, wie ihr sie nennen würdet. Diese entfalten wir in besonderen, bestimmten Augenblicken und Zusammenhängen. Und es gibt die äußere Seite, die ‹glattere›, ‹fließendere› und ‹farbendurchwobenere›, in der wir euch in der Regel sichtbar werden. Unsere ‹Gewänder› sind Teil unsere Wesens, wir ziehen sie nicht ein und aus, wie ihr das mit euren Gewändern macht. Sie spiegeln ausdruckshaft unsere Aufgabenbereiche, unser Wirken, unseren ‹Charakter› – wobei auch der Charakter nicht so ist wie bei euch. Bei euch kann er von Leben zu Leben wechseln, wie auch das Erdenkleid, das ihr von Inkarnation zu Inkarnation wechselt – wenn auch euer Kern der gleiche ist. Bei uns ist der ‹Charakter› das, was unseren Kern darstellt und charakterisiert. Und das ist etwas Durchtragendes, Stetiges – nicht starr, denn auch wir befinden uns in Entwicklung, aber auch nicht wechselhaft, sondern strömend sich formend.»

«Wie sind eure Farben ‹vergeben›, was ist ihre Bedeutung?»

«Lediglich für den Blick aus eurer Welt darauf: Weiß ist die obere himmlische Welt, das reine Licht aus den höheren Sternensphären. Gold ist aus dem Zentrum, es ist die geistige Sonne eures Kosmos. Alle explizit sonnenhaften Wesen haben das himmlische Gold in sich, es erscheint in ihren Gewändern, um ihren sonnengebundenen Ursprung und ihre Aufgabe darzustellen. Oder es erscheint in ihrer Aura, was ihre Verbundenheit mit der Sonne aufzeigt und darauf hinweist, dass sie im Auftrage, im Sinne, im Dienste der Sonne handeln.»

«Wie ist die Farbigkeit der Wesen, die dem Gottvater direkt unterstellt sind?»

«Das könnt ihr kaum erfassen. Aber wenn, dann erscheinen Seine Engel im weiß-grünlichen Spektrum, zumindest meistens. Bei manchen ist da auch etwas ‹Ehernes›, aber nicht im metallischen Sinne, sondern als Abbild der Urgrundsubstanz der Schöpfung, die aus dem Licht entstanden ist.»

«Wie ist es mit den anderen Farben?»

«Sie wirken zusammen als sich gegenseitig ergänzende, sich unterstützende Aspekte des Schöpfungs-Seins. Sie dienen unterschiedlichen Aufgabenbereichen in der Gesamtheit der Schöpfung. Alle zusammen, wenn sie harmonisch miteinander ‹klingen›, erstrahlen wieder im heiligen Weiß, im Schöpfungslicht des Anfangs. Aber es ist ein Weiß, das alle Farben in sich trägt. Es hat sich der Welt in all seinen Facetten verschenkt, damit all diese Facetten auf ihre Weise wirken können und in der Ergänzung zu den anderen heilend, heilsam werden können. – Aus der Einheit die Vielheit, aus der Vielheit eine neue, selbst errungene Einheit. Darin ist die gesamte Entwicklung eurer Welt, eures Kosmos zusammengefasst!»

Durch die ‹Farbigkeit› der Engelerscheinungen können wir also einen Abglanz derjenigen Wirklichkeiten erleben, in deren Wirksamkeiten diese Wesen jeweils stehen. Unsere Wahrnehmungen sind hier jedoch nur ein anfängliches ‹Erspüren›, ein ‹seelisches Ertasten› dieser mannigfaltigen Realitäten der Geistwelten.

So wie die Engel uns in unterschiedlicher Gestalt, Farbigkeit und Größe erscheinen, so treten sie auch in unterschiedlicher Weise an uns heran. Hier stellt sich immer die Frage: ‹Wo› erlebe ich den jeweiligen Engel? Erlebe ich ihn zum Beispiel von vorne auf mich zukommend, erlebe ich ihn hinter mir oder vielleicht seitlich von mir stehend? Natürlich sind die Engel nicht an die irdischen Raumverhältnisse des ‹Hier› und ‹Dort› gebunden, wie wir es innerhalb der physischen Verhältnisse sind. Doch *wir Menschen* sind daran gebunden, und unsere Wahrnehmungen geschehen stets *durch uns selbst.* Rudolf Steiner stellt diesen Zusammenhang in wunderbarer Weise dar: «Man müsste also immer sagen – nicht: Ich nehme einen Engel wahr – denn das entspricht nicht ganz genau dem Erleben –, sondern man müsste sagen: Ich spüre, ich empfinde, dass ich von einem Engel wahrgenommen werde.»[3] Hier geht es also darum, in welcher Weise ich ein ‹Gegenüber› in einem Engel erlebe. Wie nehme ich wahr, dass mich der Engel wahrnimmt?

Das, was für uns die ‹Verortung› eines Engels ist, also die ‹örtliche› Wahrnehmung der Engelgestalt, deutet bereits auf einen geistigen Sinnzusammenhang hin. Unser Erleben ist hier lediglich die ‹Übersetzung› eines bestimmten Aspektes des Verhältnisses zwischen dem Engel und mir. Wenn ich mich zum Beispiel von einem Engel eingehüllt erlebe, deutet dies auf ein anderes Verhältnis zwischen uns beiden hin, als wenn ein Engel unmittelbar vor mir erscheint und mich dadurch direkt anspricht. Diese Unterschiede sind uns bereits aus unseren physischen Verhältnissen vertraut: Wenn eine Mutter ihr Kind in liebevoller Umarmung hält, drückt sich darin eine andere seelisch-geistige Geste aus, als wenn jemand entschieden auf mich zuschreitet. Wiederum anderes spricht sich aus, wenn jemand geduldig neben mir steht und wartet, bis ich mich ihm zuwende, als wenn jemand mich frontal und eindringlich anblickt. Diese Begegnungsgesten innerhalb der Raumverhältnisse sind auch für unser normales Tageserleben niemals rein physisch, sondern bereits Ausdruck einer seelisch-geistigen Sprache. Und so ist es auch mit der Erscheinung der Engel: Natürlich ‹steht› der Engel nicht ‹hinter› mir, weil er selbst weder ‹steht› noch örtlich an meinen Rückenraum gebunden ist. Aber wenn ich ihn dort erlebe, dann weist dieses erlebte Bild auf einen bestimmten Aspekt unseres gemeinsamen Bezuges hin.

Zeit- und Raumverhältnisse erscheinen uns im Irdischen als durchaus abgegrenzt und somit auch als recht starr. Im Lebendigen des Geistigen sind sie das aber überhaupt nicht. Dadurch, dass wir in diesen Zusammenhängen noch ungeübt sind, denken wir beispielsweise die Engel eher als ‹statische› Gestalten, Gemälden oder Statuen gleich. Doch das sind sie nicht, ganz im Gegenteil. Sie sind sehr beweglich und wandlungsfähig, sie können – physisch gedacht – gleichzeitig an mehreren Orten agieren, können – zeitlich gedacht – gleichzeitig mehrere Tätigkeiten ausführen und können sich uns auch unter unterschiedlichen Aspekten ihres Wirkens zeigen.

Da wir selbst der schwere Klotz am Bein unserer Wahrnehmung sind, können wir schrittweise lernen, uns innerlich etwas beweglicher zu machen. In der Sinneswelt machen wir zum Beispiel die Erfahrung, dass wir jemanden, der uns gegenübersteht, deutlicher, ichhafter erfassen können als jemanden, den wir hinter uns erspüren. Der vordere Raum ist für unser Bewusstein nicht nur der ‹sichtbarste›, sondern auch der ‹wachste› und ‹klarste›. Nun können wir versuchen, diese klarere Wahrnehmungsqualität auch im Geistigen anzustreben. Ein geistiges Wesen, welches uns beispielsweise von der Seite erscheint, können wir bitten, dass es sich vor uns hinstellt. Dabei werden wir bemerken, dass wir es auf diese Weise viel deutlicher erkennen können. Übend können wir hier Verschiedenes experimentieren, um die Qualitäten unserer *eigenen* Wahrnehmungsfähigkeit kennenzulernen.

In einem unserer Seminare reagierte ein Teilnehmer recht aufgebracht bei einer solchen Übung. Es ging darum, den eigenen Schutzengel aus dem hinteren Rückenraum nach vorne hin zu bitten, damit wir ihn bewusster wahrnehmen. Dieser Teilnehmer empfand es als Anmaßung, ein geistiges Wesen zu ‹bewegen›. Doch eine solche Betrachtungsweise ist sehr irdisch geprägt. Die Interaktion zwischen einem Menschen und einem Engel findet *im* Menschen statt, innerhalb seines *eigenen Herzensraums*, sie ist kein äußeres, physisches Geschehen. Der Mensch ‹scheucht› dabei nicht den Engel hin und her, sondern erübt dadurch nur *seine eigene* seelische Beweglichkeit. Wenn wir die Engel ernsthaft und liebevoll darum bitten, uns hier zu unterstützen, sind sie gerne bereit, es zu tun. Durch lebendige Seelenbilder veranschaulichen sie uns die hier bestehenden Unterschiede zwischen unseren Welten:

«Unsere Welt, das Reich der Engel, ist in einer gewissen Weise ganz anders gestaltet als eure Welt. Ihr erlebt euch umgeben von einer Außenwelt, die euch als ‹Objekt› erscheint. Für uns ist dies nicht so, für uns ist alles ‹Subjekt›, wenngleich auch nicht ‹unser› Subjekt.»

«Ich kann das ‹denken›, für uns Menschen ist es aber nicht leicht, es wirklich nachzuvollziehen.»

«Gut, schaue: Ein Schäfer blickt auf seine Schafherde und auf seinen Hund, auf die Wiesen, den Wald, die ihn umgebenden Berge. Zugleich ist jedes Schaf schon Teil seines Wesens, er ist ‹ausgedehnt› und umfängt sowohl ätherisch als auch seelisch die gesamte Herde. Auch der Hund ist Teil seines Wesens,

wie der verlängerte Arm bestimmter Willensimpulse von ihm. Auch die Landschaft mit ihrer Charakteristik ist wie ‹in› ihm. Er umspannt mit seinem Ätherwesen auch diese, und sie prägt sich ihm so ein, dass sie sein Inneres formt. Kannst du das nachempfinden?»

«So weit schon, ja. Aber wie ist es genau bei euch?»

«So ähnlich und doch ganz anders. Der Engel erlebt sich gleich in der Ausdehnung und Umgreifung seines Wirkungsfeldes. Er hat seine Aufgabe, zum Beispiel den Menschen, den er zu hüten hat, in sich. Der Mensch ist nicht außerhalb seiner, sondern innerhalb seines eigenen Wesens.»

«Ja, ich verstehe. Aber warum sehen wir euch ‹neben› uns?»

«Weil das euer Blick des Getrennt-Seins ist. Zunächst könnt ihr nur auf diese Weise Wesenheiten voneinander unterscheiden. Das wird sich mit der Zeit auch verändern, je mehr ihr lernt, geistig zu schauen. Die ‹Trennung› und das ‹Nebeneinander-Hinstellen› helfen euch, überhaupt das Vorhandensein mehrerer Ebenen und mehrerer Wesenheiten wahrzunehmen.»

«Noch eine ganz andere Frage: Warum können Menschen bei eurer Erscheinung ‹Furcht› empfinden? Was bedeutet dieses ‹Fürchte dich nicht›?»

«Das ‹Fürchte dich nicht› ist zunächst der Hinweis auf ein geistiges Schauen. Einen Engel wahrzunehmen bedeutet, zumindest für euch als heutige Menschen, herauszugehen aus der Sicherheit eurer Sinneswarnehmung. Eure Sinne sind für euch, in der Burg eures Getrennt-Seins von der Außenwelt, wie die Brücken über den Wassergraben, der eure Festung umringt. Ihr könnt diese Brücken herunterlassen oder hochziehen. Eure Sinneswahrnehmungen bringen euch Eindrücke von außen, wie wenn eure Reiter euch über die heruntergelassenen Brücken etwas von der Welt außerhalb eurer Burg hereintragen würden. – Eure Selbst- und Weltwahrnehmung

war nicht immer so und wird auch nicht immer so bleiben, aber in dieser Zeit eurer Entwicklung ist sie so.

Auch die geistige Welt erscheint euch in eurer Welt des Getrennt-Seins als etwas außerhalb eurer Burg Seiendes, wie eine in weiten Fernen sich abzeichnende Landschaft. Nun, die Wahrnehmung eines Engels vollzieht ihr nicht über eure gewohnten Sinne, da fehlen euch die vertrauten Brücken. Es ist dabei so, wie wenn der Berg, den ihr am Horizont erahnt habt, auf einmal auf euch zuschreitet oder gar plötzlich vor eurer Burg auftaucht. Die ‹Überbrückung› fehlt euch, die Unmittelbarkeit des Erlebnisses erschreckt euch. Denn: Einen Engel nehmt ihr mit dem Herzen wahr, dabei kennt ihr die ‹Herzensbrücke› eurer Festung noch gar nicht. – Dies ist der eine Aspekt.

Der andere Aspekt ist die ‹geistige Kraft› eines Wesens, und dieser hat zu allen Zeiten gegolten. Vor einem Wurzelzwerg erschrickt fast niemand. Vor dem eigenen Schutzengel auch nur wenige. Doch vor einem großen Vatergott-Engel oder vor einem Erzengel ist die empfundene Ehrfurcht größer, da diese Wesen auch eine andere Substanzialität des Geistigen verkörpern. Vor einem grünen Hügel stehend, empfindet ihr auch etwas anderes, als wenn ihr unmittelbar am Fuße der Himalaya-Berge steht. Die Furcht ist hier ein Hinweis auf eine bestimmte Qualität der Ehrfurcht gegenüber der auftretenden geistigen Größe. Und beachtet dies: Ein erfahrener Bergsteiger verliert zwar die Furcht vor dem großen Gebirge, doch niemals seine Ehrfurcht davor. So könnt ihr auch, mit der wachsenden Erfahrung, zwar nicht die Ehrfurcht, aber die Furcht vor der höheren Geistigkeit verlieren.»

Über das Wesen der Engel

> «Diejenigen Wesenheiten, die zu der nächst-
> höheren Kategorie gehören –
> wir nennen sie im allgemeinen die Wesenheiten
> der sogenannten dritten Hierarchie –,
> haben statt des Wahrnehmens die Offenbarung,
> und im Offenbaren erleben sie sich.
> Statt des Innenlebens haben sie das Erlebnis
> höherer geistiger Welten, das heißt,
> sie haben statt des Innenlebens Geist-Erfüllung.
> Dies ist der wesentlichste Unterschied
> zwischen dem Menschen und den Wesenheiten
> der nächsthöheren Kategorie.»[4]
>
> *Rudolf Steiner*

Engel zeichnen sich durch Eigenschaften aus, die wir als die schönsten und reinsten Wesensqualitäten bezeichnen würden. Unsere kostbarsten Werte, unsere heiligsten Prinzipien formen ihr eigenes Sein und sind ihnen gelebte Wirklichkeit. Viele der Vorstellungen, die wir uns von ihnen bilden, entsprechen auch in der Tat ihrer Wesenhaftigkeit. Güte, Wohlwollen und Verständnis gehören zu ihrem Charakteristischen, genauso Hingabe, Geduld und Selbstlosigkeit. Stets durchstrahlen sie uns mit lichter Positivität und mit stärkender Zuversicht.

Zugleich vereinen sie in sich unterschiedliche Aspekte, die wir Menschen nicht unbedingt als zusammengehörig betrachten würden. Strenge und Heiterkeit zum Beispiel empfinden wir annähernd als Gegensätze. Doch die Engel können beides vermitteln. Ihr heiliger, tiefer Ernst lässt uns vor der Unermesslichkeit des geistig Hohen in Ehrfurcht niederknien. Gleichermaßen können sie uns durch ihren weisen und hoffnungsvollen Weitblick eine heiter-beschwingte Daseinsfreude zufließen lassen, die ganz und gar erhebend wirkt. Unverbrüchlich ist ihre Treue und unerschütterlich ihr Vertrauen, doch nie vermitteln sie Erstarrung oder Unbeweglichkeit. Sie sind beharrlich, zugleich freilassend, sie erziehen uns, ohne lehrhaft zu sein, sie vertreten das Licht, ohne das Dunkle zu verurteilen. Außerdem weisen sie auch Merkmale auf, die wir ihnen nicht unbedingt zuordnen würden. Die Begegnungen mit ihnen sind für uns stets prägende, uns beflügelnde Erfahrungen; dabei können wir auch viel Überraschendes erleben.

Engel sind zum Beispiel höflich. Ein jeder Akt bewusster Interaktion mit einem Engel wird von einer Begrüßung und einer Verabschiedung umrahmt. Der Engel empfängt uns im Raum der gegenseitigen Wahrnehmung, man könnte sagen, er heißt uns darin willkommen. Er ist ohnehin derjenige, der diesen Raum hält und bildet. Sein an uns gerichteter Gruß kann von einem Kopfnicken oder einer leichten Verbeugung begleitet sein. Vor höheren hierarchischen Wesen verbeugen sich die Engel tief oder knien nieder. Diese Gesten, die wir in unserer Welt als Höflichkeits- und Verehrungsgesten kennen, sind bei ihnen in einer bemerkenswerten Weise ausgeprägt. Auch die Verabschiedung wird seitens der Engel von einem Gruß begleitet, sehr häufig auch von einem Segen, der uns gegenüber ausgesprochen wird.

Und ja, Engel können lächeln. Überhaupt sind Engel freundlich, wenn auch bestimmt und klar. Engel singen. Engel eurythmisieren. Engel beten, und zwar voller hingebungsvoller Liebe, voller ergebener Andacht gegenüber dem Heiligen des Himmelsgeschehens. Engel danken uns auch, sie schenken uns Zuspruch und Lob, vorausgesetzt, wir geben ihnen Gelegenheit dazu. – Natürlich sind solche Eindrücke ‹imaginative Übersetzungen› des stattfindenden geistigen Geschehens, doch sie weisen auf die Wesensgeste, auf die Haltung der Engel hin. Diese von aufrichtigem Wohlwollen, von offenherziger Hingabe und Wertschätzung geprägte ‹Umgangsweise› erinnert uns an frühere Zeiten unseres Mensch-Seins, als die Begrüßungs- und Umgangsrituale noch einen ganz lebendigen Ausdruck zwischenmenschlicher Verhältnisse darstellten. Damals waren wir mit der Geistwelt weit stärker verbunden als heute und das menschliche Verhalten entsprach noch mehr dem himmlischen Geschehen.

Eines der manifestesten Charakteristika von Engeln ist die ganz wahrhaftige und umfassende Liebe, die ihr Wesen ausströmt. *Diese* Qualität der Liebe in dieser *so* reinen Form kennen wir aus unserem Mensch-Sein kaum. Und ja, die Begegnung mit einem Engel kann so ergreifend sein, dass ein Mensch auch dabei weinen kann. Doch wenn wir in diese Begegnung etwas ‹Sentimentales› hineininterpretieren, dann zeugt dies nur von unserem recht undifferenzierten Umgang mit unserem eigenen Seelenerleben. Engel sind nicht ‹seelisch› im Sinne von ‹gefühlsbetont›, sie haben gar nichts Rührseliges an sich. Nur *wir* sind nicht darin geschult, in der gleichen Weise mit der Liebe umzugehen. Das eigene Herz wirklich zu öffnen, bedingungslose Liebe zu empfangen und sie auch willentlich auszuströmen ist uns wenig vertraut. Hierbei erschrecken unsere Wesen. Umso mehr ermutigen uns die Engel, dies zu üben – auch an den allerschwierigsten Menschen:

«Liebe doch diese Menschen! Das kannst du doch tun – warum auch nicht? Ihr könnt doch einfach Liebe ausströmen lassen, ohne zu selektieren, wer sie nicht bekommt. Schenkt sie allen, und sie können dann entscheiden, ob sie sie annehmen oder nicht.»

«Wie wahr!»

«Ja, lass sie doch als Ressource in die Welt hineinfließen, sie

ist eine unerschöpfliche Ressource des Höchsten Geistigen, des Schöpfungsprinzips. Sie wird euch unerschöpflich geschenkt, lasst sie weiterfließen. Hört auf, mit ihr zu geizen, als ob ihr sie mühsam erschaffen würdet, als ob sie nur tropfenweise zu vergeben wäre. Kostbar ist sie, ja, das Kostbarste überhaupt! Ohne sie gäbe es nichts: nicht euch, nicht uns, nicht die Erde, nicht dieses Universum. Aber sie ist auch so kostbar in ihrer Unerschöpflichkeit, in ihrer Unendlichkeit.»

Was hindert uns eigentlich daran, mit der Substanz der Liebe in dieser Weise umzugehen? Der Blick in den Spiegel der eigenen Seele zeigt uns Verstrickungen und Wirrnisse unseres persönlichen Astralischen auf. In unzähligen Alltagssituationen steuern unkontrollierte Gefühle unsere Gedankenbildungen; eingefahrene Gedankenstrukturen formen wiederum unsere Empfindungsmuster; Willensimpulse manifestieren sich ungegriffen. Unsere Seele ist das Lebensfeld vieler zwielichtiger Wesen, die sich in jedem von uns eingenistet haben. Dank unserer ‹Gastfreundschaft› können sie sich von dort aus in unserem Namen zum Ausdruck bringen. Doch gerade mithilfe der Engel können wir eine immer größer werdende Klarheit in Bezug auf unser Innenleben erlernen. Ihr kristallklares Wesenslicht reflektiert uns in einer frappierend unverfälschten Weise den Gehalt und die Struktur unserer Gedanken und Gefühle.

Ich hatte es eines Tages in meiner Praxis mit einem ungewöhnlich schwierigen, kaum zugänglichen und biografisch sehr schwer belasteten Menschen zu tun. Die Begegnung mit ihm hinterließ in mir ein außergewöhnlich drückendes Gefühl, so als ob mein Herz ‹ersticken› würde. Ich wandte mich, Hilfe suchend, an seinen Engel und fragte ihn:

«Was ist mit deinem Menschen los, was ist passiert, dass er so geworden ist? Was braucht sein Wesen, welche Aufgabe liegt bei ihm vor?»

Der Engel entgegnete klar und ruhig:

«Das sind vier Fragen gleichzeitig – auf die du eine Antwort erwartest?»

Sogleich wurde mir deutlich, dass ich innerlich noch völlig unsortiert war, sowohl gedanklich als auch gefühlsmäßig. Ich musste meine Eindrücke erst bewusst strukturieren, um wahrnehmen zu können, welche Empfindungsqualitäten durch diese Begegnung in meiner Seele entstanden waren. So kristallisierten sich konkrete inhaltliche Leitmotive heraus, an denen ich klar gefasste Fragen bilden konnte.

Im späteren Verlauf des Gesprächs stellte ich eine weitere umfangreichere Frage, doch auch dieses Mal bot mir der Engel Einhalt:

«Achte darauf: Fragst du für ihn oder fragst du für dich?»

Dezidiert Bewusstsein für den Inhalt und die Struktur unserer Gedanken und Gefühle zu entwickeln, darüber hinaus auch auf die tatsächlichen *Absichten* und *Impulse*, die in uns leben, zu achten ist etwas, was unabdingbar zur Schulung des eigenen inneren Wesens gehört. All diese ‹Seelentätigkeiten› haben Bedeutung im Geistigen, sie sind für sich selbst stehende Kräfte, die entsprechende Auswirkungen haben. Für alles, was in uns vorgeht, wie auch für alles, was wir aus uns heraussetzen, tragen wir selbst Verantwortung. Darauf machen uns die Engel stets aufmerksam. Ihr klarer und präziser Blick auf jegliche Vorgänge, die in uns stattfinden, bringt Licht in Bereiche hinein, für die wir selbst noch nicht ausreichend Bewusstsein aufbringen. Klarheit ist immer mit Licht verknüpft, und zu diesem inneren Licht verhelfen uns die Engel.

Dabei sind sie die wundervollsten ‹Pädagogen›, die man sich vorstellen kann, denn sie urteilen und verurteilen uns nicht. Vielmehr lenken sie unentwegt unsere Aufmerksamkeit auf das Potenzial einer jeden Situation. Sie machen uns Mut, aus allem zu lernen, und zeigen uns auf, dass wir bei jeder neuen Gelegenheit die Möglichkeit haben, Ungenügendes besser zu machen. Wenn wir zum Beispiel jemandem gegenüber einen Fehler begangen haben, dann reagieren die Engel nicht in einer moralisierenden oder lehrhaften Weise, sondern stets auf das Positive gerichtet, auf die Zukunftsmöglichkeiten hinweisend:

«Vergib dir selbst und lerne daraus. Schaue aufmerksam hin, was in dir in dieser Weise reagiert hat. Und versuche, dich beim nächsten Mal bewusst daran zu erinnern.»

Ihr Fingerzeig ist niemals vorwurfsvoll, sondern deutet auf die für uns bestehenden Handlungsmöglichkeiten hin. Niedergeschlagenheiten und Selbstvorwürfe bringen in den Augen der Engel nichts, denn sie verdunkeln nur unsere Seele und blockieren die eigene weitere Entwicklung. Aus der Perspektive der Engel heraus ist es viel sinnvoller, an den eigenen innerseelischen Prozessen bewusst zu werden und in der Folge den Umgang damit entsprechend zu gestalten:

«Nicht jammern, das bringt nichts. Lerne doch einfach daraus. Achte mehr auf solche Zustände und versuche, sie bewusst zu lenken.»

«Da bin ich aber noch weit davon entfernt, das zu können!»

«Schritt für Schritt. Eure Entwicklung ist kein Eroberungszug, sie ist eine Pilgerreise.»

Und hier fällt ein weiteres Charakteristikum der Engel auf, vielleicht das überraschendste: Sie haben Humor, und zwar einen ganz feinen, leichten und liebevollen Humor. Niemals sind Engel flapsig, auch machen sie keine Scherze, bei denen man sich auf die Schenkel klopft. Doch durch ihre souveräne Pointiertheit können sie unsere Herzen regelrecht heiter stimmen und uns so zum Schmunzeln bringen:

Ich versuchte, eine schwierige Klaviersonate zu erlernen und meine Ungeduld kam mir in die Quere. So beklagte ich mich:

«Ich komme mir vor wie eine Schildkröte.»

Die Engel merkten nur sachlich an:

«Sei unbesorgt, Schildkröten könnten das nicht.»

Ein anderes Mal hatte ich vergessen etwas zu tun, was ich unserem Sohn ausdrücklich versprochen hatte. Ich erschrak regelrecht vor Scham und sagte vor mich hin:

«O Gott, ich würde am liebsten im Erdboden versinken!»

Die Reaktion der Engel erfolgte sogleich:

«Das brauchst du nicht, Gott findet dich auch dort. Er ist überall.»

Es ist wunderschön zu erleben, wie die Engel unseren kleinen menschlichen Dramen den Zahn ziehen und wie sie uns zeigen, dass es für unsere Probleme eigentlich stets geradlinige und somit leichte Lösungen gibt.

Eines Tages empfand ich mich in einem inneren Konflikt wegen eines mir lieben Freundes. Er hatte sich beruflich in eine Auseinandersetzung verstrickt, die jedoch völlig absurd war. Ich konnte ihm das kaum spiegeln, da er nicht gewillt war, sich aus seiner subjektiven Perspektive zu lösen. So sprach ich mit meinen Engeln:

«Was mache ich mit ihm?»

«Keine Spiele spielen.»

«Was bedeutet das?»

«Bleibe bei dir. Wenn du etwas anderes denkst oder willst als er, tue deins, nicht seins.»

«Aber ich kann ihn doch nicht links liegen lassen!»

«Nein, links nicht. Aber rechts.»

Ich musste hier laut lachen. Mit einer solchen Antwort hatte ich wahrlich nicht gerechnet. Ich fragte dann weiter:

«Soll ich kein Mitleid mit ihm empfinden, wenn er leidet?»

«Vertraue lieber in seinen Weg, das hilft seinem inneren Wesen mehr. Du kannst ihm Freundschaft schenken, aber nicht sein selbst gemachtes Leben verändern.»

Auf diese unmittelbar klare und auch heitere Weise führen uns die Engel vor Augen, wie sich unser Seelisches in Sorgen verfängt und wie wir uns in unnötigen Reaktionen verheddern. Nach solch einem kleinen, aber durchaus ernüchternden Hinweis kann unser Wesen wieder aufatmen.

Fasziniert von ihrer so mühelosen ‹Himmelslogik› und von ihrer ungebrochen befreienden Positivität fragte ich die Engel ein anderes Mal:

«Kritisiert ihr uns eigentlich nie?»

«Engel ‹kritisieren› nicht. Sie ‹bringen zu Bewusstsein›.»

«Ihr seid immer so unglaublich diplomatisch!»

Wohlwollend und lächelnd erwiderten sie:

«Das Diplomatische habt ihr von uns gelernt, nicht wir von euch!»

Losgelöst von der Erdenschwere, die unser eigenes Sein prägt, wirkt das Naturell der Engel ganz leicht und feinsinnig-unbefangen. Und in der Tat, sie sind auch nicht durch Verstrickungen des Seelischen ‹gefangen›, wie wir es sind. Von ihrer höheren Warte aus weiten sie unseren Blick und lenken ihn auf das Wesentliche, auf die Sinnhaftigkeit von Zusammenhängen. So weisen sie uns klare Wege aus unseren eigenen Seelenfallen heraus.

Eines Tages war ich aufgewühlt und wütend, eine Freundin hatte mich durch eine offensichtliche Unehrlichkeit sehr verletzt; und sie gab diese noch nicht einmal zu. Das machte mich fassungslos, ich wandte mich anklagend an die Engel:

«So kann man doch nicht miteinander umgehen, das geht so nicht! Ich habe doch recht, oder?»

Die Engel antworteten ruhig und klar:

«Was bringt es dir, dass du recht hast? Geistig gesehen gar nichts.»

Da musste ich kurz innehalten, diese Antwort hatte ich nicht erwartet. Ich fragte weiter:

«Und was soll ich machen?»

«Wenn du etwas Sinnvolles tun willst, dann beruhige dich erst. Deine Seele ist aufgewühlt und verdunkelt. Also durchlichte dein Herz und bringe Vergebungskräfte für diesen Menschen auf. Erst dann beginnst du, geistig etwas Sinnvolles zu tun, nicht dadurch, dass du recht hast.»

Nicht ‹recht haben›, sondern ‹recht tun›. Das verstand ich gut, und trotzdem konnte ich es mir nicht verkneifen, noch weiter zu meckern:

«Verletzungen sind ein richtig blödes Menschenspiel, ich habe keine Lust darauf!»

Darauf die Engel in stoischer Ruhe:

«Eines Tages wird es zwischen euch Menschen auch ohne Verletzungen möglich sein. Dieser Tag ist aber noch nicht heute.»

Wie einfach und zugleich wie weisheitsvoll sie uns zeigen, dass es in jeglichen Zusammenhängen auf uns selbst ankommt, wie wir mit dem Leben umgehen. Es gibt keine Situation, aus der nicht auch gute Wege herausführen. Das Schöne dabei ist, dass die Engel eine unendliche Geduld mit unseren doch sehr kleinen Entwicklungsschritten haben. Sie haben Verständnis für unseren Schmerz, verurteilen uns nicht für unsere Verwicklungen, für die eigenen Unzulänglichkeiten und Fehler. Sie nehmen uns aber auch nicht parteiisch in Schutz, wenn wir meinen, wir hätten ein Recht darauf, verletzt oder entrüstet zu sein. Sie überblicken immer die Gesamtheit von Geschehnissen und erkennen somit auch stets den Sinn und die Entwicklungschancen, die in allem Schwierigen enthalten sind. Ihr Weitblick verleiht jeder ihrer Haltungen und Äußerungen eine edle und erhebende Würde.

Das bedeutet aber nicht, dass es für die Engel keinen Unterschied macht, wie wir Menschen uns verhalten. Ihre Positivität ist keinesfalls mit einer undifferenzierten Bejahung gegenüber unserem Tun gleichzusetzen. Unsere Fehler schmerzen sie sehr, unsere Dunkelheiten sind ihnen eine große Last. So können sie uns auch durchaus streng den Spiegel vorhalten und uns dabei auf unsere falschen Selbstbilder, auf die Widersprüchlichkeiten unseres Wesens aufmerksam machen:

«Widersprüche in euch sind ‹Brüche› eures Wesens, ihr kokettiert damit. Solange ihr euch noch selbst sucht, dürft ihr es auch machen, der junge Mensch darf das machen. Doch dann entscheidet sich der Lebensweg: Die Wege ‹scheiden› sich, und ihr müsst eins werden in euch selbst! Man kann nicht in der ‹Zweiheit› laufen, so könnt ihr den lichten Weg nicht halten, ihr stürzt ab. Wähnt euch nicht sicher davor, keiner von euch ist es; noch nicht einmal wir sind davor gefeit.»

«Das sind ungewöhnliche Worte von eurer Seite aus.»

«Das ist kein Spiel. Wenn Menschen sich in verzerrten Spiegeln betrachten, helfen wir ihnen nicht, wenn wir nicht darauf aufmerksam machen. Das Niederreißen des falschen Selbstbildes ist die allererste Voraussetzung der Begegnung mit dem eigenen Selbst. Da gibt es keine anderen Wege.»

Ohne uns zu erniedrigen oder uns zu erdrücken, zeigen uns die Engel das oft so wirre Spiel unseres Innenlebens auf. Wenn wir bereit sind, unsere Seelenräume anzuschauen und das Geschehen darin selbstgestaltend zu ergreifen, helfen sie uns bei jedem kleinsten Schritt. Denn um das Gute in der Welt wirksam werden zu lassen, müssen wir es zunächst tatsächlich in uns selbst erzeugen.

Ich frage die Engel nach den Zusammenhängen des Seelischen in Bezug auf unser Mensch-Sein:

«Wie erlebt ihr das Seelische und das Geistige von uns Menschen?»

«Das Seelische ist bei den Menschen sehr unterschiedlich

ausgeprägt. Doch auch bei denjenigen, die das Geistige anstreben, hinkt die Seelenschulung meist hinterher. Sie muss sich aber auch bewegen, selbst wenn es wehtut. Und dann erst geht das Geistige wirklich weiter.»

«Konkret?»

«Denkt das Böse gut! Bleibt nicht in der Empörung, im Urteil, im Entsetzen oder gar in der Wut. Entsetzen erstickt und lähmt euch, in Empörung kocht ihr selbst, im Urteil verletzt, verwundet ihr selbst, in der Wut zerstört ihr. – Alles kommt zu euch zurück. Also arbeitet noch daran, überall Milde, Güte, Befriedung hineinzutragen. Seelenschulung ist das. Sie ist unabdingbar für die Geistesschulung, geht Hand in Hand mit ihr. Eure Schulung ist zugleich auch euer Gewinn: eine immer mehr durchreinigte, durchlichtete Seele, aus welcher Liebe in die Welt ausströmen kann. Das verändert die Welt zum Guten, nichts anderes!»

Wenn wir als Menschen von ‹Fortschritt› sprechen, meinen wir selten die Entwicklung *dieser* seelischen Qualitäten und Werte. Doch unsere Innenwelt gebiert und gestaltet unser gesamtes Erdensein. Wir haben es demnach in der Hand, in welcher Weise wir die Welt voranbringen. Wenn wir unser Wesen weniger eng, weniger egoistisch, weniger selbstbezogen formen, beginnen Selbstbezug und Weltbezug sich gegenseitig zum Guten zu befruchten. Dann können wir, gemeinsam mit den Engeln, vom Fortschritt unseres Menschseins sprechen.

«Menschenkind, achte die Menschen, wie wir dich achten. Gehe sorgsam, lichtvoll, freudetragend mit ihnen um. Sie haben vergessen, dass das der Umgang der Lichtwesen miteinander ist. Kostbar ist jede Begegnung, heilig ist jede Schicksalsberührung mit einem anderen Wesen, sei sie noch so unscheinbar in eurer Welt. Staune daran, dann entdeckst du auch mit der Zeit die Geheimnisse, die hinter jeder Wesensbegegnung be-

stehen. Der Sinn der Dinge und der Begebenheiten ist immer in ihnen selbst enthalten, man muss ihn nur ‹entzaubern› vom Schleier, der in eurer Welt darauf liegt. Für uns ist all dies sichtbar, da wir selbst Licht sind. So erkennen wir das Licht der Dinge, ihre Essenz, ihren Gehalt und somit ihren Sinn. Für uns ist nichts ohne Sinn, weil sich der Sinn selbst zeigt in den Dingen, er spricht aus ihnen, offenbart sich schon selbst aus ihnen heraus. Das könnt ihr Menschen Schritt für Schritt erlernen. Die Dinge des Lebens sprechen zu euch, lernt doch nur hinzuschauen und hinzulauschen. Werdet still in euren Gedanken, haltet eure Vorstellungen und selbst erschaffenen Gefühle zurück, und staunt und betrachtet und nehmet jede Begebenheit auf wie ein Kind. Dann werden die Dinge von selbst zu euch sprechen. Alles ist durchwebt von Wesenhaftigkeit, alles ist lebendig und in einem Austausch mit allem anderen. Alles, alles gehört zum Ganzen dazu, ist Teil der Welt und somit Teil eures Lebens und eures eigenen Wesens. Die Welt ist in euch für euch da! Nehmt ihren Reichtum wahr, entschleiert sie vom Schein der Schatten. Liebet sie lauschend, aufnehmend, an ihr lernend. Dann antwortet sie euch, indem sie sich euch in ihrer Sinnhaftigkeit offenbart!»

Der Aspekt der Freiheit

Wir wandeln auf Erden,
dass Neues erstehe
aus Freiheit und Liebe
im Gang der Äonen
und einmal in unsern
Gestaltungen gerne
die Göttlichen wohnen.

Erika Beltle

Sosehr uns die Engel hinsichtlich einer Bewusstwerdung unserer Gedanken und Gefühle impulsieren, sosehr sie uns auf die unabdingbare Schöpfung der Außenwelt durch unsere eigene Innenwelt aufmerksam machen, in Bezug auf unseren Willen greifen sie niemals ein. Der Wille des Menschen ist frei. Alle lichte Himmelswelt achtet dieses geistige Gesetz. So geben uns auch die Engel niemals vor, was wir tun *sollen* oder zu tun *haben.* Sie stehen uns immer zur Seite, unterstützen und begleiten uns auf jedem Weg, den wir wählen. Doch *wir* müssen unseren Weg wählen.

Wenn ich meine Engel zum Beispiel frage: *«Soll ich das machen?»*, antworten sie stets mit einer Gegenfrage: *«Willst du das machen?»* Wenn ich mich zwischen zwei Optionen nicht entscheiden kann und mich an sie wende, welche von den beiden ich wählen soll, dann schweigen sie. Erst wenn ich *selbst* eine Entscheidung getroffen habe, können sie mir für den entsprechenden Weg Rat geben.

«Für das ‹Wie› eures Tuns ist euch Freiheit geschenkt worden, und gerade deswegen gibt es auch mehrere Möglichkeiten des Vorankommens. Es gibt nichts mit nur einer Lösung, mit nur

einem Weg. Das gibt es nicht. Das wäre fatal, weil es unfrei wäre. Zu eurer Freiheit gehört es, dass ihr immer mehrere Wegmöglichkeiten habt.»

«Wie wirkt das für euch?»

«Wir achten alle Entschlüsse der Menschen und begleiten sie mit all unserer Kraft und mit unserem Licht.»

Häufig bedauern es Menschen, dass der eigene Engel ihnen bei bestimmten Lebensfragen nicht mit deutlichen Hinweisen hilft. Wenn man genauer hinschaut, trifft man da auf Situationen, in denen Unentschlossenheit vorliegt. Die Menschen fragen: *«Was soll ich tun, lieber Engel, dies oder jenes?», «Wie soll ich wählen?», «Was ist das Richtige, sag du es mir.»* Doch bei Zweifel, Wankelmütigkeit und Unschlüssigkeit können die Engel nicht agieren, denn sie dürfen es nicht. Sie würden dabei das heilige Gesetz der Freiheit übertreten, und die Lichten tun dies nicht. In solchen Momenten stehen sie neben ihren Menschen und warten ab, bis ein konkreter Willensentschluss gefasst wird. Sobald sich der Mensch aber entscheidet, beginnen seine Engel entsprechend kraftvoll zu wirken. Unsere Freiheit ist wirklich heilig, denn sie ist ein substanzielles Geschenk des Vatergottes an uns Menschen. Zugleich bedeutet sie Verantwortlichkeit, und diese müssen wir erlernen.

«Jedem von euch ist von den Allerhöchsten ein Tropfen Freiheitssubstanz eingeflößt worden, der ihn dazu befähigt, ‹Mensch› im wahren Sinne des Wortes zu werden. Euer Mensch-Sein bedeutet: ein Träger der Freiheit zum Licht hin zu werden. Und eure Aufgabe ist es, dies zu erkennen und selbst zu bestimmen, wem ihr dienen wollt. Dies ist das Grundprinzip eurer Freiheit. Auf beiden Seiten habt ihr unzählige ‹Helfer›, sowohl im Dunklen als auch im Lichten. Entscheidet euch! Doch wachet auf, bevor ihr euch entscheidet; damit ihr wisst, wofür ihr euch entscheidet!»

Freiheit ist also nicht ein ‹Gefühl›, sie ist kein ‹Zustand› und auch nicht lediglich ein ‹Ideal›. Sie ist reale Geistsubstanz, die wir durch das Erüben von Verantwortung selbst weiter bilden, reifen, wachsen lassen können. Das Straucheln und Stolpern, das Stürzen und Fallen sind Teil dieses Lern- und Entwicklungsprozesses der Menschheit. Gerade das Scheitern ist uns die ‹Schule›, die uns ermöglicht zu lernen, aus eigenen Kräften wieder aufzustehen. Wir sind *allen* Kräften der Schöpfung ausgesetzt und können die Freiheit nicht erlernen, ohne uns auszuprobieren, ohne Fehler zu machen. Demnach gibt es im Irdischen auch keinen ‹falschen› Weg. Alles, was wir erleben, ist uns *Erfahrung*. Der einzig gültige Bezugspunkt ist die Unterscheidung zwischen Licht und Dunkel, denn daran zeigt sich, mit welcher Geistigkeit wir uns verbinden.

Die Freiheit ist an unseren Willen geknüpft, und dieser ist *die* gestaltende Kraft der Welt. Hier ringen alle Geister um den Menschen, denn *er* ist zugleich das Sein der ganzen Erde. Die Dunklen wollen Einfluss nehmen und gebieten durch Vereinnahmung. Die Lichten bieten uns dagegen ihre Kräfte an. Sie mahnen uns mit ernsten Worten, zugleich stärken sie uns, indem sie uns Vertrauen, Mut und Zukunftswillen schenken:

«Eure Erde ist sehr gefordert und geplagt in diesen Zeiten. Es finden große Kämpfe statt um ihre weitere Entwicklung. Die Dunklen versuchen, alles Licht in den Herzen der Menschen niederzureißen und die Menschenseelen in ihre Abgründe abstürzen zu lassen. Der Kampf findet auf der gesamten Erde statt, auf allen Ebenen eurer Seelen, eures Bewusstseins, eurer Erdverbundenheit, eures Miteinander-Seins. In alle Schlupflöcher und in die hintersten, verstecktesten Winkel eures Wesens kriechen sie hinein und treiben euch an zu Egoismus und Engherzigkeit, zu Habgier und zu Selbstsucht. Sie halten euren Blick nach unten gerichtet, wo die weiten Horizonte

einer lichten Zukunft nicht gesehen werden können. Kurzatmig und angsterfüllt wollen sie euch halten, damit ihr nicht entdeckt, dass ihr euch lediglich zu weiten braucht, um schon unsere Hände zu ergreifen, um vereint zu sein mit all den Helfern, die euch zur Seite stehen und euch stützen auf dem Pfad des Lichts. – Ja, voller Grauen ist der Anblick der Erde, wenn man diese Seite innerhalb eurer Welt anschaut.

Und doch ist auch zugleich ein vollkommen anderes Bild da, eine andere Ebene der Wirklichkeit, die eine Welt ‹im Werden› zeigt. Schmerzen hat sie, wie bei jeder Erdgeburt, zugleich ist sie umringt von Helfern voller Licht, die sie besingen, segnen und sie in ihrer Hoffnung halten. Das ‹zu Gebärende›, der ‹Christus im Menschen›, ist ein hochheiliges Kind der Erde, und alle Lichten freuen sich auf sein Geboren-Werden. Jede Wehe ist ein Vorankommen, ist aber auch eine Prüfung, eine Enge und eine Gefahr. Zugleich geht aus ihr hervor eine neue Öffnung zum Lichten hin, eine neue Ausdehnung ihres eigenen Seins.

Ja, geboren wird aus eurer Erde immer von neuem eure Zukunft. Dies ist ‹der Mensch›, der ihr, der Zukunft, entgegenschreitet und sich selbst in diesen Wehen seiner Welt vervollkommnet. Wir sehen eines jeden Schmerz und auch den Schmerz der Erde. Doch wir sind da für euch, Hebammen gleich, die voller Zuversicht einen Handgriff nach dem anderen tun, darauf vertrauend, dass dieses Wunder erneut gelingt, wie alle Wunder der Geburt ‹in sich› bereits gelungen sind.

Hoffet mit uns, glaubet mit uns, bauet mit uns an diesem Geboren-Werden eurer Erde zum Christus hin! Ihr habt die kraftvollsten und leuchtendsten Helfer auf eurer Seite. Ihr könnt nicht verlieren – außer ihr wollt verlieren. Die Freiheit der Entscheidung ist euch geschenkt worden, und entscheiden müsst ihr selbst. Doch den Weg müsst ihr nicht alleine gehen.

Wir sind mit euch, und alle unsere höheren Brüder. Erkennet dies. – Segen mit euch, Menschen auf Erden!»

Mensch zu sein bedeutet also, verantwortlich zu sein: ein jeder für sich, für den anderen und für die ganze Welt. Auf der Ebene der Freiheit sind nicht mehr wir diejenigen, die nach dem Weg fragen, sondern die, welche seitens aller anderen Hierarchien befragt werden, für welchen Weg wir uns entscheiden. Der Mensch gestaltet diese Welt durch seinen freien Willen, es mangelt dabei nicht an Gefahren und an Schmerz. Die Engel wissen dies und sind bereit, den Weg mit uns zu gehen:

«Wir halten uns an den Händen in diesem gemeinsamen Wirken und verstärken die Kräfte des himmlischen, kosmischen Lichts auf der Erde. Verbündet und verbrüdert sind wir mit euch in all diesem Tun, liefern uns selbst eurem Mittun aus. Vergesst das nicht: Ihr seid uns allen Verderben oder Glück! Ihr tragt die Weltentwicklung weiter, und euer Wille ist uns Gesetz darin. Dies ist kein Spiel mit Kräften, Bauklötzen gleich. Es ist die Weltenwerdung!»

Die Gefühle der Engel

> «Es sind nicht bloß die Dinge,
> die wir lernen, die Erkenntnisse,
> sondern es sind die Wesen der
> höheren Hierarchien selber,
> die uns helfen, wenn wir von ihnen
> wissen.»[5]
>
> *Rudolf Steiner*

Unser Selbsterleben wird für uns, als heutige Menschen, in einem ausgeprägten Maße von unseren Gefühlen gebildet. Wir identifizieren uns ganz unmittelbar mit dem, was wir empfinden. Dabei ist es uns nicht bewusst, dass Gefühle, geistig betrachtet, ‹Wesenheiten› sind, mit welchen sich unser Herzensbereich verbindet. Freude und Hoffnung, Trauer oder Angst sind nicht einfach ‹Stimmungen› im Sinne von ‹fluktuierenden Energien›, die durch uns hindurchströmen, sondern sie sind jeweils ganz konkrete astrale oder geistige Wesen, die wir in uns ‹einlassen›, die zeitweise in unserem Seelenraum wohnen und dort wirken. Noch haben wir kaum gelernt, uns von der Identifikation mit diesen Seelenkräften, die wir ‹Gefühle› nennen, zu lösen und sie als etwas zu betrachten, was *nicht* wir selbst sind.

Diesen Bereich unserer Gefühle und Empfindungen erleben wir ganz unmittelbar mit unserem Herzen verbunden. Das Herz als das zentrale Organ unseres Mensch-Seins bildet unseren intimsten Innenraum; zugleich vermittelt es zwischen unserem Denken und Wollen, und ist gleichermaßen Tor sowohl zur Außenwelt hin als auch zum eigenen Innenleben. Es ist ein sich in Entwicklung befindendes Sinnesorgan, welches durch ‹erlebte Erkenntnis› immer mehr in eine bewusste Beziehung mit der geistigen Wirklichkeit treten wird.

Ganz in diese Überlegungen vertieft, tausche ich mich mit meinen zwei Lehrerengeln darüber aus. Dabei frage ich sie:

«Habt ihr ‹Gefühle› so wie wir, oder wie sind eure Gefühle?›

Als ich diese Frage stelle, senkt einer der beiden Engel sein Haupt. Zunächst verstehe ich nicht, was das bedeuten soll. Ich schaue länger hin und begreife auf einmal, dass so ein Engel aussieht, wenn er traurig ist. Ich frage ihn:

«Bist du traurig? Oder willst du mir nur zeigen, wie Traurigkeit bei einem Engel aussieht?»

Da hebt der Engel den Kopf und lächelt sofort. Der andere Engel spricht:

«Auch wir haben Gefühle. Aber sie überwältigen uns nicht wie euch. Sie sind für uns nur innere Gesten, die man uns unmittelbar ansieht.»

«Könnt ihr mir das bitte genauer erklären?»

«Beispielsweise bei ‹Erfüllung›, was für uns gleichbedeutend mit ‹Gottes-Schau› ist, singen wir. Das ist unser Ausdruck dafür.»

«Was macht ihr bei Freude?»

«Wir strahlen stärker und dehnen uns ein wenig aus. Für euch wirkt es so, als ob wir einen halben Schritt nach vorne gehen würden, aber wir dehnen uns einfach aus.»

Ich frage weiter:

«Wir empfinden unsere Gefühle in unseren Herzen. Wie ist das bei euch? Was empfindet ihr in euren Herzen?»

«Weltgeschehnisse! Sie haben ihr Echo in unseren Herzen. Unser Herz pulsiert mit der gesamten Welt mit, es schlägt mit dem Weltgeschehen – sowohl mit dem himmlischen als auch mit dem irdischen, da beide zusammengehören. Dadurch sind

wir mit allem verbunden, tragen alles in uns, ‹wissen› alles – im Sinne von ‹miterleben›.»

«Wie schön! Aber bitte noch mal zurück zu den Gefühlen, erklärt mir das genauer.»

«Gefühle sind für uns der Nachklang des Weltgeschehens vor dem Hintergrund des Göttlichen. Wie das Weltgeschehen mit dem Göttlichen übereinstimmt oder davon abweicht, das bildet unsere Gefühle. Von daher sind es keine ‹persönlichen› Gefühle, wie ihr sie als Menschen habt, sondern ‹Weltengefühle›: ein gemeinsames Empfinden vor dem Weltengrund.»

«Was für ein Unterschied! Und die einzelnen Empfindungsqualitäten, wie sind diese bei euch? Kennt ihr so etwas wie Sorge?»

«Anspannung, Sorge ist die Diskrepanz zwischen Verlauf und Möglichkeit einer Situation.»

«Was ist Trauer für euch?»

«Trauer ist das Bedauern von nicht genutzten Möglichkeiten seitens der irdischen Welt.»

«Verzweiflung – kennt ihr das?»

«Ja und nein. Wir ‹zweifeln› nicht, wir sind nie ‹ohne Aussicht›, nie ohne Blick auf das Lichte, so wie ihr. Aber wir kennen das Gefühl von Ohnmacht, zum Beispiel am Karfreitag gegenüber dem stattfindenden geistigen Geschehen – und das fühlt sich in etwa so an wie Verzweiflung bei euch.»

«Wie ist es mit der Hingabe?»

«Da gehen wir unmittelbar auf die Knie.»

«Und Verehrung?»

«Auch da gehen wir unmittelbar auf die Knie, nur verbeugen wir uns da zusätzlich.»

«Seid ihr auch mal ärgerlich?»

«Nein, das ist zu astralisch und zu persönlich für uns. Aber das scharfe Empfinden für Ungerechtigkeit, das kann wie ein Schwert sein.»

«Wie kämpft ihr?»

«Mit Liebe.»

«Wie geht das?»

«Mit Liebe für das Höchste Göttliche. Wir tragen die Liebe nach vorne, wir tragen sie vor uns her, wir tragen sie durch Weltenräume und nähern uns so den ‹anderen Wesen›. Wir tragen die Allliebe zu ihnen hin.»

«Aber die Michaeliten kämpfen. Wie machen sie das?»

«Sie haben Lichtschwerter. Damit verletzt man niemanden. Man durchschneidet nur die Dunkelheit.»

«Was passiert da?»

«Wenn Licht die Dunkelheit durchschneidet, hat die Dunkelheit die Möglichkeit, sich an das eigene ursprüngliche Licht, aus dem sie kommt, zu erinnern. Man durchschneidet kurz die Verbindung der Dunkelheit mit dem Dunklen, und man nimmt so dem Dunklen einen Teil seiner Macht ab.»

«Wie schön! – Noch einmal zur Freude: Was ist, wenn ihr Freude empfindet?»

«Wenn wir uns mit und über einen Menschen freuen, dann ‹umarmen› wir ihn, das bedeutet, wir umhüllen ihn. Untereinander ‹strahlen› wir gemeinsam, da umarmen wir uns nicht – nur wenn wir Engel von Liebenden sind.»

«Wenn wir Menschen uns begegnen, fragen wir den anderen nach seinem Befinden. Bei jeder Begrüßung fragen wir ihn, wie es ihm geht. Warum eigentlich?»

«Damit ihr den anderen ‹empfinden› könnt. Ihr könnt dies nicht mehr unmittelbar erleben, wisst aber noch unbewusst, dass darin, also im ‹gegenseitigen Empfinden›, Begegnung stattfindet: ‹Wenn ich schon nicht empfinden kann, wie der andere empfindet, dann kann ich es zumindest noch wissen, indem ich es erfrage.› – So in etwa könnte man es sagen. Natürlich ist dies bei euch zu einer Floskel geworden, und

trotzdem ist darin noch der Zugang zu einem Begegnungsraum enthalten, und das wissen eure Seelen.»

«Wie ist das bei euch Engeln?»

«Bei uns ist das anders. Unser ‹Befinden› ist nicht so sehr persönlicher Art wie bei euch. Wir empfinden größere Zusammenhänge als zu uns gehörig, besser gesagt: uns als zu ihnen gehörig. Wir erleben größere ‹Wellen› von energetischem Geschehen, die das Sein und Werden weben. Wir sind mit weiteren Bezügen verwoben als zum Beispiel mit nur einer sich uns stellenden Aufgabensituation. Und diesen Bezügen passen wir uns an, daran und darin wirken wir. Dabei haben wir ein stärkeres Zusammengehörigkeitsempfinden innerhalb der geistigen Ströme, zu denen wir gehören: Erzengelstrom, höhere hierarchische Einflüsse, der jeweilige Bezug zu einem der Trinitarischen Aspekte, dem wir primär dienen, das Zusammenwirken mit bestimmten, in gleicher Weise wirkenden Engeln – all dies gehört zu uns als unser eigenes Selbstempfinden. Von daher könntet ihr nicht so unmittelbar begreifen, wie es einem Engel wirklich ‹geht›, wenn er sein Selbsterleben in einem bestimmten Moment eurer Zeit darstellen würde.»

«Wenn ihr in all diesen Zusammenhängen so anders seid als wir, habt ihr dann auch ganz andere ‹Herzen› als wir? Wie sind eure Herzen?»

«Ja, schau.»

Die Engel zeigen mir in ihrer Gestalt ein wundersames Gebilde aus Licht, wie ein mehrdimensionales, labyrinthisches Organ. Auf den ersten Blick ähnelt es einer hochkomplexen Lichtstadt in Miniatur. Ich schaue noch länger und noch genauer hin und erkenne die atemberaubend schöne Struktur eines spiralförmigen Strudels aus unzähligen, lebendig leuchtenden und strahlenden Lichtern. Es ist ein regelrechtes Wunder! Doch was ist das? Der eine Engel erklärt:

«Es ist reine Energie, aber ganz lebendig.»

«Ist das so etwas wie eine kleine Sonne in euch?»

«Nein, keine Sonne. Ihr Menschen habt eine kleine Sonne im Herzen. Bei uns … ist es eine kleine Galaxie!»

Ich muss gestehen, dieser Moment war und ist mir aus allen Engelbegegnungen als einer der eindrücklichsten und überwältigendsten geblieben: ein Engelherz geschaut zu haben. Das Menschenherz ist also eine geistige Sonne, das Engelherz eine geistige Galaxie – welch gewaltig großer Unterschied zwischen uns Menschen und dieser uns allernächsten Hierarchie besteht! Und wenn wir uns bewusst machen, dass diese Wesen *uns* dienen …

Die Sprache der Engel

Wie können die Engel
zum Menschen sprechen?
Wenn wir nur zum Guten
das Schweigen brechen.

Herbert Hahn

Die ‹Sprache› der Engel ist nicht unsere Sprache. Unser Austausch mit ihnen findet auf der Ebene der Inspiration statt, das bedeutet, sie offenbaren uns ihr Wesenhaftes, indem *sie sich* durch *uns selbst* ausdrücken. Sie teilen sich so mit, dass wir sie durch unsere eigenen ‹Wahrnehmungsfilter›, also durch unsere persönlichen Empfindungs- und Gedankenstrukturen, durch unsere eigenen Begriffsbildungen, vernehmen können. Durch die Beschaffenheit unseres Wesens ‹übersetzen› wir die aufgenommenen Inhalte anhand derjenigen Vorstellungen und Begriffe, die uns selbst eigen sind. So ist die Kommunikation zwischen Mensch und Engel stets von der individuellen ‹Färbung› des jeweiligen Menschenwesens geprägt.

Obwohl Engel in unterschiedlichen Wirkungsströmungen stehen, die eine eigene Charakteristik, einen eigenen ‹Duktus› haben, so haben sie nicht ein bestimmtes ‹geistiges Vokabular› wie wir Menschen. Sie nehmen die geistige Wirklichkeit unmittelbar wahr. Wir dagegen nähern uns dem Geistigen mit unserem Bewusstsein nur an. Dabei ‹verhelfen› wir uns mit unterschiedlichen Weltanschauungskonzepten, die sich im Laufe der Menschheitsentwicklung verändern und weiter entfalten. Diese Anschauungsweisen konzentrieren sich auf bestimmte Teilaspekte des Geistigen und stützen sich jeweils auf bestimmte Vorstellungen und Begriffsbildungen. Ein Buddhist zum Beispiel hat andere spirituelle Termini als ein durch den Katholizismus geprägter Mensch, ein Hinduist pflegt einen anderen geistigen Wortschatz als ein mit der Anthroposophie verbundener Mensch. Wenn also im Gespräch mit einem Engel etwa der Begriff ‹Geistselbst› fällt, so drückt sich darin nicht die weltanschauliche Charakteristik des Engels aus. Dies ist lediglich ein Hinweis dafür, dass dieser Ausdruck Teil der Denk- und Vorstellungsstrukur des sich im Gespräch befindenden *Menschen* ist. Rudolf Steiner macht darauf aufmerksam, dass ‹Begriffe› in der geistigen Welt nicht die Berechtigung haben, die sie im Irdischen haben: «Es kann nicht oft genug betont werden, dass wir die Begriffe, die mit Recht für die sinnliche Welt Gültigkeit haben, nicht mit hinübernehmen in die geistige Welt, dort könnten sie uns gefährlich werden.»[6]

Engel denken und sprechen also nicht in Begriffen, überhaupt ist ihr Wesen in diesen Zusammenhängen ganz anders geartet, als wir es sind. Unser menschliches Denken zum Beispiel verläuft in der Zeit. Um einen Gedankengang aufbauen zu können, müssen wir einen schrittweisen Verlauf von Gedankensuche, Gedankenfindung, Gedankenbildung vollziehen. Bei den Engeln ist es nicht so, sie können einen kompletten Gedankenbau auf einmal, also ganz unmittebar, erfassen. Ähnlich einem instinkthaften Wahrnehmen und Begreifen «haben diese dhyanischen Wesenheiten oder Angeloi unmittelbares geistiges Denken, unmittelbares geistiges Vorstellen. Durch dieses instinktive Vorstellungs-Innenleben sind sie wesentlich anders geartet als die Menschen. (...) Sie müssen einen ätherischen Leib benutzen, weil ein menschlicher Leib und ein menschliches Gehirn die Gedanken nur in der Zeit vermitteln, während diese Wesenheiten nicht die Gedanken in der Zeit ausbilden, sondern gleichsam wie von selbst die ihnen zukommende Weisheit in sich aufblitzen fühlen. Sie können unmöglich in dem

Sinne Falsches denken wie der Mensch. Ihr Gedankenablauf ist eine unmittelbare Inspiration.»[7]

Durch diese anders geartete Weise des Denkens und Erfassens haben die Engel auch eine ganz andere Art des gegenseitigen Austauschs. Ihre Sprache besteht, ähnlich dem Denken, nicht aus einer Aneinanderreihung von Begriffen oder aus einem Aufbau von sich bildenden Zusammenhängen, sondern ist ein ganz direktes ‹wissendes Erleben›, ein unmittelbarer ‹Transfer von Erkennen› im Verhältnis zu einem anderen Wesen.

Ich frage meine Lehrerengel dazu:

«Wie sprecht ihr miteinander, wie ist bei euch das, was wir ‹Kommunikation› nennen? Könnt ihr mir das vielleicht zeigen oder erklären?»

«Ja, schaue genau hin.»

Ich sehe, wie die zwei Engel sich voreinander hinstellen und sich gegenseitig, vom Brustraum ausgehend, ‹etwas› hin- und herschicken. Es ist eine reine ‹Energie›, wie Wellen von Informationen, die gleichzeitig von dem einen zum anderen ausströmen. Mir wird bewusst, dass ich dabei gar nichts ‹höre›; die Engel ‹sagen› auch gar nichts, und trotzdem merke ich, dass da ein klarer, fließender, umfassender Austausch zwischen ihnen stattfindet. Sie schicken eigentlich nur ‹Impulse›, ‹Absichten› hin und her, diese enthalten Informationen, Wissen, Austausch. Dadurch entsteht und besteht bereits ein ganz unmittelbares und vollständiges gegenseitiges Verstehen. Ganz erstaunt frage ich sie:

«Wie macht ihr das, wie geschieht das?»

«Schaue noch genauer hin.»

Das tue ich und kann dann wie in Zeitlupe beobachten, wie das Herz des einen Engels, welches als goldenes, lebendiges Gebilde erscheint, einen Impuls, eine Lichtwelle in Richtung des anderen Engels schickt. Dessen Herz und Wesen schwingt sofort mit, und seine Reaktion darauf bildet eine neue goldene Welle, die als Antwort zurückschwingt. In dieser Gleichzeitigkeit des Geschehens, wenn man überhaupt hier von ‹Zeit› sprechen kann, können unendlich viele ‹Informationen› ausgetauscht werden. Eine Welle kann unbegrenzte Mitteilungen in sich bergen beziehungsweise Inhalte übermitteln.

Ich frage die Engel, ob sie dabei denken oder fühlen. Sie antworten:

«Denken und Fühlen und Wollen sind bei uns viel mehr eine Einheit als bei euch. Sie sind eins und doch nicht ganz. Bei uns ist alles mit unserem Herzen verbunden, und das Herz ist mit dem Kosmos verbunden. So können wir alle mit dem Kosmos mitschwingen und dadurch mit jedem anderen Engel – auch mit anderen Wesenheiten, doch untereinander ist es für uns am selbstverständlichsten.»

«Und was konkret ist das, was in ‹Wellen› zwischen euch schwingt?»

«Weltsubstanz.»

«Was ist das genau?»

«Weltenwille. Das ist Väterliche Geistsubstanz, Urschöpfungssubstanz des Vatergottes.»

«Verzeiht mir, ich kann es noch nicht ganz begreifen.»

«Das ist Substanz des ‹Miteinander-Seins›. Alles ist ‹Miteinander-Sein› im Vater, auch wenn ihr es nicht merkt. Alles kann miteinander schwingen – oder gegeneinander, je nachdem, welchen Grundimpuls man in sich trägt.»

«Wie ist das zwischen den Hierarchien?»

«Ähnlich, nur die Höheren haben ganz andere Schwingungskräfte. Da kann der Kosmos beben. Daneben sind wir Engel sehr, sehr klein und schwingen wie Schmetterlinge im Vergleich zu den Adlern der Lüfte. Sie sind Giganten, eine Schwingung von ihnen kann den halben Kosmos bewegen.»

«Wow!»

«Ja, wir sagen zwar nicht ‹wow›, aber auch wir empfinden die gleiche Ehrfurcht und Demut davor wie ihr. Nur bewusster und unmittelbarer, viel direkter.»

«Macht ihr das auch mit den Menschen so in der ‹Kommunikation›? Also ‹schwingt› ihr da auch mit uns so?»

«Ja und nein. Ja, weil wir ständig Schwingungen und Impulse zu euch hinschicken. Nein, weil wir differenzierter Impulse schicken: jeweils in das Denken, Fühlen und Wollen der Menschen. Ihr braucht das so, sonst könntet ihr nicht ‹aufnehmen›. Wir schwingen ‹nach unten› zu euch hin, das bedeutet in gröberen und direkteren Schwingungen. Ihr könnt das noch sehr wenig wahrnehmen, von daher versuchen wir, es so gut wie möglich an eure Möglichkeiten anzupassen.»

«Wie ist es bei Kindern?»

«Sie sind noch sehr offen dafür, da müssen wir noch kaum ‹Trennung› zwischen den Bereichen des Denkens, Fühlens und Wollens durchführen. Kinder nehmen noch mit dem ganzen Wesen wahr und sind selbst noch kaum ‹unterteilt› wie ihr.»

«Wie können wir eure Impulse noch besser auf- und wahrnehmen?»

«Eure Herzen ständig öffnen, wie einen ‹Kanal› öffnen.»

«Darf ich hierzu noch etwas anderes fragen?»

«Frage.»

«Habt ihr eine eigene ‹Welt›, so wie wir die Erdenwelt haben?»

«Ja, unsere Welten sind anders als eure.»

«Und ‹wo› sind diese eure Welten?»

«Im gleichen Kosmos, aber ‹anderswo›. Nicht auf der Erde. Wir haben eine eigene Welt.»

«Wie ist eure Welt?»

«Unsere Welt besteht aus Frieden, Licht und Liebe. Alles, was hier ist, ist aus diesen Substanzqualitäten heraus gewebt. Wir grenzen an die Reiche anderer Hierarchien an, können uns dort eingebettet erleben, zugleich aber auch ein Bewusstsein für unseren eigenen Bereich haben. Es gibt keine ‹Grenzen›, nur Übergänge zwischen den Lichtwelten. Wir sind gleichzeitig verbunden mit allem und können doch auch für uns sein. Das ist unser ‹Zuhause› auf dieser Entwicklungsstufe; und doch wissen wir, dass es nur eine Welt des Durchgangs ist.»

«Wie meint ihr das?»

«Wir bleiben hier nicht, unsere Welten wandeln sich auch, nur dass wir einen weiteren Blick haben als ihr. Und dadurch halten wir nicht an Zuständen fest wie ihr. Für euch ist die Erde, beziehungsweise euer Bewusstsein von ihr, ein recht fester ‹Zustand›, der sich nur unendlich langsam wandelt; und das auch nur mehr in eurem Bewusstsein als in eurem Erleben. Wir sind beweglicher im Blick und im Erleben.»

«Doch wie könnt ihr uns so gut verstehen in all unserem Sein, wenn eure Welten so anders sind als unsere, wenn eure Art der Verständigung so anders ist als unsere?»

«Das Engelgeschlecht und das Menschengeschlecht sind sich so nah wie Eltern ihren Kindern, wie Ammen ihren Zöglingen, wie Lehrmeister ihren Schülern. Unser Bestreben ist es, euch zu befähigen, zu einer Reife zu kommen, die eure Wesen zu eigenständigen, bewussten Gestaltern eurer Welten macht. Wir sind in der Einheit verbunden. In der Einheit vereint sich alles – das kannst du aber nur erleben. Euer Bewusstsein lebt in einer Welt des Getrennt-Seins. Allein schon in eurem Denken bist du bereits ein Gegenüber und somit nicht in der Einheit. Vieles ist euch noch nicht so möglich wie uns, später wird aber auch euch das anders möglich sein.»

«Was können wir dafür tun, damit es anders wird?»

«Ihr könnt immer mehr lernen, mit euren Herzen zu leben und zu üben. Eure Herzen können ‹denken› und ‹fühlen›, sie können ‹sehen› und ‹verstehen›. Sie können das Eins-Sein erleben lernen. Das ist die Sprache aller geistiger Wesen.»

Immer und immer wieder sprechen die Engel unser Herz an und machen uns auf die lebendige Wirklichkeit und auf die Bedeutung dieses zentralen geistigen Organs aufmerksam. In allem, was sie erklärend darstellen, bedienen sie sich aufschlussreicher Vergleiche. Ihnen ist ein sehr bildhafter, schöner und lebendiger Ausdruck, eine zum Teil fast schon poetische Sprache eigen. Es geht ihnen niemals darum, dass wir etwas nur verstandesmäßig begreifen, sondern dass wir mit unseren *Herzen* erkennen, dass unser *gesamtes Wesen* angesprochen und berührt wird von dem, was sie uns vermitteln:

«Wenn jemand mit uns in seinem Herzen lebt, spüren es die anderen Menschen um ihn, auch wenn sie es nicht ‹wissen›. Ihre Seelen ‹sehen› das mit Seelenaugen und erinnern sich an den Himmel. Euer Herzorgan vernimmt uns, hört uns und kriegt Mut, lebendig zu pulsieren und sich wieder aus seiner Erstarrung herauszutrauen. Schenket eurem Herzen ‹Weite› und ‹Leben›; es wird dann wieder lieben und sich geistig öffnen können.»

DIE PERSÖNLICHEN ENGEL DES MENSCHEN

«Du trittst nun ein in eine geistige Welt,
in eine wunderbare Götterwelt,
in der leben und weben die göttlich-geistigen
Wesenheiten der höheren Hierarchien,
und sie pflegen und hegen dich und senden ihre
Kräfte aus und tragen dich auf ihren Schwingen,
und du bist durch sie eine Kraft der geistigen
Welt, und sie pflegen dich als Seele.»[8]

Rudolf Steiner

Alles auf Erden ist Abbild von geistigen Urbildern, die Grundlage für unser Sein auf Erden sind. Nicht nur im Irdischen ist der Mensch von einem sozialen Gefüge umgeben, auch im Geistigen wird er auf der Engelebene von einem Gefüge von zu ihm gehörenden Engelwesenheiten umgeben. So wie das Kind Mutter und Vater, nahe Paten und Lehrer hat, die es ausbilden, so hat der Mensch mehrere Engel, die ihn mit unterschiedlichen Aufgaben und in unterschiedlichen Rollen begleiten. Und so wie der heranreifende Mensch sich dann selbst sein soziales Umfeld aufbaut, so verbindet er sich im Laufe seines Lebens auch mit unterschiedlichen geistigen Wesenheiten, die zu ihm gehören. Zugleich bleibt ihm, sowohl im Irdischen als auch im Geistigen, die Prägung seines ‹Elternhauses› und seiner ‹Lebenslehrer› eingeschrieben.

Das Bild vom Menschen, der sein ganzes Leben hindurch von einem Schutzengel begleitet wird, ist seit vielen Jahrhunderten in unserem christlichen Kulturkreis verankert. Tief Weisheitsvolles spricht sich darin aus, denn dieses Bild veranschaulicht die immerwährende Himmelsbegleitung, die uns Menschen zuteilwird. Zugleich ist diese Vorstellung nur eine Vereinfachung, die der bisherigen seelisch-geistigen Auffassungsmöglichkeit des Menschen entsprochen hat. Die Bewusstseinsweitung, die sich nun in allen unseren Lebensbereichen zeigt, kann auch in diesen Zusammenhängen zu neuen Erlebnissen und Erkenntnissen führen.

Auf dem physischen Plan haben sich unsere Wissenshorizonte in den letzten Jahrzehnten deutlich erweitert, unsere Ansichten haben zum Teil neuen Anschauungen Platz gemacht. Unser Verständnis von Mensch und Natur hat sich vertieft, unser soziales Bewusstsein ist umfassender geworden als in früheren Zeiten. Zugleich machen sich auch viele neue Abgründe und Schattenseiten bemerkbar. In all dem liegen große Entwicklungschancen, denn Weltgeschehen zu erkennen, Verankertes zu hinterfragen, Neues zu wagen, ist eine notwendige Signatur unserer erwachenden Bewusstseinsseele. In Bezug auf die geistige Entwicklung des Menschen haben wir mehr denn je die Möglichkeit, unseren Blick und unsere Erfahrungsgrenzen auszudehnen. In der Verbindung mit der Engelwelt erschließen sich uns hier neue, vielschichtige und weiterführende Zusammenhänge.

Der Schutzengel

> «Und in der Tat, so ist es, dass mit jeder menschlichen Individualität ein solches Engelwesen wirkt, welches den Menschen leitet und lenkt bei seiner Arbeit, das Geistselbst im astralischen Leibe auszubilden, bis er es ausgebildet hat. Daher spricht man in einem Teil der christlichen Lehre von den menschlichen Schutzengeln. Das ist eine Vorstellung, die durchaus der gesetzmäßigen Realität entspricht. Es sind das die Wesen, die den Einklang schaffen zwischen der einzelnen menschlichen Individualität und dem Gange der Erdenentwickelung, bis der Mensch selbst am Ende der Erdenentwickelung so weit sein wird, dass er seinen Engel ablösen kann, weil er dann selbst ein solches Bewusstsein haben wird, wie es ein Engel hat.»[9]
>
> *Rudolf Steiner*

Der Schutzengel ist die uns vertrauteste Gestalt aus der Welt der himmlischen Hierarchien. Auch wenn unsere Kultur von einer weitverbreiteten Entfremdung vom Geistigen geprägt ist, so stellt die Annahme, dass ein höheres, gütiges, liebendes Wesen jeden einzelnen Menschen hütet und begleitet, einen noch relativ natürlichen Bestandteil unseres Vorstellungslebens dar. Das Bild des uns beschützenden Engels geben wir in einer recht selbstverständlichen Weise unseren Kindern mit auf den Lebensweg. Wenn wir in Not oder in Gefahr sind, bitten wir sogar als Erwachsene den Schutzengel um Beistand und Halt. Unsere Ahnung um seine Existenz, auch wenn sie wenig bewusst ist, hat dem materialistischen Grundtonus unserer Zeit getrotzt. Warum? Weil der Schutzengel eine uns so nahe Wesenheit ist, dass unser Wahrheitsempfinden immer wieder an ihn anknüpfen kann.

Der Schutzengel ist diejenige geistige Gestalt, die *immer* mit uns verbunden ist. In jedem Augenblick unseres Seins und bei jedem einzelnen Lebensschritt ist er diejenige geistige Entität, die über uns wacht und uns umhüllt. Seine Hinwendung fließt uns unerschöpflich zu, er schenkt uns Licht und Hoffnung, er tröstet uns in unserem Schmerz, er durchkraftet und ermutigt uns. In allem, was wir sind und tun, steht er uns treu und unverbrüchlich bei. Seine Geduld und seine Liebe sind wie die einer grenzenlos liebenden Mutter, die ihr Kind aus einem tiefinnigen Herzensquell trägt und seine Entwicklung unentwegt fördert und impulsiert.

Als ich in jungen Jahren begann zu versuchen, mit meinem Schutzengel in Kontakt zu treten, durfte ich erleben, dass das Gelingen dieser Annäherung von den eigenen Bemühungen abhängt. Ich konnte den Engel damals weder sehen noch wahrnehmen, aber ich fing einfach an, innerlich mit ihm zu sprechen. Ich dankte ihm abends für seine Hilfe während des Tages, begrüßte ihn am nächsten Morgen, erzählte ihm, wie ich bestimmte Dinge sah und empfand, und dankte ihm immer und immer wieder für sein Dasein als mein innigster Begleiter. In diesen Annäherungsmomenten entstand als Echo in meinem Herzen eine lichte, leichte und innige Atmosphäre, die ich sehr liebte und weiter pflegte.

Nach einer Weile begann ich den Engel zu fragen, wo ich ihn – im räumlichen Sinne – konkret spüren könnte. Mit der Zeit stellte sich ein Empfinden ein, als ob rechts hinter mir eine Anwesenheit vernehmbar wäre. Natürlich war ich mir unsicher, zumal ich bei jedem neuen Anlauf stets die gleiche

Wahrnehmung hatte: Es schien, als ob der Engel auf der rechten Seite hinter mir wäre. War das Einbildung? Mangelte es mir an Phantasie, ihn auch anderswo ‹hinzudenken› oder ihn zu spüren? Der innere Zweifel wollte mich daran hindern, es weiter zu probieren, doch ich beschloss, diese Versuche fortzusetzen. So sprach ich auch weiterhin mit ihm und freute mich an der Vertrautheit, die mit der Zeit in mir selbst wuchs.

Einmal wagte ich es, den Schutzengel vor mich hin zu bitten, damit ich ihn als ‹Gegenüber› besser wahrnehmen könnte. Ich wusste nicht, ob man gegenüber geistigen Wesen so etwas tun darf, aber ich tat es voller Demut und Respekt, im Vertrauen darauf, dass er meine inneren Beweggründe ohnehin deutlich erkennen kann. Und in der Tat, die inzwischen vertrauter gewordene Gegenwart meines Engels war nun zum ersten Mal als Geistgestalt vor mir zu erkennen. Für meine damals begrenzten Möglichkeiten war dies ein immanent wichtiger Schritt. Diese Begegnung hatte eine Qualität des unmittelbaren ‹Herzenserkennens›, die wahrhaftiger war als jeder Stachel des Zweifels. Von da an konnte ich, über die Jahre hin weiter übend, den Engel immer deutlicher imaginativ erkennen und inspirativ vernehmen.

Viele Menschen kennen dieses innere Gespür für die Anwesenheit des eigenen Schutzengels. Wenn man diesem Empfinden vertraut und es aktiv übend pflegt, führen diese Bemühungen zu einer immer deutlicher werdenden Sicherheit und Klarheit im Umgang mit ihm. Wir können uns dessen gewiss sein, dass der Schutzengel unsere Versuche mit einer immerwährenden Geduld und Liebe unterstützt. Wenn wir uns ihm willentlich und herzensinnig zuwenden, wird mit der Zeit ein einmütiger und tief erfüllender gegenseitiger Austausch möglich.

Der Bezug unserer Schutzengel zu uns ist wahrhaftig zärtlich. Bis in dasjenige hinein, was wir als seine ‹Geste› empfinden, können wir wahrnehmen, dass er uns umhüllt und aufrichtet. Imaginativ können wir erleben, dass er beispielsweise liebevoll seine Arme um uns ausbreitet. Er kann uns seine Hände auf die Schultern legen oder uns über das Haupt streichen. Er leuchtet auf, wenn er sich mit uns freut, er lächelt uns an, wenn er uns ermuntert und bestätigt. In diesen ihn charakterisierenden Gebärden drückt sich seine innige Nähe zu uns aus. Immer wieder flüstert er uns zu: *«Vertraue, ich bin bei dir!»*, oder *«Werde still und ruhig, schaue hin!», «Nur Mut, es ist dein Weg!», «Stehe auf und gehe weiter.»*

Eines Tages fragte ich meinen Schutzengel:

«Du Lieber, wie ist eigentlich dein Verhältnis zu mir? Darf ich dich danach fragen?»

Mit einem unermesslich warmen, tief liebenden Blick antwortete er, jedes Wort behutsam betonend:

«Ich liebe dich von Anbeginn an. Ich behüte dich, trage dich in den Windeln der Zeit, tröste dich, liebkose dich, halte dich vom Anfang aller Zeiten. Wie eine liebende Mutter, mit aller Liebe des Himmels, liebe ich dich, mein Kind, du.»

Seit den Uranfängen unseres Seins wird *jeder einzelne Mensch* von seinem Engel in dieser unaussprechlich großen, tiefen Liebe gehalten. Alles, was unsere Seele als Freude und Glück, als Schmerz und Verzweiflung erlebt, sowohl in unserer Existenz auf Erden als auch auf unserem nachtodlichen und vorgeburtlichen Weg, erlebt der Schutzengel mit. Er ist an unserer Seite in all unseren lichten und dunklen Augenblicken, er schreitet mit uns durch alle unsere Leben und Tode. Und er bleibt bei uns bis zum Ende der Erdentwicklung, hoffend, dass wir uns bis dahin selbst so weit entwickelt haben, dass wir ihn von seiner Aufgabe an uns entbinden können.

Natürlich beschützt uns der Schutzengel auch, doch seine ‹Schutzfunktion› gestaltet sich oft anders, als wir uns das vorstellen. Manchmal beklagen sich Menschen in Krisensituationen, dass der Schutzengel sie nicht vor schlimmen Erlebnissen bewahrt oder dass er Schmerzliches nicht verhindert hätte. Hier liegt ein großes Missverständnis vor: Die Aufgabe des Schutzengels ist es nicht, zu verhindern, dass uns etwas Unangenehmes geschieht. Auch ist er nicht dafür zuständig, unsere astralischen Wünsche zu erfüllen oder dafür zu sorgen, dass wir in einem Kokon aus seelischem Wohlempfinden leben. Dies sind nicht seine Aufgaben am Menschen. Sein Tun strebt nicht an, unser selbst geschaffenes und zu uns gehörendes Schicksal zu einem seichten Lebensfluss umzuformen. Das wäre für uns keine Hilfe im Sinne einer Entwicklung zur Selbstständigkeit hin.

Was der Schutzengel tut, ist etwas ganz anderes: Er reicht uns die Hand, damit wir uns in allen Tiefen und Abgründen, die zu unserem Menschsein dazugehören, von der geistigen Welt gehalten wissen. Er geht *mit* uns in diejenigen Schicksalserlebnisse und Begebenheiten hinein, die Teil unserer eigenen Entwicklung sind. Er darf nicht in die Freiheit unseres Werdens eingreifen, indem er Dinge beiseiteschiebt, die uns unser Höheres Ich als Bausteine unseres Inkarnationsweges vorbereitet hat. Der Engel dient uns also nicht im Sinne von ‹Verhinderung von Schicksalsschwierigkeiten›, sondern im Sinne von Schicksalserfüllung. Er hilft uns stets innerhalb *derjenigen* Zusammenhänge, die wir uns *selbst* schaffen und bilden. Unsere Bitten um Hilfe werden *immer* von ihm erhört, nur das Vorgehen des Schutzengels gestaltet sich manchmal anders, als wir es uns aus unserem doch recht limitierten Erdenbewusstsein heraus wünschen würden.

Die grundsätzliche Verbundenheit zwischen Engel und Mensch stellt der Schutzengel folgendermaßen dar:

«Engel und Mensch sind weit mehr eine Einheit und viel mehr in gemeinsamer Verbundenheit, als ihr euch das vorstellt.

Ihr denkt die Engel als ‹neben› den Menschen ‹herlaufend› und hin und wieder eingreifend, wie eine Mutter beim jungen Kind. Doch wir wirken ständig, sowohl an euch als auch durch euch! In einem beständigen Strom des Seins bilden wir alles an euch, indem wir durch uns hindurch das Einwirken höherer Wesenheiten und Hierarchien einströmen lassen. Wir sind mit den Höheren ‹ineinander› – und in dieser Weise auch ‹ineinander› mit euch.

Wir können auch ohne euch sein; ihr aber könnt nicht ohne das Zutun der geistigen Wesenheiten sein. Nicht nur wir Engel und die Elementarwesen leben und weben in und an euch, sondern, alle, alle Hierarchien! Wir auf der Himmelsseite und die elementarischen Wesen auf der Erdenseite sind am dichtesten, am nächsten bei euch, wir sind euch die direktesten Helfer. Bedenket dies. Und ja, auch wir verdanken unser Sein und Tun den Höheren. Doch wir wissen dies, diese Realität lebt in uns als unmittelbare Seins-Gewissheit, als unser immanenter Seins-Grund. Ihr aber lebt in eurer ‹Realität› abgetrennt von diesem Bewusstseinsgrund. Wachet auf, ihr Menschenkinder, und werdet euch dessen bewusst!»

Was den Schutzengel betrifft, können wir bezüglich des ‹Ineinander-Seins› erkennen, dass er geradezu bis in unsere Leiblichkeit hinein mit uns verbunden ist. Bildlich gesprochen könnte man sagen, dass er im unteren Bereich, von den Füßen bis zum Zwerchfell, *in* uns ist. Weiter oben dagegen, im Bereich unseres Hauptes, ragt er aus uns *heraus*. Damit hängt auch die Tatsache zusammen, dass unser Denken die freieste Sphäre unseres gesamten Wesens ist. Wir können *alles* denken, die tiefsten, wahrhaftigsten geistigen Zusammenhänge, zugleich aber auch die unsinnigsten Dinge, die gar nichts mit der Lebens- und Weltwirklichkeit zu tun haben. Dies ist nur dadurch möglich, dass der Einfluss der höheren geistigen Welt, hier durch den Engel vertreten, sich nicht mehr in unser Denken hinein ‹verleiblicht›. In weiter zurückliegenden Zeiten war unsere menschliche Gestalt in ihrer Gesamtheit vom Engel durchdrungen, entsprechend wurden die Gedanken von den Engeln ‹geführt›. Die Menschen konnten damals noch nicht fern und losgelöst von den kosmischen Realitäten denken. Heute aber steht der Engel in diesem oberen Bereich unseres Wesens außerhalb von uns, er ist wie einen Schritt nach hinten herausgetreten. Dies hat zu einer Verselbstständigung des menschlichen Denkens geführt, mit allen dazugehörigen Konsequenzen für unsere Gedankenbildung. Auch wenn die Engelwelt uns hier weiterhin lichtvoll impulsiert, so sind wir vollkommen frei, diese Impulse aufzunehmen oder eben auch nicht.

In unserem mittleren Bereich webt der Schutzengel durch uns *hindurch*, unser Empfinden dabei nährend und pflegend. Er schwenkt sich hier herein und auch wieder heraus, unseren Herzensraum immer wieder durchdringend und verlebendigend. Unser Fühlen hat mehr Bezug zur Wirklichkeit als unser Denken – vorausgesetzt, wir stimmen uns auch auf unser Herz ein. Der Mensch kann sich hier in sein Eigensein einkapseln, aber er kann genauso auch mit dem gesamten Kosmos fühlend miterleben. Aus diesem Grund ist das Herz unser Tor zur geistigen Wirklichkeit: Innen- und Außenwelt, Mikrokosmos und Makrokosmos stehen im mittleren Bereich unseres Wesens in einem atmenden Verhältnis zueinander. Der Engel, und mit ihm alle Geistigkeit, ist in unserem Herzen real gegenwärtig. Zugleich sind wir im Herzen schon so frei, dass wir uns des Engels, und mit ihm des Höheren, als ein von uns getrenntes Gegenüber bewusst werden können.

Was den unteren Bereich unserer Wesensgestalt angeht, den wir den Gliedmaßen-Willensbereich nennen, so könnte man sagen, dass da der Engel ganz *in* uns ‹steckt›. Er ist derjenige, der unsere Lebensschritte in die Schicksalsbegebenheiten hineinlenkt, die zu uns gehören. Dass wir den Bus verpassen, um im nächsten einen alten Freund nach Jahren wieder zu treffen, dass wir uns in einen ganz bestimmten Studienkurs einschreiben, um dort den späteren Lebenspartner kennenzulernen, all dies wird nicht durch unseren wachen Willen herbeigeführt. In Situationen hineinzuschreiten, also ganz real ‹Lebensschritte› zu tun, die sich für uns als schicksalshaft erweisen, Menschen zu begegnen, die karmisch zu uns gehören, verdanken wir nicht unserem bewussten Willen, sondern der Führung der Engelwelt. Wir selbst haben hier am wenigsten einen planvoll geschaffenen Zugriff auf die Gestaltung unserer Lebensgeschicke. Der Engel aber, der ab dem Zwerchfell nach unten in uns wirkt, leitet und prägt unseren Lebensgang und unsere Lebensschritte.

Die Aussage Rudolf Steiners, dass die Menschheit über die Schwelle geschritten ist[10], spiegelt sich bis in die ätherische Ebene unserer individuellen Menschenleiblichkeit hinein. Die geistige Welt tritt immer mehr aus der Gestalt des Menschen heraus und gibt ihn schrittweise frei. Das Zwerchfell ist die Schwelle, über die wir in unserer Zeit treten, da der Engel begonnen hat, diesen Bereich freizugeben. Somit verändert sich auch die Wahrnehmungsmöglichkeit des Menschen: Die geistige Welt kann ihm hier zum Gegenüber werden. Die Geistigkeit, die vorher *in* unserem Gliedmaßen-Willensbereich gewirkt hat, können wir nun als außerhalb von uns wirksam erleben. Und so wie der Mensch heute, anders als in früheren Zeiten, schon ohne den Engel denken kann, so werden wir in weiter Zukunft unseren Gliedmaßen-Willensbereich auch immer freier führen können, um somit unser Karma vollbewusst zu gestalten. Im Verhältnis des Engels zum Menschen offenbart sich demnach das Verhältnis der geistigen Welt zur Menschheit.

Geschwächte Schutzengel

Ich ließ meinen Engel lange nicht los,
und er verarmte mir in den Armen,
und wurde klein, und ich wurde groß:
und auf einmal war ich das Erbarmen,
und er eine zitternde Bitte bloß.

Da hab ich ihm seine Himmel gegeben, –
und er ließ mir das Nahe, daraus er entschwand;
er lernte das Schweben, ich lernte das Leben,
und wir haben langsam einander erkannt ...

Rainer Maria Rilke

Wenn man Schutzengel von Menschen betrachtet, staunt man über die Vielseitigkeit ihrer Gestalten und die Differenziertheit ihrer Ausstrahlungen. In der zwischenmenschlichen Begegnung ist es ohnehin schön, den Engel des anderen stets ‹mitzubedenken›, ganz unabhängig von der konkreten eigenen Wahrnehmungsfähigkeit. Allein schon die innere Zuwendung zum führenden Geist des Gegenübers lässt eine ganz andere Begegnungsqualität zwischen zwei Menschen entstehen. Im therapeutischen Prozess sind die beteiligten Schutzengel zudem ganz und gar bereit, klärend, Rat gebend und helfend mitzuwirken.

Mit Verwunderung konnte ich in einigen Fällen beobachten, dass es Schutzengel gibt, die sich in einem regelrecht geschwächten Zustand befinden. Für mich war das eine überraschende Feststellung, denn eine solche Eventualität gehört nicht unbedingt zu unserem vertrauten Vorstellungsrepertoire. Menschen, die einen geschwächten Engel haben, spüren es manchmal selbst und stellen es auch andeutungsweise dar, auch wenn sie dies nicht direkt ‹beschreiben› können.

Geschwächte Engel zeigen sich in einer weniger leuchtenden Gestalt. Ihre Farbigkeit wirkt wie ermattet, sie erscheinen kraftloser und bedürftiger. Ihre Aufrechte kann wie ‹verkümmert›, ihre Haltung wie ‹gebückt› erscheinen, auch wenn sie dabei noch immer versuchen, ihren Menschen zu umhüllen. Bei manchen von ihnen hat man den Eindruck, als ob sie ‹weiter weg› von ihrem Menschen stehen, so als ob sie keinen unmittelbaren Zugang zu ihm bekommen könnten. Aus den Gesprächen mit solchen Engeln kann man erfahren, dass diese Zustände durch langwierige innere Verdunkelungsphasen ihrer Menschen bedingt sind. Nicht nur Wut oder Hass auf die Welt, nicht nur selbst erzeugtes Negatives und Böses der Menschen führen zu schwerwiegenden Folgen für ihre Engel. Auch das Ausharren in Schmerz, Hoffnungslosigkeit oder Verzweiflung, das Steckenbleiben in Traumatisierungen, Depressionen und Opferrollen – oft sogar durch mehrere Inkarnationen hindurch – verursachen so viel Finsternis in der Seele des Menschen, dass der entsprechende Engel darunter leidet. Hinzu kommt die Tatsache, dass sich die Menschen in der heutigen Zeit generell weit mehr von der geistigen Wirklichkeit entfremdet haben, als das in früheren Zeiten der Fall war. Dadurch werden die Erfahrungsfelder der Engel innerhalb unserer Welt zwangsweise verdunkelt.

Unsere Schutzengel sind so unmittelbar mit uns verbunden, dass sie alles miterleben und miterleiden, was wir selbst durchleben und durchleiden. Sie verlassen uns nicht, nur weil ihnen unser Sein und Tun nicht entspricht. Auch wenden sie sich nicht von uns ab, nur weil ihnen unsere Schwächen, Abirrungen, Egoismen oder Verwerflichkeiten nicht gefallen. Sogar wenn ein Mensch etwas unvorstellbar Böses tut, ist da sein Engel, es sind ihrer immer mehrere, die ihn dennoch liebend begleiten. Und auch wenn ein Mensch das Geistige vehement verneint, bleibt sein Engel bei ihm. Unsere Schutzengel folgen uns dahin, wo unsere Seele sich hinentwickelt, auch wenn die dunklen Gefilde keinesfalls ihrer eigenen Natur entsprechen. Sie halten immer unser Licht, auch wenn wir selbst es verloren haben. Diese Treue hat jedoch einen hohen Preis: Eine andauernde innere Abwendung des Menschen vom Licht bedingt eine Abschirmung seines Engels vom nährenden Lebensfluss des Geistigen. Der Mangel an ‹Licht› ist für ein Engelwesen mit das größte Leiden. Entsprechend schwer ist es für ihn, sich in solchen Zuständen zu halten.

Ich frage meinen Schutzengel, wie es möglich ist, dass Schutzengel von Menschen so geschwächt sein können, und auch, seit wann dies so ist. Seine Antwort folgt sogleich:

«Möglich war dies zu allen Zeiten, aber nicht so wie heute, wo ihr euch so stark von der Geistwelt abgewandt habt. Eure Finsternisse haben unterschiedliche Phasen durchgemacht, und immer haben die Engel an eurer Seite daran gelitten. Wenn die Herzen dazu noch ‹blind› werden für das himmlische Licht, wenn sie Hoffnung und Glauben, Freude und Lebenszuversicht verlieren, dann sind die Engel wie ‹geknechtet› und dadurch geschwächt in ihrer Lichtkraft. Viele schreckliche Erlebnisse in euren Leben, Dinge, die ihr euch gegenseitig angetan habt, haben dazu geführt, dass ihr euch auf diese Weise von der Geistwelt entfremdet habt. Und damit habt ihr auch eure Schutzengel immer mehr von ihrer Welt abgeschnitten, von der Welt des Geistigen, die immer nährt und verlebendigt. Ihr habt sie zu stark in eure Todes-, Verzweiflungs-, Verhärtungs- und Verdunkelungsprozesse mit hinuntergezogen, habt sie in eure Geistleere und Seelenstumpfheit hineingezwängt. Ihr habt ihnen ihre ‹Luft› zum Atmen genommen, die licht- und liebedurchwebte Geistesluft der Himmel. Sie ermüden, erschöpfen sich daran,

euch durch die Finsternisse eures Seelenerlebens zu tragen. Und sie tun es dennoch, weil sie euch lieben, so wie ihr seid.»

Es kommt also vor, dass Engel zu stark aus dem Licht ihrer Welt in die Erdendunkelheit ‹herabsteigen› müssen, um ihren Schützling ‹halten› zu können. Dies führt dazu, dass Schutzengel und Höheres Ich eines Menschen phasenweise nicht ganz kongruent miteinander sind. Das Höhere Ich leitet und lenkt die Schicksalsgeschicke des Erden-Ichs aus der Sonnensphäre, in der es beheimatet ist. Der Schutzengel, der ganz nah beim Erden-Ich des Menschen zu sein hat, muss gegebenenfalls weit mehr ins Irdische hinuntersteigen. So kann es geschehen, dass das Höhere Ich und der Schutzengel, aus ihren partiell unterschiedlichen ‹Positionen› heraus, einen streckenweise differierenden Bezug zu ihrem Menschen haben. In solchen Situationen benötigt der Schutzengel eine Neuanbindung an sein *eigenes* Höheres, damit er für sich selbst und für seinen Menschen wieder ganz ‹sonnenhaft durchwirkt› agieren kann.

Hier kann man unterstützend wirken, indem man den Engel an seine Anknüpfung an das Höhere erinnert und ihn darin bestärkt, sich wieder an diejenigen Ebenen anzuschließen, die ihn selbst nähren und aufrichten. Damit kann die entsprechende Erzengelebene gemeint sein oder der Trinitätsbezug des jeweiligen Engels. Darüber hinaus ist ein *für* den Engel gesprochenes Gebet eine stets ganz real wirksame Hilfe. Genauso ist es möglich, andere Engel konkret darum zu bitten, hier heilend und helfend einzugreifen. Man wird bemerken, dass diese Bemühungen eine tatsächliche Unterstützung für den geschwächten Engel bedeuten.

Die Engelwelt als solche ist in ihrer eigenen, höher entwickelten Existenz natürlich nicht auf die Menschenwelt angewiesen. Zugleich ist sie es doch, und zwar durch ihre explizite

Verbundenheit mit der Menschheit, mit der sie sich opfervoll verbrüdert hat. Entsprechend macht es einen Unterschied, ob wir in diesem gegenseitigen Verhältnis nur ‹Empfangende› bleiben oder ob wir uns, wenn auch in kleinen inneren Gesten und in wachsenden Bewusstseinsschritten, um Entgegenkommen bemühen.

Wie alles Lebendige, gestaltet sich auch das Verhältnis zwischen Schutzengel und Mensch als ein dynamischer Prozess, der sich in Entwicklung und Wandlung befindet. Die Menschheit vollzieht durch die Zeitenläufe einen Gang der Reifung, so verändert sich auch die Beziehung der Himmelswelt zu uns. Durch Inkarnationen hindurch hat uns der Schutzengel ‹großgezogen›, angeleitet und angeführt. So hat er uns bereits aus den Kinderschuhen unseres Menschseins gehoben. Ziel des gemeinsamen Weges ist die immer größer werdende Selbstständigkeit des Menschen in Bezug auf sein eigenes Werden und somit auf die Entwicklung der Welt. Folglich können wir uns nicht mehr nur im ‹Engel-Tun› ausruhen, sondern müssen Schritt für Schritt Verantwortung übernehmen. Für diesen anstehenden Prozess der Eigenständigkeit werden wir aufgerufen, Bewusstsein zu entwickeln:

«Es ist die Zeit angebrochen, in der ihr aufwachen und dahingehend reifen müsst, die Aufgaben an euch und somit auch an der Welt selbst zu übernehmen. Wir sprechen zu euch, damit genau dies geschehen kann. Gerne schreiten wir weiter mit euch, wir bleiben stets eure nahen Helfer und Brüder. Doch tragen können wir euch nicht mehr durch die Äonen hindurch. Diese Zeiten neigen sich ihrem Ende zu und rufen nach Veränderung.»

«Ich fühle mich noch so klein in all dem.»

«Auch die Kleinen können selber laufen. Nur Mut, jeder von euch kann das lernen.»

Der Führungsengel

> «Aber nicht allein der geführte Mensch erlangt etwas dadurch, dass er sich führen lässt, sondern auch bei den leitenden, führenden Wesenheiten bedeutet dieses Leiten etwas, das sie weiterbringt in ihrer Entwicklung. Ein Engel zum Beispiel ist mehr, nachdem er die Menschen eine Zeitlang geführt hat, als er war, bevor diese Führung angefangen hat.»[11]
>
> *Rudolf Steiner*

So wie der Schutzengel durch seine stets begleitende, behütende, umhüllende und tröstende Geste eine in gewisser Hinsicht ‹göttlich-mütterliche› Rolle für uns innehat, so wird auch jeder Mensch von einem Engel begleitet, der eine ‹göttlich-väterliche› Qualität vertritt. Dieser Engel ist unser Führungsengel.

Führungsengel sind lichtvolle, ernste, meist große und sehr entschieden auftretende Engel. In der Begegnung mit ihnen erleben wir in der Regel, dass sie uns direkt von vorne entgegentreten. Ähnlich wie der Schutzengel, so ist auch der Führungsengel seit Urbeginn unseres Mensch-Seins bei uns, und er bleibt es auch, durch alle unsere Inkarnationen hindurch. Doch, anders als der Schutzengel, ist er nicht ständig bei uns. Er erscheint – das bedeutet, er entfaltet seine direkte Wirkung an uns – nur in bestimmten Zusammenhängen und Situationen. Er ist diejenige Engelgestalt, die uns die Tore des ‹kommenden› Schicksals öffnet und uns die Schritte in die Zukunft weist. In entscheidenden Lebensmomenten, beim Betreten alles Neuen in unserer Biografie, wenn wir über ernsthafte ‹Klippen› springen müssen, oder in Gefahrensituationen, tritt der Führungsengel hinzu und öffnet die großen Schicksalstore unserer Entwicklungsmöglichkeiten. Dieser Engel schreitet also seinem Menschen *voran* und führt ihn in sein vom Höheren Ich angelegtes Schicksal hinein. Diese Führungsqualität drückt sich auch im Bild seiner uns unmittelbar von vorne auftretenden Erscheinung aus.

Anders als der Schutzengel, der jeweils *einen* Menschen begleitet, leitet der Führungsengel *mehrere* Menschen, auch wenn dies in jeweils unterschiedlicher und individueller Weise geschieht. Das bedeutet, er ist ‹der unsrige›, doch nicht ‹nur› der unsrige; und er ist nicht immer bei uns, aber immer dann, wenn wir ihn brauchen.

Eines Tages stellte ich eine Schicksalsfrage an die Engelwelt. In der Stille des geöffneten Seelenraums erschien, direkt von vorne, ein großer, ernster Engel, den ich bis dahin noch nicht kannte. Die Kraft, die von ihm ausging, war eindrücklich. Seine Gestalt leuchtete in einem sehr lichten, zugleich sehr warm-lebendigen Weiß. Ich grüßte ihn und fragte:

«Wer bist du?»

«Ich bin derjenige, der dich nach vorne führt und der dich im hinteren Raum beschützt.»

«Wie darf ich das verstehen?»

«Hinten schließe ich Vergangenheiten und Welten ab, damit du frei davon bist. Vorne öffne ich kraftvoll die wesentlichen Türen deines Lebensweges, in entscheidenden oder in gefährlichen Lebenssituationen.»

Während er spricht, schaue ich mir den Engel noch genauer an. Seine Präsenz ist machtvoll, fast furchteinflößend, er wirkt streng, sein Licht ist zugleich ganz rein und seelenwärmend. Sein Antlitz hat sehr männliche, geradlinige Züge, sein Gewand weht bewegt. Wenn er sein Wesen aufspannt, hat er ein riesiges Ausmaß.

Ich frage ihn noch einmal:

«Wer bist du?»

«Ich bin manchmal dein Führungsengel.»

«Was bedeutet hier ‹manchmal›?»

«Du brauchst nicht immer meine Führung, nur in besonderen Situationen.»

«Haben alle Menschen einen solchen Führungsengel?»

«Ja, alle! Wir sind nicht immer bei euch, so wie eure Schutzengel. Doch wir sind immer wieder bei euch und übernehmen die Schicksalsführung.»

«Wer führt uns sonst?»

«Eure Iche und unterschiedliche andere Engel, je nach Aufgabe.»

«In welchen Zusammenhängen wirkst du?»

«In allen Zusammenhängen, in welchen Schicksal sich als eingreifende Geste ausspricht. Zum Beispiel bei allen ‹Beginnen›: Geburt, Kindergarten- und Schulanfang, Umzüge, Prüfungen, das Öffnen von Erkenntnistüren. Ganz konkret war und bin ich bei dir: Ich war die Kraft, mit der du hineingegangen bist in all diese neuen Lebenssituationen. Ich war in dir das Vertrauen, dass du es schaffst, ich gab dir die Zuversicht dazu. Ich habe geklopft an dein Herz, damit du Vergangenheiten loslassen und dich vom Gewohnten trennen konntest. Das Weitermachen-Wollen, das Laufen in dein Schicksal hinein, das habe ich in dir impulsiert. Wenn du nach vorne willst, bringe ich dich nach vorne, indem ich dich führe. In vielen anderen Situationen habe ich auch gewirkt, in allen Gefahrensituationen, die du selbst wahrgenommen, und in vielen mehr, die du gar nicht bemerkt hast. Ich wache über dich sehr konzentriert.»

«Was zeichnet dich in deinem Wirken aus?»

«Ich bin ein Schicksalsengel, von daher habe ich auch eine schicksalformende Kraft inne. Schicksal hat immer mit Form-

bildung eines Menschenwesens zu tun, das Schicksal ist die Bildung der geistigen Menschengestalt in ihren jeweiligen Entwicklungsstufen.»

«Du wirkst ausgesprochen kraftvoll und licht-weiß. Wem dienst du?»

«Schicksalbildende Engel sind Engel des Vatergottes. Ich bin ein solcher Engel. Mit Seiner Kraft über Leben und Tod begabt, von Ihm ermächtigt, Ihm die Frage über Leben und Tod von Menschen zu stellen, wirken wir. Führungsengel sind häufig Vaterengel, doch nicht immer. Von daher ist uns diese männliche Erscheinungs- und Wirkungsform eigen, wie du das benennen würdest. Ich wirke direkt zwischen der Vaterwelt und der Menschenwelt. Ich bin nicht unmittelbar dem Erzengel eines Menschen unterstellt, sondern dem Vatergott selbst. Aber ich bin immer in Absprache mit dem Erzengel des jeweiligen Menschen.»

«Bist du der Führungsengel mehrerer Menschen gleichzeitig?»

«Ja, aber nicht in der gleichen Weise.»

«Kannst du das bitte konkreter erklären?»

«Ich wirke für jeden Menschen in einer anderen Art, mit einem anderen Impuls, und zwar mit einem, der ihm jeweils entspricht. So wie ein erfahrener Lehrer im Einzelunterricht jedem seiner Schüler ganz individuell passende Übungen und Entwicklungsmöglichkeiten aufzeigt, so sind die Bezüge der Menschen zu mir auch ganz unterschiedliche.»

«Wie viele Menschen führst du an?»

«Viele – und doch nur einige.»

«Das verstehe ich nicht ganz.»

«Das macht nichts. Wenn du mal auf der anderen Seite sein wirst, werde ich es dir zeigen können.»

«Danke! Darf ich dich fragen: Wie wirkst du zum Beispiel bei einem kleinen Kind?»

«Der Schutzengel ist immer da. Der Führungsengel wirkt erst einmal nur durch die Eltern, wenn große Veränderungen oder schicksalshafte Entscheidungen für die Familie oder für das Kind anstehen.»

«Und wie wirkt ihr konkret an den Menschen?»

«Schau: Ihr Menschen könnt immer wählen zwischen den vielen Türen und Türchen eures Lebens. Wir gehen euch voran und weisen euch die Tür, die tatsächlich Durchbruch, Öffnung, Nach-vorne-Schreiten bedeutet. Wucht und Impulskraft ist unserer Geste eigen, dadurch kann sich in euch und vor euch der Raum öffnen, zu dem ihr hingelangen wollt. Auf diese Weise helfen wir euch, euren vorgeburtlichen Zielen näherzukommen. Wir dienen eurem eigenen Schicksalsimpuls. Doch ob ihr unsere Impulse aufnehmt oder nicht, das ist euer Tun.»

«Du sagtest, dass ihr Vergangenheiten schließt. Was heißt das?»

«Wir sind diejenigen, die das Vergangenheitstor zuhalten. Wir schirmen weitgehend die Wirkung der Vergangenheiten ab, also auch die karmischen Erinnerungen, bis ihr, Schritt für Schritt, Zugang dazu haben könnt.»

«Warum kennen wir Menschen euch noch gar nicht?»

«Es gibt Menschen, die uns bereits kennen. Und es gibt Menschen, die uns nicht bewusst erkennen, die jedoch ganz aus unserer Führung heraus leben und wirken. Um seinen Führungsengel erleben und erkennen zu können, braucht man mehr Ich-Kraft, denn die Führungsengel wirken am ichhaftesten in der Engelriege. Wir öffnen die Schicksalstore. Schicksal kommt vom Höheren Ich. Das heißt, wir arbeiten am engsten mit dem Höheren Ich des Menschen zusammen auf dem vom Vatergott gesegneten Lebensweg unseres Menschen. Wir wirken gemeinsam mit eurem Ich nach vorne in Richtung Zukunft.»

«Werden wir Menschen lernen können, bewusster mit euch zusammenzuarbeiten?»

«Eure Erden-Iche beginnen ab dieser Zeit stärker zu werden für ein Zusammenwirken mit uns Engeln.»

Der Führungsengel ist also in den Schlüsselmomenten unseres Lebens derjenige, der uns über die Schwelle des Schicksals führt. Er verleiht uns die innere Kraft, den Einfluss von Vergangenheiten zu durchbrechen und diejenigen Impulse aufnehmen zu können, die sich uns aus der eigenen Zukunft entgegenbilden. Als irdische Geschöpfe erleben wir uns stets in einem aus der Vergangenheit fließenden Zeitstrom, der über die Gegenwart in Richtung Zukunft weiterführt. Geistig gesehen ist es jedoch nicht so. Da wirken diejenigen Kräfte, die wir ‹Zeitströme› nennen, von beiden Seiten – aus der Vergangenheit und aus der Zukunft kommend – gleichzeitig. Der Führungsengel überträgt diese Wirkungen in unsere Dimension, indem er den Einfluss dieser unterschiedlichen Zeitströme reguliert und somit unsere individuelle Schicksalsbildung ermöglicht.

Wir wissen zwar, dass beispielsweise ein Schulbeginn einen ‹Neuanfang› bedeutet, doch wie viele Einflüsse aus der Zukunft dort bereits einstrahlen und sich schon bündeln, können wir nicht überblicken. Auch ist uns nicht bewusst, dass das menschliche Wesen eine geistig reale Mutkraft benötigt, um diese neuen Wirkungssphären des Schicksals betreten zu können. In diesen Zusammenhängen ist immer der eigene Führungsengel wirksam. Auch in Gefahrenmomenten, im Augenblick eines Unfalls zum Beispiel, ist er diejenige Kraft, durch die wir – falls dies unserem Weg entspricht – gerettet werden können.

Doch nicht nur äußerlich sichtbare Begebenheiten unseres Schicksals bilden das Wirkungsfeld des Führungsengels. Er öffnet uns, als ‹geistig Suchende›, auch neue Erkenntnis- und Erlebnistore. Er zeigt die Schicksalsübergänge auf, die unseren Lebensweg zum vorgeburtlich ausgewählten Geistesstrom hinleiten. Sehr vereinfacht kann man sagen, dass der Führungsengel uns all unsere Schicksals- und Geistesräume öffnet, die uns in die eigene Zukunft bringen. Somit hilft er unserem Alltags-Ich, dem Höheren Ich näherzutreten.

In gewisser Hinsicht sind die Führungsengel für den einzelnen Menschen das, was die großen Eingeweihten, von höheren Mächten geleitet, für die Menschheit sind. Sie gehen uns voran und weisen uns den Weg zu neuen Entwicklungsstufen hin, auch wenn sie uns nicht ‹an der Hand halten›.

Der Schutzengel hält uns beständig, er umhüllt uns ‹von hinten› und ‹umliebt› uns wie eine Mutter. Der Führungsengel schreitet uns in besonderen Situationen kraftvoll-väterlich voraus und öffnet die Tore des uns entgegentretenden Schicksals. Die himmlischen Vater- und Mutterkräfte werden in uns durch diese beiden Engel vertreten. Man könnte fast sagen, dass sie, auf der Ebene der neunten Hierarchie, unsere geistigen ‹Eltern› sind. Unser Ich, mit dem Wesen des Christus verbunden, kann als ‹Sohn-Prinzip› verstanden werden. Der Schutz- und der Führungsengel sind dabei die unmittelbaren Helfer des sich entwickelnden menschlichen Ichs, indem sie uns, ihrem ‹Kind›, die kosmischen ‹Elternkräfte› zukommen lassen.

Weitere persönliche Engel

> «Diesen Wesenheiten, die da in den geistigen Welten leben, ist es nicht gleichgültig, dass wir von ihnen wissen! Es war ihnen noch mehr oder weniger gleichgültig in der vierten nachatlantischen Periode, aber in der fünften nachatlantischen Periode ist es ihnen schon nicht mehr gleichgültig, sondern es ist, wie wenn ihnen etwas entzogen würde an geistiger Nahrung, wenn die Menschen hier auf der Erde von ihnen nichts wissen.»[12]
>
> *Rudolf Steiner*

Den Gang durch Erden- und Geisteswelten vollziehend, bereitet der Mensch immer wieder von neuem Inkarnationen vor, in denen er Möglichkeiten der Ausformung und Weiterentwicklung seines Wesens ausarbeitet. Die Vorbereitung eines Erdenlebens vollzieht sich in mehreren Etappen, auf unterschiedlichen geistigen Stufen und mithilfe aller himmlischen Hierarchien. Unzählige Wesenheiten weben an diesem Geschehen mit und bereiten das vor, was die spätere individualisierte Gesamtgestalt des jeweiligen Menschen sein wird. Der Mensch wird also konkret mit allem ausgestattet, was er für die Bildung seiner Wesensglieder, für seine Konstitution und Veranlagung, für die Impulskraft seines Weges und für die Erfüllung seiner Schicksalsaufgaben benötigen wird. Unter der Anleitung höherer Hierarchien sind es zum größten Teil die Engel, die diese Arbeit vollziehen. Sie tragen unterschiedliche ‹Geistsubstanzen› hierfür zusammen und ‹begaben› den Menschen mit den entsprechenden Kräften, die er jeweils für seinen Entwicklungsweg auf Erden benötigt. Voller Liebe und Weisheit legen die Engel ab dem Beginn des neu anstehenden Inkarnationszyklus alles hinein, was für diesen Menschen die Grundlage für sein irdisches Leben bilden wird.

Diese Arbeit der Engel hört nicht mit der Erdengeburt des Menschen auf, sondern vollzieht sich weiter, wenn auch in einer gewandelten Weise. Das bedeutet konkret, dass auch im Irdischen mehrere Engel bei uns bleiben, die uns als ‹persönliche Engel› durch die Ausgestaltung unseres Erdenlebens begleiten. Diese arbeiten beispielsweise an der Ausformung und Entwicklung unseres Temperamentes, an der Bildung unseres Denkens, Fühlens und Wollens, an der Gestaltung unserer geistigen Aufgaben und in vielen weiteren Bereichen unserer Selbstwerdung.

Wenn wir in diesem Zusammenhang einen Menschen mit beispielsweise einem luftartigen Temperament betrachten, können wir wahrnehmen, dass sein ‹Temperamentsengel› ihm innere Beweglichkeit vermittelt. Er nährt den Menschen mit Positivität und Zuversicht und hält sein inneres Wesen in der Leichte. Auch regt er eine Agilität des Denkens und Fühlens in ihm an, die auf seine Seele wie eine frische Brise wirkt. So kann der Mensch sein Erdendasein in einer ganz anderen Weise erleben als ein Mensch mit einem zum Beispiel melancholischen Temperament, der hier von einem ganz anders wirkenden ‹Temperamentsengel› begleitet wird.

Wenn wir weiter die Tätigkeit der drei Engel betrachten, die jeweils unser Denken, Fühlen und Wollen impulsieren, werden wir feststellen, dass sie in einer besonderen Weise aufeinander abgestimmt sind. Ihr Wirken lässt, entsprechend der Konstitution ihres Menschen, ein ständig sich neu bildendes, miteinander verknüpftes, lebendiges Gewebe entstehen. Der ‹Wille› eines Menschen steht nicht als Kraftbereich alleine für sich da, sondern er greift zugleich in die Wirkungsfelder des Denkens und des Fühlens hinein. So kann man von einem ‹Willen im Willen›, einem ‹Willen im Denken› und einem ‹Willen im Fühlen› sprechen. Das gilt genauso für unser Denken wie auch für unser Fühlen. Das ständige und unmittelbare Ineinanderwirken dieser drei Bereiche wird in jedem Augenblick unseres Seins von diesen drei Engeln gemeinsam dirigiert. Prozesse, die uns in jedem Augenblick unseres Seins als eine Selbstverständlichkeit erscheinen, stellen in Wirklichkeit ein überaus vielschichtiges, mannigfaltiges Wirken unserer persönlichen Engel dar.

Bei jedem Menschen erschaffen solche Engel eine ganz andere Zusammensetzung ihrer Kraftbereiche. Sie selbst sind in ihrer Größe, Erscheinung und Farbigkeit auch ganz unterschiedlich. Ein Engel, der beispielsweise für den Empfindungsbereich eines cholerischen Menschen zuständig ist, manifestiert sich meist in Rottönen. Ein seelisch warmer Mensch wird hier häufig von einem orangefarbenen Engel impulsiert. Ein Engel wiederum, der den Gefühlsbereich eines seelisch eher kühlen Menschen begleitet, erscheint vorwiegend in hellbläulichen Tönen. Wenn bei einem Menschen das Denken ausgesprochen stark ausgeprägt ist, so erstrahlt auch sein ‹Denkengel› größer und kraftvoller als die anderen zwei. Wenn wiederum der Wille weniger ausgebildet ist, so erscheint der hier wirkende Engel etwas stärker zurückgenommen und weniger dynamisch. Das bedeutet, bereits in der Gestalt und Farbigkeit dieser Engel offenbart sich vieles von der seelischen Konstitution und vom Innenleben ihres Menschen.

Um die Aufgabe dieser Engel besser begreifen zu können, stellte ich ihnen Fragen bezüglich ihres Wirkens. Zunächst sprach ich mit den Engeln des Gefühls:

«Haben wir euch vorgeburtlich ausgesucht?»

«Wir wurden euch zugeteilt entsprechend eurer Konstitution und euren Bedürfnissen.»

«Wer hat euch uns geschickt?»

«Euer Erzengel und euer Engelring.»

«Was bedeutet ‹Engelring›?»

«Das wird dir später gezeigt.»

«Lieben wir durch euch?»

«Nicht ‹durch› uns, aber ‹mit› uns. Das Gefühl der Liebe in euch befeuern wir oder das Gefühl der Freude, der Zuversicht zum Beispiel. Wir befeuern oder besänftigen die Gefühle in euch. Ihr würdet sagen: Wir ‹regulieren› ihre Intensität.»

«Wenn ein Mensch zum Beispiel verschrobene, zu kalte oder zu hitzige Gefühle hat, wo seid ihr da?»

«Bei den verschrobenen Gefühlen geht euer Blick in die falsche Richtung. Ihr haltet euch nicht in eurer Mitte. Wir sind da, aber wir erreichen euch nur ‹von der Seite› und auch nur ein wenig.»

«Seid ihr bei uns bei den dunklen Gefühlen?»

«Nein, da schiebt sich jemand zwischen unseren Menschen und uns.»

«Wer?»

«Es kommt darauf an – meistens euer Doppelgänger oder verschiedene Angst- oder Wutwesen.»

«Wie ist es bei den ‹kalten› Gefühlen?»

«Bei den zu kalten Gefühlen erreicht euch nur unsere Kraft, nicht aber unsere Wärme. Bei den hitzigen Gefühlen erreicht euch unsere Wärme, aber nicht unsere Kontrolliertheit, nicht unser ‹Atem›. Wir sind stets gehaltene, geführte Kräfte, die durchrhythmisiert atmen und wirken.»

«Ihr seid aber nicht zugleich unser Temperament, oder?»

«Wir sind nicht euer Temperament. Wir befeuern oder besänftigen, durchlüften, umspülen oder dämpfen euer Temperament,

je nach ‹Beschaffenheit› des Engels und seines Menschen und je nach ‹Gefühlssituation› des Menschen.»

Wenig später durfte ich den Engel kennenlernen, der für meinen Denkbereich zuständig ist. Es fiel mir auf, dass seine Gewänder im unteren Bereich in wehender Bewegung waren. Auch schien es, als ob er seine Arme nach vorne und nach hinten schwingen würde. Ich frage ihn:

«Warum sehe ich diese Bewegungen? Was bedeuten sie?»

«Gedanken-Weben und Gedanken-Wege.»

Ich schaue dabei noch genauer hin. Es sieht so aus, als ob der Engel die Arme durch Wasser bewegen und auf diese Weise das Wasser in Bewegung bringen würde. Er nickt zustimmend:

«Ja, ich erzeuge Gedankenströmungen und Gedankenstrudel. Sie verlebendigen dein Denken. Daraus schöpfst du die Gedankenformen und bildest das, was dir als dein eigenes Denken erscheint.»

«Das heißt, ich denke nicht selbst, meinst du das?»

«Doch, du ‹schöpfst› schon selbst, aber ich bereite dir die Gedankenbilder und -formen vor.»

«Was machst du sonst noch in mir?»

«Ich bilde das Gerüst deiner Gedankenabfolge, nähre dein Schritt-für-Schritt-Denken und halte die Struktur dessen, was du ‹Logik› nennst. Ich stehe dir auch zur Seite in deiner Freude am Denken.»

«Ich danke dir! – Wie ist es zum Beispiel, wenn ich Klavier spiele? Wie wirkst du da?»

«Den musikalischen Aufbau begleite ich in dir mit. Wenn du aber spielst, ziehe ich mich zurück, da nährt dich eine andere Quelle.»

«Welche?»

«Dein Höheres Ich durch deine Seele.»

«Ein Mensch spielt Klavier mit dem Höheren Ich?»

«Wenn er ganz darin eintaucht, ja. Musik ist heilig, himmlisch. Eure Seele empfindet dabei nicht nur ‹Gefühl›, sondern auch den ‹Himmel›.»

Doch nicht nur diese Engel des Temperamentes, des Denkens, Fühlens und Wollens gehören zu unseren persönlichen Begleitern. Für alle Bereiche unseres Innenlebens haben wir Begleiter aus der Engelhierarchie. Wenn ein Mensch in der Vorbereitung seiner künftigen Inkarnation sich zum Beispiel einen bestimmten spirituellen Schulungsweg vorgenommen hat, werden ihm entsprechende Engel ‹zugewiesen›, die ihn darin impulsieren und unterweisen können. Diese sind die sogenannten ‹Lehrerengel›. Sie übernehmen die Mentorenschaft der individuellen *geistigen* Aufgabe eines Menschen. In allen Lebensthemen *kann* das Geistige gesucht werden, in den Wundern der Natur, in den Phänomenen des Sozialen, im Mysterium der Kunst, in den Rätseln der Naturwissenschaft. Sobald wir biografisch herangereift sind, um die jeweils angelegten Lebensthemen aufzugreifen, beginnen diese Lehrerengel ihre Wirksamkeit zu entfalten. Wir können mit ihnen in einen intensiven, bereichernden Austausch treten und zu denjenigen Erfahrungs- und Erkenntnisessenzen durchstoßen, die unsere Seele für diese Inkarnation sucht.

Alles an und in uns wird also ganz unmittelbar von unterschiedlich wirksamen Engelkräften geleitet und gelenkt. Unsere persönlichen Engel sind, ähnlich wie auch der Führungsengel, nicht ständig bei uns. Sie wechseln sich in ihrer Einflussnahme gegenseitig ab oder ergänzen sich in ihrem Tun, entsprechend den biografischen und situativen Schritten unseres Werdegangs. Ihre Wirksamkeit beginnt überhaupt erst dann konkret zu werden, wenn wir so weit sind, sie beanspruchen zu können. Zugleich begleiten sie nicht nur uns, sondern auch andere Menschen, und zwar in der von diesen individuell benötigten Weise.

Der Engelring

«Man muss sich darauf vorbereiten,
in der geistigen Welt
Dinge zu sehen und zu hören, die man hier unten
niemals gesehen oder gehört hat. Wer nur erwartet,
ihm schon Bekanntes da drüben zu finden,
wird niemals in die geistige Welt eindringen können.»[13]

Rudolf Steiner

In ganz kleinen Schritten lernte ich im Laufe der Zeit einige meiner persönlichen Engel kennen. Fragen, die ich lange in meiner Seele trug, formten sich aus zu meditativen Erlebnissen. Diese wiederum führten zu neuen Begegnungen mit der Engelwelt und eröffneten mir weitere Sinnzusammenhänge. Diese Verbindungen zu den Engeln, die sich zunächst nur im Einzelnen ausgestalteten, mündeten eines Tages in einen umfänglicheren Bezugsrahmen. Dieser wies auf eine ungeahnt weit greifende Struktur des Engelwirkens an uns Menschen.

An einem Karfreitag empfinde ich mich in der Meditation von mehreren Engeln umringt. Überrascht bemerke ich, dass sie, gemeinsam mit mir, einen Kreis bilden. Rechts von mir steht mein Schutzengel, einige der Engel sind mir bereits vertraut, die anderen allerdings noch nicht. Sie haben sehr unterschiedliche Größen, Gestalten und Farben. Ihnen allen ist eine feierliche, zugleich innig-warme Ausstrahlung gemeinsam. Ich spreche sie an:

«Ich grüße euch. Wer seid ihr?»

«Wir sind deine Engel.»

«Ich kenne euch nicht alle.»

«Wir alle kennen dich.»

«Wie gehört ihr zu mir beziehungsweise ich zu euch?»

«Wir sind dein Ring.»

«Was bedeutet das?»

«Wir sind dein Engelring. Ihr Menschen denkt bisher meist nur den Schutzengel, vielleicht noch einen oder zwei weitere von euren Engeln. Wir sind aber zwölf!»

«Bei jedem Menschen zwölf?»

«Ja, aber bei jedem Menschen in einer anderen Konstellation.»

«Warum seid ihr jetzt alle zusammen da?»

«Wir halten Wache.»

«Warum?»

«In besonderen, heiligen Stunden kommen wir zusammen zu euch.»

«Sind besondere Stunden für das Himmelsgeschehen zum Beispiel Ostern und Weihnachten?»

«Ja.»

«Wann noch?»

«In heiligen Augenblicken wie diesen. Es ist Karfreitag. Und du darfst uns zum ersten Mal gemeinsam schauen.»

«Ich danke euch sehr. – Welche Bedeutung habt ihr für einen Menschen?»

«Wir halten uns an den Händen in einem gemeinsamen Wirken für euch. Wir verstärken die Kräfte des himmlischen, kosmischen Lichts in euch. Das Licht der Trinität ist unser aller Heimat. Wir wandern dem Licht entgegen an eurer Seite. Verbündet und verbrüdert sind wir mit euch in all eurem Tun. Wir bereiten euer Gehen in die Zukunft, wir leuchten euch den Pfad dafür frei. So spürt ihr besser den Weg, der euch am besten entspricht. Wir nehmen euch oft an die Hand, ihr merkt es nur nicht. Wir bereiten die neuen Reisen eurer Seele, die neuen Lektionen des Seins, die neuen Gefilde, die ihr beschreiten dürft. Ihr seid mit uns, seid unsere Kinder, wir hüten

und begleiten euch. Wir sind der Schliff des Himmels, damit euer Wesen leuchten lernen kann. – Alle Engelringe sind bei all ihren Menschen in diesen besonderen Tagen des Jahres. Bedenket dieses!»

«Die Menschen wissen das aber nicht. Warum wissen wir gar nicht um euch?»

«Vereinfachungen sind immer Übergänge und Vorbereitung für Späteres. Habt Geduld und geht Schritt für Schritt. Eure Seelen lernen dabei, sich unseren Welten zu öffnen.»

Aus den Gesprächen, die ich mit diesen Engeln führte, durfte ich also erfahren, dass jeder einzelne Mensch von einem aus zwölf Engelwesenheiten sich bildenden Kreis umgeben ist. Dieser Kreis wird von den Engeln selbst als ‹Engelring› genannt, und seine Zwölfheit ist so konzipiert, dass sie das geistig-substanzielle Geflecht des jeweiligen Menschen darstellt. Entsprechend individuell ist die Konstellation eines jeden Engelringes. Diese Engel sind diejenigen, die die geistigen Hauptqualitäten unserer Inkarnation vertreten und impulsieren. Das bedeutet, sie verkörpern die Zwölfheit des Kosmischen in einer für den Menschen ‹personalisierten› Form. Durch ihre unterschiedlichen Einstrahlungen und geistigen Farbgebungen tragen sie diejenigen Kräfte an den Menschen heran, die die ‹Zutaten› seiner Persönlichkeitsformung und zugleich die Landkarte seiner bevorstehenden Schicksalsbildung darstellen.

Der Erzengel des Menschen ist diejenige Entität, die den Engelring leitet und führt. Zugleich können einige der Ringengel einen direkten Bezug zu anderen, höheren hierarchischen Wesenheiten haben. Alle Ringengel regen die vorgeburtlich angelegten Lebensmotive ihres Menschen an und verlebendigen sie. Auf diese Weise geben sie ihm die Möglichkeit, dass er diese Leitthemen in sein Bewusstsein hebt und ergreift. In der Obhut der Wirksamkeit seines Erzengels, in den sich gegenseitig ergänzenden ‹Lichtnuancen› seiner jeweiligen Ringengel kann dann das Menschenwesen heranreifen und wachsen.

Das Bild des Engelrings als Zwölfheit, die den Menschen mit bestimmten Fähigkeiten und Qualitäten begabt, kann uns zunächst verwundern. Doch die Engel selbst weisen darauf hin, dass unsere Seelen diesen Himmelsentwurf bereits kennen. Im Märchen vom Dornröschen beispielsweise tritt uns diese geistige Realität, in wunderbare Symbole gekleidet, entgegen: Das mit Sehnsucht erwartete Kind des Königs und der Königin wird geboren. Es ist ein Mädchen – die Prinzessin symbolisiert im Märchen stets die menschliche Seele, die hier, im Bild der Geburt, ihren Inkarnationszyklus beginnt. Um der großen Freude über dieses Ereignis Ausdruck zu verleihen, veranlasst der König ein großes Fest und lädt all seine Verwandten und Freunde ein – hier also die höheren, ihm ‹nahen› Himmelshierarchien. Im Reich des Königs leben auch die dreizehn weisen Frauen; doch da er nur zwölf goldene Teller hat, lädt er zwölf von ihnen ein, damit sie dem Kind ‹hold und gewogen wären›. Die zwölf weisen Frauen, auch als die ‹guten Feen› bekannt, beschenken das Kind jeweils mit ihren ‹Wundergaben›: Tugend, Schönheit, Reichtum usw. – Und genau hier, in der Darstellung dieser Zwölfheit, spiegelt sich das Bildnis der zwölf Engel des Engelringes, die die menschliche Seele mit den kostbarsten Kräften kosmischer Qualitäten begaben.

Die dreizehnte weise Frau, die wir als die ‹böse Fee› kennen, erscheint auch zum Fest. Für sie hatte der König keinen goldenen Teller, doch sie gehört zu diesem Königreich und ist somit Teil der Entwicklungsgeschichte dieses Kindes. Zornig spricht sie eine Verwünschung aus: Das Kind soll in seinem fünfzehnten Lebensjahre sterben. Der ‹Tod› steht hier für die Seele, die nicht zur Erfüllung ihrer Existenz kommt. Die Verbindung mit dem Ich – im Märchenbild: mit dem Prinzen – soll also durch diesen Fluch verhindert werden. Diese dreizehnte Fee stellt den menschlichen Doppelgänger dar, der die Vernichtungs- und Zerstörungskräfte in die menschliche Seele bringt. Er ist derjenige, der die unerlösten Kräfte der Dunkelheit und Zerstörung trägt und der Entwicklung der Menschenseele zum Ichhaft-Lichtvollen hin entgegenwirkt. Mit dem Doppelgänger, also mit unseren eigenen Schatten, zu arbeiten bedeutet, uns mithilfe der Kräfte unserer persönlichen Engel aus den eigenen Dunkelheiten zu erlösen und zum eigenen Ich zu gelangen. Solange wir den Doppelgänger nicht bewusst an den ‹Tisch› unseres Seins einladen, bringt er immer Gefahr, indem er die Verbindung zwischen Seele und Geist verhindert.

Das Märchen von Dornröschen beschreibt also in einer wunderbaren Weise die Realität unseres Engelringes und unseres Doppelgängers als Teil unseres Selbstwerdungsweges. In diesen scheinbar so schlichten Märchenbildern erhält unsere Seele zugleich das gesamte Bild des Einweihungsweges des Menschen auf Erden. Grundsätzlich sind in die kunstvollen Darstellungen der Volksmärchen die höchsten Geheimnisse unserer Entwicklung einverwoben. Im Laufe des Reifungsprozesses der Menschheit entschlüsselt sich der weisheitsvolle Gehalt ihrer Symbole. Unser Bewusstsein, von Leben zu Leben weiterschreitend, wacht behutsam für weitere Zusammenhänge dieser geistigen Wirklichkeiten auf.

So wird auch für uns die Realität der Zwölfheit unseres Engelringes immer begreifbarer: Neben den ‹elterlichen› Gestalten des Schutz- und des Führungsengels stehen uns diese weiteren Engel zur Seite, die uns in der persönlichen Entfaltung unseres Wesens stützen und begleiten. Ähnlich wie Lehrer und Paten sind sie leitende Gestalten, die uns geistig-kosmische Kräfte zur Verfügung stellen, durch welche wir unsere Erdentwicklung ergreifen und gestalten können. Ihre ‹Zusammensetzung› steht in entsprechender Übereinstimmung mit den Lern- und Leitmotiven unserer jeweiligen Inkarnation. Man könnte sagen, sie sind die ‹verleiblichten› geistigen Kräfte, die wir zu unserem Selbstwerden benötigen.

Diese Zusammenhänge erkennend, frage ich meine Ringengel noch einmal, warum wir Menschen kaum um sie wissen. Sie antworten:

«Ihr müsst nicht alle von uns erkennen. Im Licht eines Einzelnen von uns zu sein bedeutet zugleich, in unserem gemeinsamen Licht zu sein. Jede Zeit bringt ihre Erkenntnisfrüchte hervor.»

Ich schüttle innerlich den Kopf: «Wir stehen noch so sehr am Anfang des Weges!»

Daraufhin eröffnen die Engel ein noch viel umfassenderes kosmisches Panorama:

«Ihr könnt es kaum ermessen, wie vielschichtig die Welten ober- und außerhalb eurer Wahrnehmung sind! Unendliche Welten durchdringen einander, berühren und beschenken sich, tauschen sich miteinander aus und lernen aneinander. Unzählige Wesen pflegen eure Erde und euch, Menschenseelen.

Aber es gibt unzählige andere Sphären und Welten außerhalb eures Entwicklungszyklus. Das, worüber wir nun mit euch sprechen, sind nur winzige Bruchstücke, kleine Bestandteile eines Gesamtkunstwerks von Universen eines unerschöpflichen Ausmaßes! Und doch ist jedes Sein aller Welten von Bedeutung. Jeder eurer Schritte zählt und verändert die Welt, wie auch jeder einzelne Grashalm dieser Erde sie verändert. Wenig ist euch sichtbar von diesen Zusammenhängen, doch wisset: All euer Sein und Wirken hat Bedeutung, auch die allerkleinste Bemühung! Nichts bleibt ungesehen, nichts geschieht ohne unsere Begleitung, nichts ist ohne Aussicht auf Entwicklung und Weiterkommen! Wir bauen auf euch, und so sollt auch ihr auf euch selbst bauen, indem ihr euch bewusst werdet, dass ihr die ‹Erbauer› eurer Welt seid! Von euch hängt die Erdentwicklung ab und mit ihr das Schicksal unzähliger Wesenheiten, die mit und durch euch wirken.

Wir öffnen euch die Tore des Himmels und gewähren euch Einlass, wenn ihr dies nur wünscht und euch selbst befähigt, den Zugang zum Himmlischen zu finden. Die Tore sind in jedem von euch. Öffnet eure Herzen, und da erwarten wir euch schon. Wir reichen euch die Hände für einen gemeinsamen Weg hin zum Licht. Ihr wandert heute nicht mehr alleine. Gefährten stehen eurem Bewusstsein zur Seite, die ihr nun immer klarer sehen, spüren, erkennen könnt. – Wenn ihr beginnt, diese Wege zu gehen, dann führen sie euch auch weiter.»

Über Schicksalsbildung und das Höhere Ich

Ichbildung

Ich bin nur ich
im Schöpfertum,
das Stoff und Geist vermählt.
Getrennte Welten
finden sich,
der je die andre fehlt.
Es darf der Mensch
Weltmittler sein
als edelster Beruf
und fühlen, dass
bei solchem Tun
er selbst sich miterschuf.

Erika Beltle

Welch Wunderwerk die geistige Welt an uns vollzieht! Eine ungeahnte, unbeschreibliche Vielheit von Wesenheiten arbeitet an uns, von allen Hierarchien ausgehend, in alle Ebenen unseres Seins hineinwirkend. Rudolf Steiner beschreibt, wie allein hinter den Sinnen unseres physischen Leibes gesamte Gruppierungen von Elementarwesen stehen, die sich der geistigen Organisation unserer Leiblichkeit widmen: «Zwölf Sinne hat der Mensch, nicht bloß fünf (...). Und hinter diesen zwölf Sinnen stehen elementarische Wesenheiten, die Diener und Helfer der Geister der Form, der Bewegung und der Weisheit.»[14] Diese zwölf verschiedenen «Klassen von Elementarwesen» sind bestrebt, «die Wirkungen Ahrimans und Luzifers fortzuschaffen, Wirkungen, die sich sowohl physisch als Krankheiten und psychisch als Seelenleiden, Furcht, Angst, seelische und Geisteskrankheiten ausleben, vom Menschen fortzuschaffen, heilend zu wirken. Sie sind Diener der hohen Geistwesen, die von den Tierkreiskräften jetzt auf unserer Erde und auf die Menschenwelt herunterstrahlen.»[15]

Bereits hier, in der Welt unserer Erdensinne, begegnet uns also die kosmische Zwölfheit, von weit höheren Hierarchien dirigiert und durch ganz bestimmte Elementarwesenkräfte in die Geistigkeit unseres irdischen Leibes hineinwirkend. Wie wahr der Ausruf ist: «Wer bist du, o Mensch, dass Legionen von Geistern an deinem physischen und Ätherleib arbeiten?»[16] Für unseren Astralleib und für unsere Ich-Organisation gilt dieser Ausruf ebenfalls. Das Eindrucksvolle dabei ist, dass die an unseren jeweiligen Wesensgliedern arbeitenden Wesenheiten nicht getrennt voneinander agieren, sondern sich in ihrem Tun, ganz aufeinander abgestimmt, auf allen Ebenen durchdringen. So durchströmt die Betätigung der Engel an unserem Seelisch-Geistigen auch unser Physisch-Ätherisches. In diesem Zusammenhang machen sie uns auf die wesentliche Bedeutung unserer Leiblichkeit aufmerksam:

«Nicht nur eure Seelen, sondern auch eure Leiber sind ein Kampffeld von Kräften. Gerade die Leiber, die hochheilig sind, müssen ab jetzt von eurem durchlichteten und durchchristeten Seelischen durchdrungen werden, damit sie mit euch den Weg der Entwicklung aufwärts gehen können. Wenn nicht, dann werden sie über Jahrtausende hin ‹fallen›. Sie werden ‹befallen› von anderen Kräften, die sich ihrer bemächtigen wollen, um sie anders zu nutzen. Das Abgekoppeltsein vom Geistigen hat Konsequenzen. Die Leiber als ‹Maschinen› zu betrachten schwächt ihre Essenz und öffnet anderen Wesen Tür und Tor. Nur ein geschwächter Baum wird von Parasiten befallen. So auch eure Leibstruktur als Menschheit.

Lernt eure Leiblichkeit als lebendige Geistigkeit zu erkennen, als die liebende Hand des Vatergottes, die als euer Leib eure seelisch-geistige Entwicklung hält.»

«Wie wirkt ihr hier in diesen Zusammenhängen?»

«Wir Engel weben mit an allen Prozessen eures Seins. Mit uns bekommt ihr über das Seelisch-Geistige einen Bezug bis in den Leib hinein. Ihr könnt bestimmen, welche Gesinnung eure Leiblichkeit durchtränkt – und hier könnt ihr mit uns arbeiten. Der durchchristete Engel im Herzensbewusstsein ist etwas anderes als Angstwesen im Herzensraum.»

Im Wissen um die ‹Legionen von Geistern›, welche unser Sein ausmachen, stellt die Zwölfheit unseres Engelrings nur einen kleinen, partiellen Ausschnitt unserer geistigen Gesamtheit als Mensch dar. Von unserem Erzengel angeleitet, ‹einverleiben› uns die zwölf Engel unseres Rings diejenigen kosmischen Kräfte, die wir für die Verwirklichung unseres Inkarnationsweges benötigen. In jede einzelne Seelenregung, im kleinsten Schicksalsgeschehen, in jedem einzelnen Augenblick sind sie an uns tätig. Wenn man versucht, diese Zusammenhänge nicht nur zu denken, sondern sie erlebend zu erfassen, merkt man, wie weit man als Mensch noch davon entfernt ist, die Vielschichtigkeit solcher Wirklichkeitsdimensionen überschauen zu können.

Dies gilt genauso für unsere Schicksalsbildung, die von den Engeln in unzählbaren Bezügen gewoben und vorbereitet wird. Wenn man die Engel danach fragt, in welcher Weise sie an unserem Schicksal wirken, verweisen sie auf ein hochkomplexes, mannigfaltiges Geschehen, welches sie für uns anlegen und dirigieren:

«Wenn ihr ‹Schicksal› sagt, meint ihr einen dünnen roten Faden darin. Aber es ist ein Milliardstel dessen, wie wir euer Schicksal spinnen, verweben, verstehen und erkennen. Deswegen sind eure Fragen danach auch zu unkonkret; und die Zusammenhänge sind für euch auch zu komplex.»

«Trotzdem müssen wir zumindest beginnen, das in irgendeiner Weise zu begreifen. Was dürfen wir darüber erfahren?»

Einer der Engel stellt sich gleich vor mich hin und beginnt, mit beiden Armen Bewegungen zu machen, die ich so noch nicht an ihm gesehen habe. Ich frage ihn:

«Du bewegst beide Arme in einer bestimmten Weise. Was bedeutet das?»

«Ich schreibe, wie Dinge zu passieren haben.»

«Wie meinst du das?»

«Es ist wie eine Anordnung, wie Dinge sich bilden, formen sollen, damit beispielsweise eine bestimmte Situation für einen Menschen entsteht. So bereiten wir Umstände vor, die ein Mensch vorzufinden hat, damit er dann selbst in dieser Situation bzw. aus dieser Situation heraus agiert. So dirigieren wir die ‹Kulissen›, ihr würdet sagen das ‹Filmset›, einer Szene in seinem Leben. Anhand dieser Bewegungen reagieren und agieren sämtliche beteiligte Wesen: die Engel anderer Menschen, ihre Körperelementarwesen, die Impulse in den Menschen, alle Elementarwesen und Engel, die zu diesem Geschehen dazugehören. Wir machen auf diese Weise die Vorgaben kund. Alle anderen übernehmen ihren Part darin, und der Mensch betritt eine bestimmte Lebensszene, eine Situation, die ihn zu erwarten hat, weil er sie für sein Erleben, für seine Entwicklung in dem entsprechenden Moment benötigt. So weben wir an seinem Schicksal mit.»

«Also dirigierend?»

«Ja, auch dirigierend. Aber natürlich nicht nur in dieser Weise.»

«Bitte erkläre mir das genauer.»

«Damit Schicksalsmöglichkeiten sich zeigen, muss jemand sie vorbereiten und bis ins Konkrete hinein durchführen. Die Ringengel und Schicksalsengel haben die Führung darin, sie

komponieren die Situation. Alle anderen dazugehörigen Wesen führen das dann aus, setzen die Komposition um.»

«So viel Aufwand für eine jede einzelne Lebenssituation eines jeden einzelnen Menschen?»

«Ja. Wie sonst? Wie könnte Schicksal sich sonst bilden? Alles wird komponiert, die gesamte Schöpfung. Und ihr komponiert und setzt auch selbst um, aber nur ganz kleine Teile des Gesamten. Mit der Zeit, mit einem wacheren Bewusstsein könnt ihr dann selbst mehr übernehmen, wenn ihr das Überschauen von Situationen, den ‹Blick von oben›, erlernt.»

«Wie unbedarft wir noch sind und so weit weg davon, dies zu können!»

«Ja. Aber ihr seid auf dem Weg – und das zählt. Alles, was begonnen hat, wird auch an ein Ziel kommen. Das ist unsere Perspektive. Das Zeiterleben ist bei euch anders als bei uns. Und die Zuversicht auch.» Der Engel lächelt dabei vertrauens- und verständnisvoll.

Ich frage weiter: «Das heißt, ihr dirigiert ‹Ereignisbildung› so, wie die Landschaftsengel ‹Naturbildung› dirigieren?»

«Ja genau, so ist es.»

«Und das nur für uns Menschen?»

«Ja, ihr seid das Ziel der Erde und somit unsere Aufgabe an und mit der Erde.»

«Und ihr müsst euch auch untereinander abstimmen?»

«Ja, die Geflechte sind sehr vernetzt, dazu braucht es ein anderes Bewusstsein als eures. Ihr denkt und seht noch im Kleinen. Unsere und eure Welt sind nicht linear, sondern verflochten, vernetzt, mannigfaltig verknüpft. Für uns stellt sich Schicksalsbildung etwas umfassender dar als für euch. Ihr haftet mit eurem Bewusstsein an dem, was ihr den ‹roten Faden› eures Lebenslaufs nennt; und noch nicht einmal diesen könnt ihr wirklich überschauen und in seiner Gänze begreifen.

Für uns spinnen sich unzählige goldene Verbindungsfäden zwischen den Menschen selbst wie auch zwischen ihnen und den Wesen und Bereichen der Geisteswelten.»

Während der Engel dies sagt, zeigt er ein Netz aus Abertausenden Linien auf, wie eine Landschaft, die von zahllosen Lichtverbindungen und Lichtwegen durchfurcht ist. Ich erkenne, dass so unvorstellbar viele Zusammenhänge zusammenpassen müssen, damit das, was in einem einzigen Augenblick zu jedem einzelnen Menschen ‹hinkommt›, stimmig ist und auch stattfinden kann. Es ist ein außerordentlich reiches Meer aus Lichtverknüpfungen.

Der Engel, der mein inneres Staunen erkennt, fügt lächelnd und verständnisvoll hinzu:

«Von daher ist unser Wirkungs- und Bewusstseinsraum ein ganz anderer.»

«Deswegen sind bei uns Menschen auch so viele ‹Fehltritte› möglich?»

«Ja, deswegen; und wegen eures Egoismus. Den haben wir nicht. Wir handeln aus der großen Einheit heraus, wenn auch sehr ausdifferenziert.»

Ich denke eine Weile über all das nach und frage dann weiter:

«Wirkt ihr in Bezug auf die Schicksalsbildung eher für miteinander verbundene Menschen oder gleichzeitig auch für Menschen, die gar nichts miteinander zu tun haben?»

«Wir wirken an Menschen aus ganz verschiedenen Schicksalsgemeinschaften, mitsamt ihren schicksalhaften Gruppierungen. Es gehört zu unserer eigenen Lernaufgabe, unterschiedliche Schicksalsgruppierungen und -strömungen durch einzelne Menschen zu begleiten, zu inspirieren und sie in einen Bezug zur Trinität zu bringen. Auf diese Weise weben wir verbindend in eure Welt hinein, auch wenn ihr das nicht merkt.»

«Ihr bewirkt die entscheidendsten Dinge in unserem Sein und tretet doch immer so auf, als ob ihr nur eine ‹Nebenrolle› belegen würdet. Warum?»

«Wir alle sind nicht euer Zentrum, sondern nur Helfer, Begleiter eures Werdens, eures Wesens. Wir alle belegen Nebenrollen, damit ihr selbst zu eurer eigenen Hauptrolle hin aufwachen könnt: zu eurem eigenen Ich.»

«Was ist eigentlich unser Ich?»

«Höre gut zu: Die Wesenheit des Menschen ist so beschaffen, dass ein Teil von euch immer in der geistigen Welt ist. Der andere Teil wandert durch die Entwicklungswelten des Mensch-Seins bzw. Mensch-Werdens. ‹Ganzer Mensch› werdet ihr erst sein, wenn ihr diese zwei Teile wieder zusammengeführt haben werdet und so die Erde erlöst sein wird von ihrer Aufgabe an euch. Sie ist nämlich der Ankerpunkt des ‹Entwicklungsteils› in euch. Die Sonne ist der Ankerpunkt eures in der Geistwelt lebenden Anteils. Ihr nennt es ‹Höheres Ich›. Man kann es so nennen, aber das ist nur eine Vereinfachung.»

«Der ‹untere›, ‹abgestiegene› Anteil ist also der Mensch auf Erden, mit all seiner irdischen, nachtodlichen und vorgeburtlichen Entwicklung. Was macht der höhere Anteil in dieser Zeit?»

«Dieser stammt nicht von der Sonne, sondern hat dort nur seine Verankerung, wie euer Erden-Ich seine Verankerung auf der Erde hat. Sonne und Erde sind die beiden Ankerpunkte eurer Wesensanteile. Stammen tut ihr aus dem Sternenkosmos. Als Gesamtwesen, Ursprungswesen kommt ihr von dort. Doch das könnt ihr noch nicht ganz begreifen, eure Begriffe sind nicht auf diese Ebenen und Dimensionen angelegt.»

«Was macht der höhere Anteil auf der Sonne? Und in welcher Beziehung steht er zu den Elohim, wie ist das?»

«Das sind mehrere Fragen auf einmal.»

«Entschuldigung, dann bitte erst zum höheren Anteil.»

«Der höhere Anteil ‹dient› auf der Sonne. Mehr könnt ihr jetzt noch nicht erfahren. Nur, dass er von dort aus weiterhin einen bewussten Bezug zu seiner Sternenheimat hat. Die Sternenheimat träufelt ihr Licht da hinein, in die Tätigkeit dieses höheren Anteils, der auf der Sonne dient. Die Sonne wird dadurch in einer bestimmten Weise bearbeitet und durchlichtet, sie ist dadurch ‹Sonnentor› zum Sternenhimmel.

Nun zu deiner Elohim-Frage: Eure höheren Anteile gehören nicht der gleichen hierarchischen Ebene an wie die Wesen der Elohim. Aber sie dienen direkt in den ‹Tempeln› der Elohim, so könnte man das sagen. Sie werden ganz gehalten und durchlichtet vom Geistlicht, von der Geistsubstanz der Elohim. Sie leben ganz in ihrem ‹goldenen Schoße›, sind unmittelbare ‹Kinder› oder ‹heranreifende Mitschreitende› der Elohim. Eure höheren Ich-Anteile sind und bleiben eine andere Hierarchie als die Elohim, sie sind aber dort ‹angesiedelt›, ‹verankert› in den Wesen, in der Welt der Elohim.»

«Entwickeln sich diese höheren Anteile auch?»

«Natürlich findet auch dort Entwicklung statt. Und der Bezug vom höheren zum herabgestiegenen Anteil wird weitgehend von dort aus geführt und ermöglicht. – Mehr könnt ihr zu dieser Zeit dazu nicht verstehen.»

«Vielen Dank! Und die Elohim, wer sind sie eigentlich?»

«Die Elohim dienen auf der Sonne als ‹goldene Brüderschaft des Christus› und verwalten das Sonnenreich. Sie sind schon die Brüderschaft geworden, die ihr zu werden versucht, nun eben in einer anderen Weise auf der Erdenebene.»

«Es gibt so unendlich vieles, was wir noch gar nicht wissen!»

«Vergiss nicht, dass eure Zeiten und euer Bewusstsein sich jetzt schnell weiterentwickeln. Ihr dürft in kurzer Zeit viel Neues aufnehmen. Nehmt es mit in euer Bewusstsein – es ist in Ord-

nung, wenn neue Dinge auch an euch rütteln, dann verfestigen sich nicht so stark die Vorstellungen, die ihr euch bildet. Diese innere Beweglichkeit ist nicht gleichzusetzen mit Beliebigkeit, sie soll euch aber helfen, unvoreingenommen zu sein.»

«Das ist schön. – Zurück zu unserer Schicksalsbildung: Wie können wir, auch im Hinblick auf unser Höheres Ich, unsere Schicksalswege am sinnvollsten ergreifen?»

«Vertraut! Es gehört alles zusammen, die Strukturen sind klar in ihrer Verflochtenheit. Ihr verliert nicht den ‹roten Faden›, weil es sehr viele ‹goldene Fäden› gibt, die euren sogenannten ‹roten› Lebensfaden ausmachen. Versucht, das innerlich nachzuvollziehen. Das lockert euch aus dem linearen Verständnis eures gewohnten Denkens. Ihr werdet sehen, alles fließt ineinander und führt euch weiter auf eurem Werdeweg.»

«Darf ich noch etwas ganz anderes fragen?»

«Ja, frage.»

«Seid ihr gerne bei uns auf unserem Entwicklungsweg?»

«Es ist Teil der Aufgabe, die wir uns vorgenommen haben. Wir dienen. – Und wir dienen sehr gerne der Trinität.»

«Was heißt das in Menschensprache: ‹Ja, ich will› oder ‹ja, ich muss›?»

«Wir wollen euch lehren und euch dienen – weil es unsere Aufgabe ist. Die Trennung zwischen Aufgabe und Wille gibt es bei uns nicht in der Form wie bei euch. Ihr könnt das trennen, wir nicht; bei uns ist es eins.»

«Verhindern wir sehr euer Tun an uns?»

«Wenn euer Bezug zum Höchsten abbricht und ihr euch verfinstert, dann ist es schwer für uns, euch zu halten.»

«Was können wir besser tun?»

«Haltet euer Herz nach oben offen, wie einen Kelch, der sich dem einstrahlenden Licht öffnet. Dann kann stets das Himmelslicht in euch einströmen und ihr verliert nicht mehr

so schnell die Anbindung. Dann können wir auch leichter bei euch sein. Und dann erlernt ihr mit der Zeit auch die Anbindung an euren höheren Anteil, den ihr ‹Höheres Ich› nennt. – Und vergesst nicht: Hinter allem, was mit eurem Ich zu tun hat, ist der Christus! Von daher ist Er auch in euren Herzen. Vergesst das nicht!»

DIE SCHATTENENGEL

Ein Dämon stand an meiner Wiege,
mein andres Ich, ein Kind der Nacht.
Er zerrte mich empor zum Siege,
zum Sieg, dem keine Freude lacht.

Manfred Küber

Die Menschheit ist diejenige hierarchische Stufe, auf der in einzigartiger Weise *Freiheit* erübt und errungen werden soll. Da alles Seiende aus dem höchsten göttlichen Licht entstanden ist, müssen sich für dieses neu entstandene Freiheitssystem Strukturen bilden, die eine Wahl ermöglichen zwischen dem Licht und seinem Gegengewicht. Das bedeutet, es musste dasjenige entstehen, was wir als ‹das Dunkle› bezeichnen. Hierfür wurden aus einigen der Himmelshierarchien und aus verschiedenen Zusammenhängen Wesen eingebunden, die – bedingt durch ihre eigene Entwicklung – nun in unterschiedlichen ‹Mischfarben› zwischen Licht und Dunkelheit agieren.

Die Welt der Engel hat ihren Ursprung im Licht der höchsten Geistigkeit. Doch nicht alle diese Wesen dienen mehr in der ursprünglichen Weise dem Licht. Gesamte Gruppierungen haben, aus mannigfaltigen Gründen, veränderte Missionen angenommen. Sie wirken nicht mehr in ihrer Urform, sondern gehen selbst durch Entwicklungserfahrungen hindurch, die mit der Dunkelheit zu tun haben. Sie gehören also inzwischen zu denjenigen Wesen, die in uns die Grundlage für dieses Licht-Dunkel-Spiel bilden.

Die luziferischen Engel, als eine dieser ‹Gattungen›, können als sehr schöne, verlockende, lichte und imposante Gestalten auftreten. Wenn wir beim Erleben eines solchen Wesens ganz aufmerksam auf die Reaktion unseres Herzens achten, werden wir jedoch wahrnehmen, dass sich unser Herz zusammenzieht. Luziferische Wesenheiten verbreiten nämlich ein kaltes Licht, auch wenn dieses «strahlend» sein kann. Charakteristischerweise können sie einerseits überaus verführerisch wirken und sich regelrecht ‹in Szene setzen›, indem sie schmeichelnd, lockend, Versprechungen machend versuchen, uns von etwas zu überzeugen. Andererseits können sie sich auch sehr dominant und gebieterisch darstellen, indem sie wirkungsvoll Bedingungen stellen und Druck ausüben. Da ist stets eine Komponente von ‹Zwang› beigemischt, der sich entweder in einem subtilen Belohnungs- oder in einem offensichtlichen Bedrohungssystem zum Ausdruck bringt.

Ahrimanische Wesen erscheinen dagegen meistens in gräulichen Tönen, die bis ins Schwärzliche gehen können. Wir benennen sie schon gar nicht mehr als ‹Engel›, da ihre Vermischung mit der Dunkelheit ausgesprochen sichtbar und fühlbar ist. In unseren Herzen erzeugen sie Bedrückung, Kälte oder Angst. Solche Wesen sind keinesfalls geschmeidig, sie wirken in frappierender Weise mitleidlos, stumpf und hart, manchmal auch schwerfällig oder bedrohlich. Sie haben keine Freude am Spiel der menschlichen Seele, da sie selbst nicht über das, was wir ‹Gemüt› nennen, verfügen. Sie wollen direkt mit *Macht* einwirken und vermitteln, dass ein Verbund mit ihnen Machtzuwachs einbringt. Über das Empfinden von Festigkeit und Schwere, von Alternativlosigkeit und Unnachgiebigkeit versuchen sie, in einer totalitären Weise «überzeugend» zu erscheinen.

Es gibt unzählige Formen, Erscheinungen und Qualitäten von schattenhaften Wesen. Sie alle greifen gerne nach den Seelen der Menschen, da ‹Seelen› heilige, kostbare Lichtträger sind. Die uns am nächsten stehenden Dunkelwesen sind diejenigen, die in der Anthroposophie *Doppelgänger* genannt werden. Es gibt mehrere Gestaltqualitäten von Doppelgängern, die unterschiedliche Bereiche unseres irdischen Lebens abdecken. Rudolf Steiner beschreibt in eindrücklicher Weise sowohl den ahrimanischen als auch den luziferischen Doppelgänger des Menschen. Der ahrimanische Doppelgänger ist eingebunden in die physisch-ätherischen Kraftwirkungen der Erdenwelt und kann über das Ätherische des Menschen einen weit stärkeren Einfluss auf seinen Astralleib haben, als es für ein gesundes Gleichgewicht der Wesensglieder richtig wäre. Der luziferische Doppelgänger wiederum wirkt aus dem Geistig-Astralischen, ist vorwiegend auf der Seelenebene des Menschen ansässig und kann sich durch seine Wirkung dem Ätherleib zu stark eindrücken: «Es gibt im Menschen einen Mittelpunkt, wo sich begegnen in seiner eigenen Wesenheit Luzifer und Ahriman. Da hat der Mensch Gelegenheit, entweder mit dem Luzifer hinzuschwingen und den Astralleib tiefer in den Ätherleib einzubohren, als das gut ist, oder aber er hat Gelegenheit, die Stoßkraft des Ahriman aufzunehmen und den Ätherleib tiefer in den Astralleib hineinschlagen zu lassen, als es richtig und regelmäßg ist. Mit solchen Kraftwirkungen haben wir es zu tun.»[17]

Diese Kraftwirkungen innerhalb der menschlichen Wesenheit werden individuell von den jeweiligen Doppelgängern ‹verwaltet›, denn in ihrer Obhut befinden sich sämtliche Wesen des in uns stattfindenden Schattenspiels. Somit sind auch bei jedem Menschen die Wirkungen des jeweils luziferischen und ahrimanischen Doppelgängers unterschiedlich stark, je nachdem, welche *Bereiche* im Menschen und in welcher Weise diese von Schattenwesen belegt sind.

Der luziferische Doppelgänger

> «Aber die luziferische Entwickelung, sie geht dahin, den Menschen abzudrängen von der Einsicht in die Arbeit der Angelos-Hierarchie.»[18]
>
> *Rudolf Steiner*

In der Beschäftigung mit den eigenen Doppelgängern kann man den Blick zunächst auf den luziferischen Doppelgänger richten. Dieser ist *seelisch* eher für uns ‹greifbar› als der ahrimanische Doppelgänger, so können wir ihn für einzelne Augenblicke leichter aus uns selbst heraussetzen und wahrnehmen. Eine solche Wesenheit trägt und ‹verwaltet› einen Großteil des astralischen Ballastes eines Menschen. Dazu gehören unsere inneren Abgründe, unsere seelischen Schwächen und Unzulänglichkeiten, unsere unerlösten Seelenanteile aus diesem und aus früheren Leben. Da in der geistigen Welt alles ‹wesenhaft› ist, geht es auch hier um konkrete Wesen, die unsere Seele bewohnen: Wesen der Angst, Wesen der Unzufriedenheit, Wesen der Unmut, Wesen der Wut, Wesen des Hasses etc. Der Doppelgänger selbst ist also *nicht* das Negative in uns, sondern er bewahrt und betreut unser *eigenes* Negatives, Ungutes und Böses, welches durch die Anwesenheit dieser Wesen in der eigenen Seele besteht.

Die Erscheinung der luziferischen Doppelgänger variiert sehr stark von Mensch zu Mensch. In Momenten, in denen sie ohne unseren persönlichen ‹Ballast› sichtbar werden, erleben wir, dass ihre Gestalt tatsächlich eine ‹engelhafte› ist, wenn auch eine eher beige-schattenhafte. Wenn wir sie in ihrer reinen Form anschauen, erstrahlen sie in einem intensiven weißkalten Licht, welchem jedoch das goldene Leuchten und die sonnenhafte Wärme fehlen. Solche Wesen nennen sich selbst ‹Schattenengel›. Die Psychologie benennt den ‹Schatten› des Menschen als das verdrängte und unbewusst wirkende eigene Seelische, charakterisiert ihn aber nicht als Engelgestalt.

Die ersten direkten Erfahrungen, die ein Mensch mit seinem luziferischen Doppelgänger macht, können regelrecht bestürzend sein. Man begegnet hier einem Wesen, das *ganz* zu einem selbst gehört, welches jedoch sehr fremdartig erscheint. Es gibt Situationen, in denen eine solche Begegnung völlig unerwartet und unvorbereitet stattfinden kann. Aus den Übergangsmomenten zwischen Wachen und Schlafen werden zum Beispiel unmittelbare Doppelgängererlebnisse beschrieben. Die Menschen empfinden dabei überwiegend Angst oder fühlen sich bedrängt. Die eigene Seele erschrickt, denn es ist nicht das eigene Ich, welches die Situation ‹führt›. Doch wenn wir eine solche Wesenheit *bewusst* und aus einer respektvollen inneren Geste heraus einladen, gestaltet sich die Begegnung klar und ruhig. Das Doppelgängerwesen ‹springt› den Menschen dabei keinesfalls an, vielmehr hat es eine abwartende Haltung und schaut aufmerksam auf unsere Reaktion. Auch hier kann unser erster Herzenseindruck mit einem leisen Schrecken verbunden sein, zugleich gesellen sich Erstaunen und tiefes Mitgefühl hinzu.

Im Kreis meiner Engel vernehme ich eines Tages ein Engelwesen, welches allerdings nicht so licht ausstrahlt wie die anderen Engel. Sein Blick ist ernst und dunkel, ich empfinde zunächst ein wenig Angst, aber auch Trauer, Mitgefühl und Schmerz. Ich frage das Wesen:

«Wer bist du?»

Es antwortet ganz ernst und schmerzerfüllt:

«Ich bin derjenige, der an dir leidet.»

Mir stockt fast der Atem. Ich frage weiter:

«Bist du mein Doppelgänger?»

«Ja, der bin ich. Ich bin derjenige in dir, der das trägt, was noch nicht zum Himmel aufsteigen kann auf Engelsflügeln.»

«Warum erkenne ich dich nicht auf Anhieb?»

«Weil ich in dir verborgen bin.»

«Ich sehe bei dir unterschiedliche Farben, kann sie aber kaum mit dem Blick greifen oder festhalten.»

«Das ist auch gut so, lass es. Es reicht, dass du mich als Wesen vernimmst.»

«Was kann ich für dich tun?»

«Vergiss mich nicht. Ich bin immer da.»

«Was willst du mir dadurch vermitteln?»

«Ich trage den Preis deiner Entwicklung. – Ich danke dir aber, dass du mich nicht als deinen Feind empfindest. Das bin ich nicht.»

«Ich glaube, wir Menschen haben eine falsche Vorstellung von euch. Wir denken euch mehr oder weniger als unsere ‹Gegner›.»

«Vergiss nicht, dass auch wir erlöst werden wollen. Wir tragen eure scheußlichen Wesen und müssen sie auf euch loslassen. Aber nicht, weil wir es wollen, sondern weil ihr es braucht.»

«Ich hoffe, ich kann dir mit der Zeit auch Gutes tun und dir nicht nur Last sein.»

«Danke. Es gibt schon Menschen, die ihre Schattenengel anschauen und annehmen können beziehungsweise dies lernen. Aber es sind noch nicht so viele.»

«‹Schattenengel› ist als Begriff schön. Nennt ihr euch so?»

«Ja, meistens – auch wenn wir noch viele andere konkrete hierarchische Bezeichnungen haben.»

«Warum hat euch Rudolf Steiner ‹Doppelgänger› genannt?»

«Weil wir nicht außerhalb von euch sind, wie ein äußerer Schatten, sondern Teil eures Wesens sind, innere Schatten.

Darauf wollte er hinweisen. Das ist auch stimmig so, denn durch diesen Begriff spüren die Menschen intuitiv, dass wir tatsächlich Teil ihres eigenen Wesens sind. Sie erzeugen uns, könnte man fast sagen – also nicht uns, aber unsere Aufgabe an ihnen.»

Diese Begegnung hat mich tief berührt und mich weiter beschäftigt. Zu einem späteren Zeitpunkt bitte ich meine Engel, mir Näheres über die Rolle des Doppelgängers und über die Dunkelwesen, die zu seinem Aufgabenbereich gehören, zu vermitteln. Sie stellen folgende Zusammenhänge dar:

«Der Doppelgänger ist der Hüter der Gestalten der Dunkelheit und des Schattens in euch. Er ist ihr ‹Dompteur›, so würdet ihr das bezeichnen, und muss ihnen zu ihrer Geltung verhelfen. Das ist seine Aufgabe. Er ist nicht eure Dunkelheit, sondern er verwaltet, hütet, pflegt, trägt, choreografiert eure Dunkelheiten und Abgründe. Und er ist unaussprechlich loyal zu euch, denn er verteilt die Dosierung dieser ‹Dunkelheitsportionen› so, dass ihr es mit ihnen – zumindest geistig gesehen – aufnehmen könntet. Er selbst lebt während eurer Erdenzeit ständig in euren Dunkelheiten, er erträgt also immer euer Allerschlimmstes. Er hat auch eine ‹doppelte› Rolle, von daher ist die Bezeichnung ‹Doppelgänger›, die Rudolf Steiner gewählt hat, sehr weise in ihrer Mehrdeutigkeit. Er ist euch treu bis zu eurem Tod hin, er dient euch in größter Ergebenheit und Hingabe, und gibt euch überhaupt die Chance zur Entwicklung, dadurch, dass er eure Abgründe verwaltet. Ohne ihn würdet ihr bodenlos in diese hineinfallen. Er hält euch und bildet euch den Boden, der dafür notwendig ist, damit ihr euch immer wieder erheben könnt. Das ist die eine Seite von ihm.

Die andere Seite ist, dass er euch tatsächlich ständig eure Schatten in den Weg legen muss, über die ihr tagtäglich stolpert und fallt. Du weißt ja, dass diese Wesen sich selbst als

‹Schattenengel› bezeichnen. Auch darin ist diese Doppeldeutigkeit enthalten, denn ‹Engel› sind immer Boten des Lichts, von daher könnte es theoretisch keine ‹schattenhaften Übermittler des Lichtes› geben, denn das Licht wird durch einen selbst, durch das eigene Wesen verkörpert und vermittelt. Sie haben also in ihrer Gattungsbezeichnung diesen Lichtursprung in sich. Aber eben auch das Schattenhafte, das aus dem Licht Gefallene, den Mangel an Licht.

Beim Begriff ‹Doppelgänger› hast du auch noch den ‹Gänger›. Er geht also mit euch, jeden Schritt eures irdischen Lebens und eurer Entwicklung. Fast nirgends könnt ihr ohne ihn gehen. Es sei denn, ihr erhebt euch wahrhaftig ins Licht, zum Beispiel durch Liebestaten, durch meditative Geistarbeit – und dahin kann er nicht mit euch gehen. Da seid ihr frei – und auch das hat Rudolf Steiner gesagt: ‹Die einzige freie Tat des Menschen ist das Meditieren.›[19] ‹Frei› im Sinne von ‹ohne Doppelgänger›, ohne den Zwang und die Einwirkung seiner Schatten. Der Mensch ist nur hier er selbst, ohne Verfolger, ohne wirkenden Schatten.»

«Vielen Dank für diese Hinweise. – Wie sieht die Arbeit des Doppelgängers mit unseren Dunkelanteilen in uns aus?»

«In sehr vereinfachten Bildern: Der Doppelgänger ‹parkt› diese Dunkelwesen ‹unten› und gewährt ihnen Zutritt zur ‹Oberwelt›, wenn die Mauern eures Wesens in Bewegung geraten und so ungeschützte Risse entstehen. Dann holt sie der Doppelgänger durch diese Schlupflöcher und Risse. Auch der Doppelgänger hat mehrere ‹Bewusstseinsebenen›, wie auch euer Ich. Manche Ebenen sind fast konstant wirksam, zu diesen hat man leichteren Zugang, weil sie mehr an der Oberfläche und dadurch zugänglicher sind. Andere Schichten, die ungebändigteren, sind verborgener in der Tiefe und schlagen nur bei bestimmten Gelegenheiten zu. Die Rolle des Doppel-

gängers ist es, sie zu ‹verwalten› und zu ‹choreografieren›. Er lässt sie eigentlich so zu, dass ihr zumindest die Möglichkeit hättet, einigermaßen mit diesen Wesen umzugehen. Ihr habt also jedes Mal die Chance, darauf Einfluss zu nehmen. Natürlich gelingt euch das zunächst tausendfach nicht, aber das ist das Übungsfeld. Der Doppelgänger dient euch hier in einer überaus wertvollen Weise, weil er nicht immer alles über euch ausschüttet, was sich in euren Abgründen angesammelt hat. Wenn er das tun würde, hätten die meisten von euch kaum eine reale Entwicklungschance. Ihr würdet euch selbst und gegenseitig vernichten.»

Ich bat des Öfteren meine Engel um Licht und Hilfe für meinen Doppelgänger und ging wiederholt in einen Austausch mit ihm. Wenn ich mich auf sein Wesen einstimmte, spürte ich deutlich die Last, die er trug, wie auch seinen bedrückenden Schmerz daran. Ich sprach weiter mit ihm:

«Es tut mir so leid, dass du durch mich Dunkles und Schweres erleben musst. Hast du Sehnsucht nach dem Himmel?»

Er schaute dunkel und tief-traurig und sagte:

«O ja! So sehr!»

«Seit wann bist du bei mir?»

«Seit diesem Leben.»

«Wie ist eure Entwicklung? Kannst du mir etwas darüber berichten?»

«Wir sind Engel des Absturzes. Heerscharen von uns sind auf die Erde gestürzt, um das Mensch-Sein hier und dann die Aufwärtsentwicklung der Erde mit vorzubereiten. Wir waren schon da, um euch Menschen zu empfangen, als ihr kamt.»

«Wolltet ihr euch von der Trinität abwenden oder dient ihr Ihr?»

«Sowohl als auch.»

«Was bedeutet das?»

«Es ist noch zu kompliziert für euch, wir können nur sehr vereinfachte Bilder geben.»

«Erkläre mir bitte das, was möglich ist.»

«Es gab mehrere Strömungen von uns, mit unterschiedlichen Intentionen, Aufgaben und Weisungen. Diese Strömungen haben unterschiedliche Farben beziehungsweise Farbspektren, die sie abdecken, je nach Aufgabenbereich. Wir sind geschult worden und in eure Erdenwelt ausgesandt worden.»

«Was ist eure Aufgabe?»

«Einen Menschen zu übernehmen und bei ihm zu bleiben, bis er wieder Geist wird.»

«Also bis zum physischen Tod?»

«So in etwa. Bei manchen auch länger.»

«Wie meinst du das?»

«Manche binden uns an sich auch über die Todesschwelle hinaus.»

«Wollt ihr das?»

«Nein. Das sind so etwas wie ‹Überstunden›, die wir machen. Wir werden müde an eurem Ballast und wollen diesen bei eurem Tod ablegen.»

«Wie binden euch solche Menschen?»

«Durch sehr dunkles, egoistisches Tun. Sie klammern sich, beziehungsweise sie liefern sich solchen dunklen Wesenheiten aus; dann müssen auch wir dabeibleiben. Der ganz stark ausgeprägte Egoismus, auch über den Tod hinaus, verstößt gegen die göttliche Weltordnung. Da gibt es keinen Egoismus; Egoismus ist herausgeschnittenes, abgesondertes göttliches Leben.»

«Wie lange seid ihr bei so jemandem?»

«Bis es einen ‹Staffelwechsel› gibt.»

«Was bedeutet das?»

«Bis entweder doch Licht in die Seele des Menschen kommt,

oder bis ein anderer von uns die Begleitung des Menschen für das nächste Leben übernehmen kann.»

«Bei einem regulären nachtodlichen Verlauf, wenn also ein durchschnittlich-normaler Mensch stirbt, was macht ihr da?»

«Wir verlassen den Menschen nach seinem Erdentod, tauchen nach unten ins Erdinnere, bringen dorthin all seinen Ballast und laden ihn dort ab. Das Wesen der Erde trägt all das. Ihr könnt gar nicht ermessen, was dieses Wesen für euch trägt! Es hat dies zugelassen, damit ihr euch entwickeln und zwischen euren Erdenleben durch die Himmel gehen könnt. Sonst wäre das überhaupt nicht möglich. Es ist ein ungeheures Opfer, das es für euch auf sich genommen hat! Ihr sprecht vom ‹leidenden Wesen der Erde› – ja, wie wahr! Doch es leidet nicht nur wegen des ‹Plastikmülls› in den Meeren, das sind nur Symptome eurer inneren Krankheit und Schwärze, mit der ihr die Mutter Erde beschmutzt und belastet.»

«Was passiert dort mit diesem seelischen ‹Menschenmüll› nach dem physischen Tod?»

«Wesen der Dunkelheit hüten und horten diese inneren Müllmassen, die wie stinkender Teer sind. Manche dunkle Wesen beziehen Kräfte daraus, andere tanzen darin, wiederum andere leiden mit der Erde mit und leisten freiwillig Dienst dort. Andere wollen daraus ein neues Reich der Finsternis gründen, sie leben so darin, als ob das schon ganz so wäre. Doch ganz so ist es nicht, und das wissen auch alle, selbst wenn sie es nicht zugeben wollen.»

«Und was passiert mit euch, Doppelgänger der Menschen?»

«Wir ‹geben ab› und ‹fliegen davon›. Wir reinigen uns erst einmal von unserem Menschen. Und besinnen uns selbst auf die Erfahrungen, die wir mit ihm gemacht haben. Das ist unsere Art von Schulung.»

«Worin wollt ihr euch schulen?»

«Das Höchste durch das Niederste zu begreifen: zu Gott zu kommen durch euch!»

«Aber der Mensch ist doch nicht das Niederste, oder?»

«Doch, vom Ich-Bewusstsein und somit von der Verantwortungsfähigkeit her schon: Er ist das niederste Wesen, das über sich selbst entscheiden kann. Und spannend bei euch ist der Aspekt der Freiheit. Wir dienen diesem Aspekt der Freiheit – irgendwer muss euch doch die Möglichkeit zur Gegenseite des Lichtes geben in diesem Freiheitssystem. Das tun wir – und entwickeln uns mit euch mit.»

«Was passiert mit euch dann weiter, wenn ihr einen Menschen und seinen ‹Ballast› nach seinem Tod ‹abgegeben› habt?»

«In euren Menschenbegriffen würdet ihr es ‹Regenerationsphase› nennen – mehr darf ich dir noch nicht dazu sagen. Danach gehen wir wieder ins dunkle Reich, nehmen das Paket eines anderen Menschen auf und kommen ihm entgegen in seiner neuen Inkarnation. Nicht nur ihr erlebt unterschiedliche Aspekte des Menschseins in euren Leben, auch wir, und durch diesen Wechsel unserer Menschen erleben wir das noch unterschiedlicher als ihr. Wir lernen, wie verschieden das Dunkle sich in den jeweiligen Menschen ausgestalten kann. Und auch, wie die Menschen damit ringen – oder eben kaum; und wie sie es verwandeln, erlösen – oder eben kaum; beziehungsweise wie sie es verstärken. Also wir übernehmen immer und immer wieder einen neuen Menschen, der unsere Erfahrungen ergänzt. Das ist unsere Schulung.»

«Das ist eine unglaublich harte und bedrückende Aufgabe, die ihr da habt!»

«Du sagst es.»

«Ist sie selbst gewählt?»

«Ja, zum größten Teil, aber nicht nur.»

«Das verstehe ich nicht ganz.»

«Lass es für den Moment so stehen.»

«Was tut euch selbst gut, in einem konkreten Sinne?»

«Wenn ihr in eure Seelen immer mehr Licht bringt. Wenn ihr lernt, Zusammenhänge zu erkennen und zu begreifen, wenn ihr euch selbst von der Engelwelt, von der Geistwelt umhüllt wisst und euch darin erlebt. Dieses innere Licht des Menschen gibt uns Frieden. Es rührt uns, denn auch wir waren einmal licht.»

«Ein solcher Rat von einem Schattenengel?»

«Du willst lernen, du darfst lernen. Das haben dir deine Engel schon gesagt. Und uns sollst du auch richtig darstellen, wenn du die Engelwelt des Menschen darstellst. Auch wir gehören dazu.»

«Wie ist es bei euch mit Lügenhaftigkeit und Täuschung?»

«Ich darf nicht lügen, ich darf dich nur täuschen. Das ist etwas anderes. Und wenn du in Momenten der reinen Liebe bist, kann ich dich nicht täuschen. Wir warten nicht gierig darauf, euch mit der Lüge anzuspringen. Nur wenn ihr Gelegenheiten dazu gebt, und das tut ihr, sobald ihr in der Selbsttäuschung seid, dann müssen wir die entsprechenden Wesen auf euch loslassen.»

«Werden wir uns auch nach diesem Leben wiedersehen?»

«Ja, gewiss. Alles gehört zusammen. Wir alle sind und werden mit euch Freunde für immer, wenn auch ganz anders, als ihr das jetzt denken könnt. In späteren Phasen der Entwicklung werden wir Seite an Seite stehen und wirken. Der Weg ist lang, ihr überschaut nur sehr kurze Abschnitte. Aber auch das wird sich verändern.»

«Ich danke dir!»

Der ahrimanische Doppelgänger

> «Die ahrimanischen Wesenheiten machen sich so
> für die denkende Seele geltend
> wie die luziferischen für die fühlende. Sie fesseln
> das Denken an die Sinneswelt.»[20]
>
> *Rudolf Steiner*

Auch die ahrimanischen Doppelgänger des Menschen sind in ihrem Ursprung Engel gewesen, doch aus einer ganz anderen Entwicklungsepoche kommend und aus einer anderen Engelkategorie stammend als die luziferischen Doppelgänger. Ihre Erscheinung ist in der Regel größer und mächtiger als eine Menschengestalt, ihr Farbspektrum beschränkt sich auf bräunlich-gräuliche Nuancen. Sie ähneln *nicht* den luziferischen Doppelgängern und noch weniger den Engeln. Im Gegensatz zu diesen wirken sie massiv, schwerfällig und wenig beweglich. Auch die Gespräche mit ihnen sind mühsamer, denn sie reagieren langsamer, dumpfer und einfältiger. Es zeichnet sie eine seelische Unbeweglichkeit aus, die mit dem Innenleben des Menschen auffallend wenig kongruent ist. Auf die Frage nach dem eigenen Namen können solche Wesen nicht in der gleichen Weise antworten wie die meisten anderen:

«Wie heißt du?»

«Ich kann es dir schwer sagen.»

«Warum?»

«Weil ich abgeschnitten bin von unserem geistigen Namen.»

«Eure luziferischen Brüder sind das nicht.»

«Nein, sie sind noch im Licht, wenn auch im verzerrten. Wir leben in der Dunkelheit. Das ist ein anderes Reich.»

«Du bist schwerfällig in deiner Reaktion. Warum?»

«Wir haben keine emotionale Fluidität, du überrumpelst mich mit deiner.»

«Das tut mir leid.»

Ein vertiefendes Gespräch führt im späteren Verlauf dann durchaus noch zum Namen eines solchen ahrimanischen Wesens, wie auch die nähere Beschäftigung mit ihm einen zwar mühsamen, aber aufschlussreichen Austausch ermöglicht:

«Wer seid ihr eigentlich vom Ursprung her gewesen?»

«Wir sind Engel des Vatergottes gewesen, mit einem bestimmten Bezug zum Heiligen Geist. Wir sind in die Schwere abgestiegen. Es hat viel Mut und die Qualität von ‹Kraft-Macht› gebraucht, um diesen Gang zu vollziehen. Schwere, Macht, feste Erdenfestigkeit sind dafür nötig.»

«Erinnerst du dich an deinen Ursprung?»

«Nur wie im Nebel.»

«Wie war es da?»

«Alles war stimmig, heilig, licht. Eine vollkommene Struktur, voller Lebendigkeit und Harmonie.»

«Was geschah dann?»

«Das Licht sollte in unseren Herzen explizit ‹sonnenhaft› werden. Diese Qualität der Liebe konnten wir nicht aufbringen. Wir konnten die ‹Geschehensgeste› verstärken, aber sie verlor das Licht und wurde dunkel.»

«Das bedeutet, ihr habt ‹Macht› entwickelt, aber keine ‹Liebe›. Und dadurch habt ihr das Licht in euch verloren.»

«Ja.»

«War das auf der Alten Sonne?»

«Ja, das Sohn-Prinzip des Christus sollte greifen. Wir konnten nicht Seine Brüder werden, Sein Licht war uns unerreichbar. Wir gingen ins Dunkle.»

«Und auf der Erde? Wie wurde es da mit euch und den Menschen?»

«Wir konnten die ‹schweren Dunkelheiten› der Menschen beherbergen und sie ihnen hinterhertragen.»

«Seid ihr immer jeweils auf einen Menschen bezogen?»

«Ja. Das genügt auch so.»

«Was macht ihr zwischen unseren Inkarnationen?»

«Wir dienen im Erdinneren.»

«Wem?»

«Dem Dunklen Vater.»

«Meinst du Ahriman?»

«Ja. Er steuert uns alle.»

«Wollt ihr erlöst werden?»

«Ja und doch nein. Nein und doch ja.»

«Ich verstehe es – und doch nicht.»

«Wir können selbst nichts für das ‹Ja› tun. Und für das ‹Nein› nur das, was ihr zulasst.»

«Verstehe ich das richtig: Seid ihr ‹ohnmächtig› trotz ‹Machtrolle›?»

«Das sollt ihr nicht durchschauen. – Ich muss dir hier antworten: ‹Wir üben überall unsere Macht aus, so weit, wie wir mit ihr kommen.›»

«Wie ist dein Tun für dich selbst?»

«Es ist. Ich führe aus und trage, was ich soll.»

«Verzeih mir, ich meine das keinesfalls spöttisch, sondern nur rein sachlich: Du wirkst etwas dumpf und unbeweglich im Denken. Wo ist deine Intelligenz?»

«Sie ist nicht meine. Eine geistige, durchgeistigte Intelligenz überstrahlt meine, da wird meine sichtbar dumpf und träge.»

«Wenn der luziferische Doppelgänger schon so viel Astralität und dunkle Wesen des Menschen trägt, was trägst du konkret?»

«Ich trage das, was in die Schwere, Härte, Verbissenheit, Seeleneinsamkeit, Verwüstung des Innenlebens führt. Schwer, schwer ist das.»

«Kennst du Freude?»

«Nicht das, was ihr Freude nennt.»

«Wie ist deine Verbindung zu den elektromagnetischen Kräften?»

«Sie müssen mein Zuhause sein, sie machen den Großteil meines Geistigen aus.»

«Aber sie werden eines Tages auch erlöst werden.»

«Es gibt einzelne Menschen, die das beginnen. Aber noch wisst ihr nicht, wie das geht.»

«Macht nichts, wir lernen es. – Willst du das Gewicht loswerden, das du schleppst?»

«Ja, aber ich erinnere kaum mehr einen Zustand ohne Gewicht.»

«Willst du mich noch etwas wissen lassen?»

«Du musst wissen, was du wissen willst.»

«Was sollen die Menschen über euch wissen?»

«Wir sind da. Immer. Schwer. Grau.»

«Ich danke dir für diese Einblicke.»

Umgang mit den persönlichen Doppelgängern

«Denkend das Dunkle durchdringen,
wirkend in Wärme weben,
liebend das Licht erleben.»

Herbert Hahn

Die persönlichen Doppelgänger wahrnehmen zu können bedeutet keinesfalls, dass man die Fähigkeit besitzt, mit ihnen ‹umzugehen›. Es wäre vermessen und illusorisch zu glauben, dass man ihr Wirken wirklich durchschaut oder womöglich durchbricht, nur weil man in einzelnen Momenten einen anfänglichen Austausch mit ihnen beginnt. Davon sind wir noch sehr weit entfernt. Auch dürfen wir nicht vergessen, dass sie, wie unsere Engel auch, höhere hierarchische Wesen sind als wir selbst, auch wenn sie den Weg des Lichtes – zumindest für eine gewisse Zeitspanne – verlassen haben.

Die Doppelgänger vollziehen ihre Arbeit extrem geschickt, und ihre Aufgabe bleibt auch weiterhin unverändert: bei *jeder* Gelegenheit, die wir ihnen selbst bieten, uns einen Teil aus unserem eigenen unerlösten ‹Gepäck› vor die Füße zu werfen. Sie agieren bereits in der kleinsten Unzufriedenheit und Negativität, in der leisesten Kritik und Besserwisserei, in der subtilsten Überheblichkeit, im verdecktesten Egoismus und in der verstecktesten Boshaftigkeit. In unserer Vorwurfshaltung und Verbitterung gegenüber der Welt, in den Gefühlen von Bequemlichkeit und Gleichgültigkeit, in unserem Groll oder in unserer Ohnmacht, in der Engstirnigkeit unserer Gedanken und in der Behäbigkeit unseres Tuns entfaltet einer der Doppelgänger bereits seine Wirkung. Das Zusammenspiel zwischen ihnen und uns ist und bleibt vorerst noch so. Auf dieser Ebene *müssen* sie als Gegenspieler derjenigen Licht- und Liebeskräfte agieren, die unsere Engel verkörpern.

Der Doppelgänger – gleichwohl welcher – ist also in seiner Rolle gefangen. *Wir* aber sind es nicht. Wir können diesem eingefahrenen Spiel nun eine neue Substanz hinzufügen: Bewusstheit. Das verändert sogleich die Dynamik des Geschehens. Wenn wir uns vergegenwärtigen, welch unendlich schwere Arbeit der Doppelgänger an uns vollzieht, wenn wir begreifen, dass er durch sein *ganzes* Sein ein großes, wirklich großes Opfer für uns erbringt, wenn wir langsam beginnen, Verständnis und Mitgefühl für ihn zu entwickeln, dann fängt die Qualität unserer Beziehung an, sich zu verändern. Dabei können wir die unbewusste Abschätzigkeit ablegen, die wir ihm gegenüber empfinden, und ihm aufrichtige, respektvolle Anerkennung entgegenbringen. Voller Dankbarkeit können wir an ihn denken, denn der Doppelgänger ist ein durch *uns* gefangenes Wesen. *Wir* sind seine Erlösung – oder eben nicht. Er ist ganz an uns und an unsere Entwicklungsschritte gebunden. Wir können ihn um Vergebung bitten für das, was wir ihm zumuten; wir können ihn trösten und ihm aus unserer Herzensmitte Liebe und Licht zukommen lassen. So wie wir für einen leidenden Menschen, für einen belasteten Verstorbenen oder für einen geschwächten Engel beten, so können wir auch für unseren Doppelgänger beten. Seine Tätigkeit an uns wird er dadurch *nicht* verändern, aber auf diese Weise erheben wir ihn aus der Abwertung, in der er lebt, und bringen ihm die Würde entgegen, die ihm gebührt.

Die ahrimanischen Doppelgänger werden durch eine solche Herzensarbeit weder ‹weich› noch ‹geschmeidig›, doch sie danken uns für unseren veränderten Blick und für unser Verständnis gegenüber ihrer Aufgabe. Sie beginnen, sich leise zu erinnern, dass ihre Heimat die Welt des Himmels gewesen ist. Zumindest ein Hauch Licht- und Wärmeempfinden wird so wieder in ihnen wach, sie erleben ihr Wesen dadurch ‹berührt›. Einerseits irritieren sie solche Veränderungen, andererseits ‹dämmert› in ihnen eine bereits sehr lang verlorene Sonnenwelt.

Die luziferischen Doppelgänger, die unserem inneren Lichtspiel gegenüber aufgeschlossener sind, reagieren ‹sichtbarer› auf unsere Bemühungen und zeigen ebenfalls Veränderungen in ihrem Wesen. Sie werden für uns erreichbarer, entwickeln eine größere Anpassung an die ‹warmen› Lichtseiten unseres Gemütes und eine tiefe, regelrecht ergreifende Dankbarkeit. Natürlich legen sie uns ständig weiter Stolperfallen in den Weg, doch ihr Einfluss verändert sich mit der Zeit und bleibt uns nicht mehr durchgängig unbewusst.

Unsere Engel haben Verständnis für das Sein und Tun der Doppelgänger. Sie verurteilen nicht das Dunkle, sondern halten ihm ihr eigenes Licht entgegen. Uns schützen sie vor dem Doppelgängereinfluss, so gut sie können, zugleich erkennen sie diese Einwirkungen ganz an und lassen sie gelten, da sie unabdingbar zu uns gehören.

Im Gespräch mit meinen Engeln über den luziferischen Doppelgänger frage ich:

«Wart ihr mal Brüder?»

«Ja, in gewisser Hinsicht waren wir das, vor langer Zeit. Bis sich die Strömungen teilten.»

«Wann war das?»

«Vor eurer Zeit auf Erden.»

«Wie kam es dazu?»

«Ein Teil von ihnen ging einen anderen Weg. Teils Schulung, teils Wagnis.»

«Dürfen wir Näheres erfahren?»

«Jetzt noch nicht. Aber etwas anderes dürft ihr erfahren: Ihr habt Auren – auch der Doppelgänger hat Auren. Man sieht

die Wirkungen des Doppelgängers und bestimmter Wesenheiten in euren Auren. Je geschulter man ist, desto genauer kann man das sehen. Aber auch hier ist bereits eine Arbeit, die euer Doppelgänger vollbringt: Er lässt nur diejenigen Schattenanteile in eurer Aura sichtbar werden, die gerade dran sind. Alles andere hütet er in seiner Aura! Und er überträgt es nur Stück für Stück und situativ. Ein großer Dienst an euch ist das! Nur so könnt ihr eure Auren überhaupt ertragen, sie überhaupt schauen und wahrnehmen lernen. Sonst würdet ihr davon erschlagen und erdrückt werden.»

«Wann wirkt der Doppelgänger am stärksten?»

«Wenn es um die Liebe geht, muss die andere Seite sofort springen. Das ist das Heiligste überhaupt, das können die Dunkelwesen nicht einfach fließen und wachsen lassen. Der Schattenengel blockiert euch da die ‹Ausgänge›, also die Chakrenöffnungen nach vorne, entsprechend den Dunkelwesen, die in euch lauern; so wie wenn er eure Türen mit Holzbalken verriegeln würde. Du sagst ja immer wieder selbst, dass die Doppelgänger ihren ‹Job› sehr gut machen. So ist es. Sie müssen sofort wirken, wenn sie gerufen werden.»

«Wer ‹ruft› sie?»

«Eure eigene Dunkelheit und euer Eigensinn. Diese breiten sich an Ereignissen aus, und dann muss der Doppelgänger die Felder eurer Seele mit allen möglichen Kräften füllen. Und das ist dann euer Übungsfeld. – Übt weiter, unaufhörlich!»

«Was wünscht ihr uns in Bezug auf unsere Doppelgänger?»

«Liebe soll eure und ihre dunklen Welten durchweben. In Liebe ist stets alles eingebettet. Ja, ihr müsst den Schattenengeln helfen – sie helfen euch so sehr. Wir können sie nicht von ihrem Dienst entbinden, sie selbst haben ihn sich auferlegt. Aber ihr könnt dies tun. Möget ihr eines Tages gemeinsam mit ihnen nach Hause zurückkehren. Segen euch allen.»

Ähnlich wie unsere persönlichen Engel uns auf unserem Werdeweg begleiten, um uns eines Tages in die geistige Aufrichte des wahren Mensch-Seins entlassen zu können, so hoffen auch unsere Doppelgänger, eines Tages von ihrer schweren Aufgabe an uns entbunden zu werden. Noch einmal: *Wir* sind der Schmerz, an dem sie leiden. Sie sind von uns, von unseren Bemühungen, von unseren Schritten dem Licht entgegen ganz abhängig. Sie sind die Wesen, die sich opfern, damit wir uns dem Himmel entgegenstrecken können. Alles, was sich in uns noch nicht erheben kann, tragen sie. Es ist ein tiefer Schmerz für diese Wesen, durch uns vom wahren Licht getrennt zu sein. So können wir zumindest beginnen, ihnen durch Verständnis und Mitgefühl, durch Dankbarkeit und Seelenwärme erste bewusste Tropfen dieses Lichts zu schenken.

Ich frage meine Engel noch:

«Gibt es Menschen, die wirklich mit ihren Doppelgängern umgehen können?»

«Es sind ihrer noch nicht viele.»

«Christus hatte keinen Doppelgänger, alle Versucher waren außerhalb Seiner, oder?»

«Christus hatte keinen persönlichen Doppelgänger. Da Er aber das gesamte Wesen der Erde und der Menschheit in sich aufnahm und trug, musste Er sich mit dem Doppelgänger der gesamten Menschheit auseinandersetzen. Ihr Menschenwesen könnt noch gar nicht ermessen, was das bedeutet!

Mit Ihm im Herzen, durch Ihn in eurem Tun könnt ihr auch eure Doppelgänger verwandeln und durchlichten. Eure Durchchristung bedeutet ihre eigene Erlösung vom Bann des Schattig-Dunklen. Möge euch die Durchsonnung eurer Erde gelingen!»

Schatten zwischen Mensch und Licht

> «Die Erlösung des Luzifer geschieht
> durch die Liebe,
> durch die höhere Liebe,
> welche frei von Egoismus ist.
> Die Erlösung des Ahriman geschieht
> durch das Denken.»[21]
>
> *Rudolf Steiner*

So wie hinter den Engeln weite Welten von hierarchischen Wesenheiten weben, die die Erde und die Menschheit begleiten, so wirken auch hinter den Doppelgängern größere, leitende Wesenheiten der Schattenreiche, die einen ausschlaggebenden Einfluss auf unser gesamtes Erdendasein ausüben. Hier begegnen wir zunächst den Einwirkungen Ahrimans und Luzifers. Es gibt noch weitere Kategorien des Dunklen, doch diese zwei gehören bis in die konstitutionelle Bildung unserer Wesensglieder zu uns. Ihre Mitwirkung an unserem Menschsein ist unmittelbarer Bestandteil der Erdentwicklung, und somit ist sie auch ganz und gar berechtigt. Problematisch beginnt ihre Lenkung erst dann zu werden, wenn sie in Bereiche hineinragt, die diesen Kräften nicht unterstehen sollten.

Viele Szenarien innerhalb unserer Seelen, die Teil unserer heutigen Lebensverhältnisse sind, zeugen vom Einfluss dieser Schattenhierarchien. Die Tatsache, dass zahlreiche Menschen nicht von einer realen Wirklichkeit einer uns durchdringenden und belebenden Geistigkeit ausgehen, ist Bestandteil unserer zivilisatorischen Kultur. Im Rahmen einer Weltanschauung, die sich auf das Materiell-Physische konzentriert, ist es auch eine entsprechend logisch abzuleitende Schlussfolgerung, nicht von der Existenz geistiger Wesenheiten auszugehen, wie es beispielsweise die Elementarwesen oder die Engel sind. Hier hat Ahriman sein Zuhause. Er koppelt den Menschen von seinem Verwobensein mit der Geistigkeit ab und vermittelt ihm den Eindruck, er selbst sei der ‹Regent› dieser Welt.

Ein anderes Seelenszenarium besteht in der Annahme einer Existenz von Geistigkeit, in der aber keine konkreten und benennbaren Wesenheiten vorhanden sind. Menschen, die hier weltanschaulich beheimatet sind, gehen in der Regel von einer spirituellen Wirklichkeit aus, die sich durch unterschiedlich wirkende ‹Energien› manifestiert. Die Frage, *wer* die Erzeuger dieser Energien sind, wird aber nicht vordergründig gestellt. Obwohl jede Kraftentfaltung auch einen sie auslösenden, bewirkenden Ursprung hat, ist gerade auf die konkreten Zusammenhänge geistiger Strukturen ein nebelhafter Erkenntnisschleier gelegt. Darin breitet sich derjenige Einfluss aus, den wir dem Luziferischen zuordnen können: Der Mensch soll nicht zu einer präzisen und klaren Erkenntnis bezüglich der unmittelbar agierenden geistigen Wesenheiten und ihrer Wirksamkeit kommen.

In den unterschiedlichen Begegnungen, die man mit geistigen Wesen haben kann, ist stets eindrücklich erlebbar, dass eine Wirkung immer die Einwirkung einer Wesenheit ist. Das bedeutet, dass eine Energie stets die Aktivität eines bestimmten Wesens ist. Eine konkrete Wesensbegegnung ist im Geistigen demnach entscheidend, denn mit ‹Kräften› umzugehen, ohne zu wissen, welche Wesen mit ihnen verbunden sind, welchen Ursprung und welche Intentionen sie haben, ist wie das Spiel mit einem Feuer, das man nicht beherrscht. In diesem Zusammenhang geben die Engel konkrete und weiterführende Hinweise:

«Für Wesensbegegnung ist ein erwachtes Ich notwendig. Manche Menschen fühlen sich vom Weben des Geistigen an-

gezogen, sie möchten jedoch in den Geistdingen gerne noch wie Kinder ‹zaubern›. Energien als solche sind wie unterschiedliche Becken von verschiedenfarbigem und verschiedentemperiertem Wasser. Man planscht gemütlich darin und damit herum.

Es ist auch eine Faszination dabei, die diese Menschen blendet, und diese geht von bestimmten Wesen aus, die sich der Erkenntnis auf halbem Wege entgegenstellen. Wesensbegegnung führt zu Konsequenzen in der eigenen Verantwortung gegenüber der geistigen Welt. Dafür muss der Mensch ichwach werden und bereit dazu sein.»

«Aber warum ringen Menschen grundsätzlich so wenig um ‹Zugang›, wenn es um die Geistwelten geht? Wenn jemand Sport mag, dann macht er Sport, wenn er Blumen liebt, macht er Gartenarbeit, wenn er von Musik begeistert ist, erlernt er ein Instrument. Warum ist die Unsicherheit hier so groß?»

«Zum einen haben Menschen Angst vor realen Begegnungen und Berührungen mit dem Geistigen. Sie trennen zwischen ‹sich› und ‹Welt›, und dazu gehört auch die Geistwelt. Die Vorstellung, dass Wesenheiten sich stets ‹durchdringen›, erscheint ihnen abstrus. Das innere Erlebnis, dass es so ist, fehlt ihnen völlig. Die abgeschlossene ‹Selbstheit›, in der sie sich erleben, würde dadurch für ihr Empfinden erschüttert werden. Sie könnten dieses Erlebnis der ‹Durchdringung› haben, wenn sie beginnen würden, ihr eigenes Wesen als ‹Welt› zu betrachten, wenn sie überhaupt beginnen würden, ihr eigenes Wesen real zu betrachten und wahrzunehmen. Aber das tun sie nicht, sie scheuen sowohl Selbstbegegnung als auch Weltbegegnung.

Zum anderen kommt bei vielen der Hochmut: ‹Ich mache alles selbst. Es ist mein Leben, es sind meine Entscheidungen, es sind meine Taten, es sind meine Konsequenzen.› – Das sind sie nicht! Menschen ahnen gar nicht, wie viele Wesenheiten be-

ständig an ihrem Sein wirken, damit es dieses Sein überhaupt gibt. Und sie ahnen auch nicht, dass alles, was sie denken, fühlen und tun, ganz und gar vom Weben unterschiedlichster Wesenheiten belebt, durchdrungen und impulsiert ist.»

«Wie ist das speziell im Verhältnis zu euch Engeln?»

«Gerade gegenüber den helfenden und vor allem den dienenden Wesenheiten ist der Mensch hochmütig. Er meint, er selbst sei groß genug, um sich nur vor den Großen verbeugen zu müssen. Ein Erzengel, der eine Zeitepoche leitet, erscheint manchen erhaben genug, wichtig genug, um sich vor ihm verneigen zu können. Aber der Erzengel ist ihnen auch ‹weit› genug, um von ihnen nicht real gespürt zu werden, um sich nicht mit ihm als unmittelbar und nah wirkende Gestalt auseinanderzusetzen. Die ganz nah wirkenden und dienenden Hierarchien sind für die Überheblichkeit des Menschen nahezu unbedeutend. ‹Fußvolk›, das man nicht achtet, bei dem man aber voraussetzt, dass es ‹marschiert› und in irgendeiner Weise dient. Dabei misst man ihm kaum Bedeutung bei. Das gilt für die Welten der Elementarreiche genauso wie für die Engelwelten.»

«Dies sind ungewöhnlich scharfe Worte.»

«Der Blick in den Spiegel der Menschheit ist noch kein schöner. Aber er darf sich wandeln.»

«Wird er sich wandeln, gerade im Hinblick auf euch?»

«Die Menschen werden mit der Zeit erkennen lernen, dass die ihnen nahen Hierarchien kein ‹Umweg› und auch keine ‹Zeitverschwendung› auf dem Weg zum Höchsten sind. Das lichte Geistige kennt keine ‹Konkurrenz› zueinander, das ist von euch irdisch gedacht. Wir alle sind ein einziger Fluss in all seinen Ausgestaltungen.»

Das Gespräch entwickelt sich an dieser Stelle weiter und führt zu den grundsätzlichen Einflüssen des Luziferischen und

Ahrimanischen hinsichtlich unserer Beziehung zur geistigen Welt. Auf die Frage, wie es diese Kategorien von Wesen bewirkt haben, sich zwischen die Menschheit und das lichtvolle Geistige zu stellen, geben die Engel detaillierte Einblicke und umfangreiche weitere Erklärungen.

«Wie wurde es von der luziferischen Seite her überhaupt bewirkt, dass der Mensch von der geistigen Welt abgetrennt wurde?

«Bei der Trennung zwischen Mann und Frau, die vor langer Zeit stattgefunden hat, wurden euch durch die luziferischen Geister bestimmte Grundhaltungen ‹infiltriert›. Der Einschlag des Luziferischen ins männliche Prinzip hinein war der Hochmut gegenüber der Geistigkeit. Der Mann ist der ‹Herr›, er braucht nicht die ‹kleinen›, dienenden Hierarchien, wie die Elementarwesen, die Engel usw. Diese Seite des männlichen Prinzips empfindet sich weitgehend als ‹außerhalb› des Engelwirkens stehend. Auf diese Weise haben die Luziferischen eine Falle eingebaut, die einen erheblichen Abstand zwischen der Seele des Menschen und der realen geistigen Wesenswelt bewirkt. – Es geht dabei natürlich nicht um ‹die Männer› als solche, sondern um den männlichen Anteil eures Menschseins. Und da ihr alle sowohl männliche als auch weibliche Inkarnationen durchlebt, seid ihr selbst dieser Wirkung mal stärker und mal weniger stark ausgesetzt. Das ist also die eine Seite am Menschen: Es erscheint euch ‹gefühlsduselig›, ‹unmännlich›, sich mit den Engeln zu beschäftigen.»

«Was ist hier das Pendant ins Weibliche hinein?»

«Der Einschlag der Luziferischen ins weibliche Prinzip des Menschen hinein ist in diesem Zusammenhang die Scheu vor der Erdenwelt. Die weibliche Seite des Menschen empfindet – durch diesen Einfluss – die Erdenwelt als einen niederen, unsauberen Ort, als einen Ort der Verbannung. Unterschwel-

lig wird hier empfunden, dass man selbst ‹Opfer› in dieser Erdenwelt und im eigenen Erdenschicksal ist. – Der Einfluss des Luziferischen wirkt also nach beiden Seiten hin, nur in unterschiedlicher Weise: Einmal erhebt man sich über die Erdenwelt, das andere Mal ist man ihr ausgeliefert.»

«Wie ist dann der Einfluss des ahrimanischen Wirkens hier? Was bewirkt das im Verhältnis des Menschenwesens gegenüber der geistigen Welt?»

«Die ahrimanische Seite arbeitet mit dem Instrument der ‹Macht›: der Mensch, der sich als erhaben genug empfindet, um keine Gottheit mehr über sich gelten zu lassen. Der Mensch, der sich so weit vom Göttlichen abgesondert hat, dass er die Existenz des Höheren nicht mehr gelten lässt. Selbst schafft und erschafft er seine Erdenwelt. Das ist die eine Einwirkung – doch auch hier gibt es zwei Prinzipien.

Die andere Einwirkung ist der Mensch, der sich als ‹zu klein› und ‹zu unwürdig› fühlt, als dass er die Vorstellung zulassen könnte, dass eine über ihn gestellte Hierarchie ihm dient. Dies wurde euch als ‹Bescheidenheit› gepredigt, ist aber ein durch und durch geschickter Schachzug des ahrimanischen Wirkens durch viele, viele Jahrhunderte hindurch.»

«Was ist in diesem Zusammenhang wahre Bescheidenheit?»

«Wahre Bescheidenheit ist: sich vor dem anderen verbeugen und dann, voller Dankbarkeit, den Blick auch wieder erheben, im vollen Anerkennen der Größe des anderen. Bescheidenheit macht nicht klein und mickrig, sondern zutiefst dankbar – dabei vollbewusst anerkennend, dass man auf die Hilfe, auf das Wirken des anderen angewiesen ist. Bescheidenheit hat nichts mit Kleinheit, mit Schwäche oder mit mangelnder Würde zu tun. Im Unwürdigsein steckt ‹Macht› als Instrument des Richtens über sich und über den anderen. Doch die lichte Geistwelt richtet nicht über den Menschen. Sie liebt und hilft

ihm, wo sie nur kann. Wir kommen, um zu helfen, nicht, um zu tadeln, vergesst das nicht!

Dogmen wurden als Machtmittel eingesetzt, damit der Mensch eben nicht selbst zur Begegnung mit einer ihn liebenden, ihn tragenden und fördernden Geistwelt kommt. Dann wäre er frei geworden vom institutionalisierten Wirken ahrimanischer Kräfte. Das wurde aber nicht gewollt. Auch heute wird es nicht gewollt, und dieses Durchahrimanisierte wirkt weiter, nur in anderen, etwas abgewandelten Nuancen.»

«Was bedeutet für euch der ‹Weg des Menschen›?»

«Seit Christus auf Erden erschienen ist, ist euch der Weg der bedingungslosen Liebe geschenkt worden. Die Liebe ist diejenige Kraft, die den Frieden in eure Herzen bringt. Sie erhebt euch aus eurer Dunkelheit, sie wandelt eure Welt, sie trägt euch auf Flügeln empor zum Reiche des Vaters. Der Christus in euch ist diese Liebe. Mit Ihm gehend, geht ihr den ‹Weg des Menschen›. – Geht mutvoll euren Weg, Menschen auf Erden, wir sind stets mit euch – und mit uns die Höheren.»

ENGELWIRKEN IM SOZIALEN GEFÜGE

«Die Menschen werden immer mehr und mehr darauf angewiesen sein, ein freies Geistesleben zu haben. Warum? Weil wir im fünften nachatlantischen Zeitalter einer sinnlich-übersinnlichen Einrichtung der Welt entgegengehen, in der diejenigen Geister der höheren Hierarchien, die wir als Angeloi bezeichnen, tiefer heruntersteigen als vorher, in eine viel innigere Gemeinschaft mit den Menschen treten, als das vorher der Fall war. Die Beziehungen zwischen der sinnlichen und der übersinnlichen Welt sollen vom jetzigen Zeitalter an intimer werden. Die Menschen sollen nicht nur den Regen empfangen aus den Wolken, sondern sie sollen von höheren Regionen auch die Eingebungen der immer mehr sich unter die Menschenseelen mischenden Engelwesen wahrnehmen lernen.»[22]

Rudolf Steiner

Die Hierarchie der Engel hat es sich zur Aufgabe gemacht, die gesamte Entwicklung unserer Erdenwelt mit all ihren Lebensfeldern fördernd zu begleiten. Das bedeutet, dass die Engel nicht nur an uns als individuelle Einzelwesen arbeiten, sie beteiligen sich auch an allen Wechselwirkungen unseres gemeinschaftlichen Lebens und bringen diese in Einklang miteinander. In jedem Beziehungskontext menschlichen Seins, in allen sozialen Gebilden, die wir miteinander formen, überall da, wo Menschen zusammenkommen, entstehen gemeinsame Lebensräume. Diese Räume werden geistig getragen, gepflegt und dirigiert. Hier wirken nicht nur die Engel der einzelnen Menschen, sondern auch solche, die für größere Zusammenhänge vorbereitet und geschult sind. Sie verbinden die Schicksalsfäden der beteiligten Menschen miteinander, stimmen die Abläufe der jeweiligen Geschehnisse ab und verflechten die einzelnen Entwicklungswege zu einem möglichst stimmigen, gesunden und wachstumsfähigen Gesamtgebilde.

Für solche Aufgaben bedarf es seitens der Engelwelt besonderer Fähigkeiten, denn die Zusammenhänge sind hier komplexer als die Führung eines einzelnen Menschenwesens. So sind auch die hier wirkenden Engel in einer besonderen Weise dafür geschult und vorbereitet worden. Im Laufe unserer Erdentwicklung haben sie wachsende Aufgaben übernommen, sie sind selbst daran gereift und formen sich durch ihr jeweiliges Tun stets weiter. Unsere Erdenwelt bietet ihnen vielfältige und schöne, aber auch überaus herausfordernde Entwicklungsmöglichkeiten. Indem sie diese ergreifen, befähigen sie sich, uns durch den Zeitengang der Erdentwicklung und durch die großen Veränderungen unseres Mensch-Seins hindurch zu begleiten.

Über Familienengel und Gemeinschaftsengel

> «Das ist eine goldene Regel in Bezug auf
> die direkte Erkenntnis:
> Wenn wir nicht den Dingen unsere
> Meinungen entgegenhalten,
> dann werden die Dinge zu uns sprechen.»[23]
>
> *Rudolf Steiner*

So wie unsere persönlichen Engel uns immer und immer wieder durchlichten und durchlieben, so weben auch die Engel, die Gemeinschaften hüten, Netze aus Liebeslicht, durch die sie das sich jeweils dort abspielende Lebensgeschehen umhüllen und tragen. Man nimmt diese Gemeinschaftsengel leicht oberhalb der Ebene der anderen persönlichen Engel wahr, das bedeutet, sie umfangen das Sein und Tun der beteiligten Menschen und Engel. Ihr Wirken besteht darin, diesem Zusammenschluss eine lebendig-verbindende Qualität einzupflegen und die sich darin abspielenden Abläufe in einer ausgewogenen Weise zu regulieren.

Wenn wir von einer kleinen Gemeinschaft ausgehen und beispielsweise eine Familie anschauen, erkennen wir über ihrem Lebensschauplatz den Familienengel, der die dazugehörigen Menschen und ihre persönlichen Engel wie in einem durchlässig-leuchtenden Mantel hält. Er trägt das Familiengeschehen *in* seinem Wesen. In harmonischen Bewegungen webt er goldene Verbindungsfäden von Mensch zu Mensch, die sich in verschieden gestalteten Ausformungen immer wieder von neuem bilden. Die Anwesenheit des Familienengels erscheint wie ein lichtvoll-lebendiger Atem des familiären Gesamtorganismus, seine Gestalt ruht wie ein warmer Segen über dieser kleinen ‹Lebenseinheit›.

Ich frage meine Engel nach den Aufgaben und nach dem Tun von Familienengeln:

«Wodurch ‹kommen› Familienengel und wie wirken sie?»

«Sie ‹kommen› durch das Sich-Einstimmen von Schutzengeln aufeinander, wie das der Fall ist, wenn ihre Menschen eng miteinander leben und sich miteinander verbinden. Dann entsteht ein gemeinsamer geistiger Lebensraum. Alle ‹Räume› ätherischer, seelischer, geistiger Natur werden von Wesenheiten gehütet. Es gibt auf diesen Ebenen keine Räume, die nicht ‹gehalten› werden, es gibt sozusagen kein ‹Niemandsland› im Geistigen. Wer den Raum hütet beziehungsweise belegt, ist eine andere Frage.

Familienkonstellationen, die zusammenwachsen, also geistige ‹Familienräume›, werden in der Regel von Familienengeln gehütet. Diese Engel sind darin geschult, die Entwicklungsprozesse, die karmischen Notwendigkeiten mehrerer Menschen mitsamt ihren Engeln bis in die Tagesabläufe und -rhythmen hinein zu koordinieren und miteinander in Einklang zu bringen. Die Schutzengel und die weiteren Engel der Familienmitglieder spielen sich so aufeinander ein, dass sie stets lichte, ausgewogene, stimmige Abläufe für alle Familienangehörigen zu ermöglichen versuchen. Doch die Menschen nehmen das nicht direkt wahr und verstricken sich oft in ihrem eigenen Gestrüpp.

Die Familienengel selbst mischen sich nicht ins Wirken der einzelnen Schutzengel ein, sondern versuchen, die jeweiligen Impulse in eine gemeinsame harmonische, wohlklingende Schwingung zu bringen. Stark sprechen sie sich allerdings mit den jeweiligen Führungsengeln ab, da die starken, zukunftsweisenden Impulse der Führungsengel eine gut ‹gegriffene› Koordination benötigen.

Je besser ein Engel im Führen von komplexen menschlichen

Zusammenhängen ausgebildet ist, desto umfangreichere Aufgaben kann er übernehmen: zum Beispiel als Kindergarten- und Schulengel, als Engel von Institutionen und Firmen, von Gemeinden, Wohnorten, Städten und so weiter. Es gibt eine bestimmte Ebene, auf welcher entweder solche Engel oder bereits Erzengel wirken und walten können. Das Wirken der Erzengel im Gemeinschaftlich-Sozialen geschieht aber auch durch Engel, die als ‹ausführende Organe› agieren. Im Geistigen ist sowieso alles ineinander, nichts ist getrennt. Von daher besteht für euch auch die Schwierigkeit, die Differenzierungen innerhalb der gegenseitigen Durchdringung zu erfassen.

Landschaftsbereiche werden ebenfalls von Engeln ‹gehalten› und geführt, die ihre Wirkungsimpulse an die Elementarwesen dieser Naturbereiche weitergeben. Sie sind, vereinfacht gesagt, ‹Landschaftsengel›. Und über größere Landschaftsbereiche wirken wiederum Erzengel. Hier gibt es noch weit detailliertere Differenzierungen, diese aber später.»

Also nicht nur Familien, sondern auch größere Gruppen, die in allen möglichen Formen ihr Leben miteinander teilen und gestalten, werden von Gemeinschaftsengeln gehalten und geführt. Einer regelmäßig agierenden Arbeitsgruppe kann sich zum Beispiel ein Gruppenengel zugesellen, wenn das Tun dieser Gruppe entsprechend ist. Natürlich kann eine Gruppe auch ganz andere, schattenhaftere Wesen anziehen, das hängt vom dortigen Geschehen ab. Auch ein Mehrfamilienhaus kann einen übergeordneten Engel haben, der das Leben der dort wohnenden Parteien ordnet und reguliert. Das kann genauso für eine Arztpraxis gelten wie auch für einen Betrieb. In allen Zusammenhängen des sozialen Lebens finden wir entsprechende Gemeinschaftsengel vor, die die dort stattfindenden Aktivitäten tragen, begleiten und befruchten.

Geistig besonders schön anzuschauen sind soziale Gefüge, in

welchen Kinder agieren. Wenn man zum Beispiel einen Kindergarten betrachtet, erkennt man, dass dieser in seiner Gesamtheit von einem leitenden, schützenden Engelwesen gehalten wird. Außerdem kann noch jede einzelne Gruppe des Kindergartens einen eigenen, etwas kleineren Engel haben. Es sind dort auch viele Elementarwesen tätig, die an den stattfindenden Spielen der Kinder, an den Liedchen und Märchen regelrecht Freude haben. Kleine Zwerge schauen manchmal unter den Stühlchen hervor oder spielen Versteck mit den Kindern, die sie noch wahrnehmen können. Feen umschweben die Puppenstuben, Luftwesen umhauchen die Blumen auf dem Fensterbrett. Die Elementarwesen staunen, wenn die Kinder sich einreihen, um sich die Hände zu waschen, sie können ganz in Ehrfurcht versinken, wenn ein Gebet gesprochen wird. Es ist ein vielfältiger, wahrhaftiger Reigen von Wesen, welchen man da vorfindet.

Man kann beobachten, wie der Engel der Kindergartengruppe diese Vielfalt von Ereignissen zusammenhält, dirigiert und aufeinander abstimmt: Mit heiterer Leichtigkeit und zugleich mit würdevollem Ernst bildet er durch die Bewegungen seines Wesens Gestaltungsmöglichkeiten des Gesamtgeschehens. Er reguliert die Tätigkeit der Elementarwesen, integriert die Impulse der Kinder, impulsiert wiederum ihre Schutzengel. Er ist vor allem sehr stark mit der Erzieherin und mit ihrem Engel verbunden. Einerseits ist er auf ihr Tun und auf ihre innere Haltung angewiesen, andererseits trägt und unterstützt er sie, formt und bildet alles um sie herum. Wenn die Erzieherin gemeinsam mit den Kindern ein Tischgebet spricht oder singt, breitet der Gruppenengel seinen Mantel über die gesamte Gruppe aus und lässt darin eine Atmosphäre des ‹Heiligen› entstehen, die er segnet. Wenn die Kinder essen, dankt der Engel selbst der Erde und dem Himmel. – Allein schon ein so kleiner sozialer Zusammenhang benötigt also bereits ein solch umfangreiches

Wirken seitens der leitenden Engelwesen. Wie ist dann wohl die Tätigkeit von Engeln, die noch größere soziale Gruppen zusammenhalten?

Als Abschluss einer Veranstaltung in der Schule unseres Sohnes versammeln sich auf dem Schulhof viele Kinder der Unter- und Mittelstufe, um eine Feuer-Show zu bestaunen. Die Kinder drängeln sich kreisförmig um die zwei Artisten herum und bilden, eng beieinanderstehend, viele zusammengewürfelte Reihen um das spannende Geschehen. Wie eine nach hinten sich erhebende Arena formen Eltern, dicht gedrängt, weitere Kreise um die Kinder herum. Es sind Hunderte von Menschen, die dort zusammenstehen und ihre Blicke auf das Feuergeschehen richten. Die Luft knistert vor Anspannung und Aufregung, alle Aufmerksamkeit ist auf die Vorführung gebündelt. Die Freude der Kinder ist außerordentlich groß, und Begeisterung erfüllt alle Herzen. Es ist eine ganz besondere, glücksgetragene Stimmung, rein und intensiv zugleich.

Auf einmal habe ich den Eindruck, als ob wir, alle dort Anwesenden, für einen Augenblick ein gemeinsames Wesen wären; alle von der gleichen Freude getragen, alle vom gleichen Herzschlag durchpulst. Ich schaue nach oben, die Sterne beginnen über uns zu leuchten, und ich danke dem Himmel für diesen besonderen Moment. Da merke ich, dass ein riesengroßer, wunderschöner, leuchtender Engel über und um uns herum ist, der uns – alle zusammen – umhüllt und uns in seinem Wesen hält. Es ist zutiefst berührend zu spüren, wie liebend und umfassend er ist. Ich spreche ihn an:

«Ich grüße dich, lieber Engel. Bist du der Engel dieser Schule?»

«Ja, dieser bin ich.»

«Es ist schön, dich wahrzunehmen.»

«Wir kennen uns schon, auch wenn du es nicht weißt.»

«Ja, ich habe dich bisher einige Male gespürt, aber noch nicht gesehen.»

«Das macht nichts, du weißt um mich.»

«Darf ich dich fragen: Was ist deine konkrete Aufgabe?»

«Ich halte das gesamte Wesen eurer Schule, ich halte euch alle, trage euch in meinen Armen, sodass ihr eine ‹Menschenfamilie›, eine ‹Menschengemeinschaft› bilden könnt.»

«Dieser Abend jetzt ist so besonders.»

«Ja, es ist schön, wenn eure Herzen in manchen Augenblicken zusammenklingen. Ihr vollzieht es nicht bewusst, aber es verbindet euch miteinander. Euch und uns geht es gemeinsam um das Werden eurer Kinder, die innerhalb des Schutzraums, den ich bilde, behütet und umlichtet aufwachsen können.»

«Diese Schule hat einen besonderen Charakter, eine besondere Wärme und etwas sehr Gewachsenes. Haben die Kinder viele karmische Verbindungen in ihren Schulzusammenhängen hier?»

«Mit manchen Lehrern sind sie karmisch verbunden, und untereinander knüpfen auch alte Schicksalsfäden wieder an. Glück und Freude erleben die meisten Kinder daran, es ist ein Sich-Wiederfinden ihrer Seelen.»

«Bist du als Engel der Schule das Gleiche wie das ‹Wesen› der Schule oder nicht?»

«Nein, nicht das Gleiche, aber wir arbeiten Hand in Hand.»

«Wie ist es mit dem ‹Wesen› der Schule?»

«Die Schule hat sehr viele Wesen, aber das ‹eine Wesen›, das sie alle leitet, ist so etwas wie der ‹leitende Chef›, der Koordinator für alles Geschehen, der ‹Bauleiter›. Dieses Wesen ist ein sehr hohes elementarisches Wesen, durchpulst vom geistigen Impuls der Schule, angeleitet von mir als Engel der Schule. Es ist ein Wesen, das sehr viel Festigkeit und Halt gibt, alle Veränderungen aushält, durchträgt, integriert und

überdauert. Zugleich hat es eine ungeheuere Beweglichkeit und Wirkungskraft. Es dient diesem Schulleben sehr intensiv, hingegeben, fast feurig, trotz seiner enormen Festigkeit im Sinne einer zutiefst ‹tragenden Kraft›. Und es lässt Leben gedeihen; das ist eine besondere Eigenschaft, die es im Zusammenhang mit menschlicher Entwicklung erlernt hat und beherrscht.»

«Und du, kannst du mir Näheres über dein Tun vermitteln?»

«Ich halte und trage geistig das gesamte Gebilde der Schule, seit der Schulgründung. Es ist mir eigen, mit sehr vielen Menschen arbeiten zu können, vor allem mit Menschen, die stark im ‹Werden› begriffen sind. Ich arbeite mit allen Engeln der Kinder, der Lehrer und der Eltern zusammen. Die Lehrerschaft hat auch noch einen eigenen, etwas kleineren Engel, der mir unterstellt ist. Auch die Engel der Kindergärten, aus denen die Kinder kommen, arbeiten mir zu und zu mir hin, sogar die Geburtsengel dieser Kinder stimmen sich zum Teil mit mir ab und berichten von den Neuankömmlingen, die es in ihrem Schicksal vorgesehen haben, später zu mir zu kommen und Teil dieser Gemeinschaft zu werden. Manchmal gehen Schicksale auch nicht so auf, weil die Eltern die Schicksalsimpulse ihrer Kinder nicht richtig erspüren oder gar verhindern.»

«Warum verhindern?»

«Weil die Welt, die auf ihre Kinder wartet, ihnen selbst zu fremd ist. Aber meistens finden diejenigen zusammen, die hier eintreffen sollen. Dann ist das ein großer Jubel für alle Beteiligten, auf allen Seiten!»

«Wie kommt es, dass du all das kannst?»

«Ich habe mich bereits früher darin geschult, also in früheren Erdenzeiten eures Werdens, auch wenn es damals junge Menschen und nicht Kinder waren. Ich habe mich in der Fähigkeit geschult, ganz viele Schicksalsfäden in mir zu knüpfen, zu

halten, zu fördern, diese Schicksalsfäden gleichzeitig miteinander und zugleich sehr gesondert zu ‹behandeln›.»

«Haben alle Schulen einen Schulengel?»

«Alle Schulen – oder fast alle. Manche dieser Engel sind besonders reif und durchlichtet, vor allem wenn der Gründungsimpuls ein entsprechender war. Wir begleiten sowohl einen besonderen Ort als auch einen ganz besonderen Impuls in eurer Welt: das Hüten und Gedeihenlassen der Entwicklungsimpulse dieser Kinder, dieser Seelen, die Zukunft in die Welt bringen sollen.»

«Ich danke dir sehr für dein Tun!»

So wie in Familien, in Gruppen und in einzelnen Institutionen entsprechende Engel die gemeinsamen Abläufe lenken und leiten, so gibt es auch für alle anderen Bereiche des gemeinschaftlichen Lebens Engelwesenheiten, die das Zusammenkommen von Menschen regulierend führen. Das bedeutet, dass zum Beispiel auch ein Freibad, ein Bahnhof, ein Flughafen von jeweils zuständigen Engelwesenheiten geistig angeleitet werden. Das gilt genauso etwa für den Straßenverkehr. Dieser wird von kleineren Engeln begleitet und ‹geordnet›, die stets um einen möglichst harmonischen Ablauf bemüht sind. Diese ‹Ordnungsengel› durchlaufen mit einer solchen Aufgabe selbst eine Schulung, die sie für spätere, wachsende ‹Funktionen› vorbereitet. Ohne ihr Tun würden auf der Ebene der physischen Welt weit mehr Unstimmigkeiten entstehen oder Unfälle passieren. Wenn diese dann doch geschehen, so sind sie entweder Bestandteil einer bestimmten Lernerfahrung für die betroffenen Menschen, oder die Menschen haben zu wenig den harmonisierenden Einfluss der agierenden Engel zugelassen. Die Engel erklären dies folgendermaßen:

«Ihr dürft nicht vergessen, dass überall da, wo Menschen sind, auch die Dunkelwesen wirken. Auch diese nehmen

starken Einfluss auf alles irdische Geschehen, und zwar mit umgekehrten Vorzeichen: Unruhe und Unzufriedenheit verbreitend, Abläufe chaotisierend und störend, Verwicklungen und Disharmonien schaffend, Zwist und Störungen bis hin zu Hass und Gewalt verbreitend. Diese Wesenheiten sind Teil von euch, wirken mit und durch euch, sodass die geistig Lichten unermüdlich darum bemüht sind, diese negativen Wirkungen abzumildern.»

Engel in unseren Lebenszusammenhängen

Welche Mächte
mögen in uns walten,
indessen wir uns selbst
als Freie glauben:
Geister, die uns
die Besinnung rauben,
Geister, die ihr Licht
in uns entfalten.
Ob wir Freie
oder starr gebannt sind,
dieses müssen wir
uns selbst bereiten.
Doch die Geister, denen wir
verwandt sind,
werden uns
auf Schritt und Tritt begleiten.

Erika Beltle

In unseren Lebenszusammenhängen finden wir in jedem Augenblick eine vielfältige Mischung von Wesen unterschiedlichster ‹Couleur› vor. Diese Wesen sind ‹Ergebnisse› unseres eigenen Tuns an der Welt. Durch die Qualität, mit der wir mit uns selbst, miteinander und mit der Welt umgehen, stellen wir ätherische, astralische und geistige Wesenheiten in unsere Lebensräume hinein. Die Art und Weise, wie wir unser Sein auf Erden gestalten, erschafft also die geistigen Verhältnisse, die uns umringen, und bestimmt die ‹Mischverhältnisse› der entsprechend auftretenden Wesen.

Die Engel sind unermüdlich bereit, unser Tun förderlich

zu begleiten und ihre jeweils spezifischen Kräfte darin ‹einstrahlen› zu lassen. Es hängt jedoch ganz von uns Menschen ab, ob wir ihre Einwirkungen auch tatsächlich zulassen oder diese gar verhindern. Bemerkenswert ist, dass die Engelwelt auf alle unsere Lebensbereiche ‹vorbereitet› ist, und zwar in Form von einzelnen Engelwesenheiten, die unterschiedliche Qualitäten und somit auch Fähigkeiten verkörpern. Das bedeutet, für jedes unserer Lebensgebiete gibt es auch entsprechend ‹ausgebildete› Engel. Ähnlich wie wir uns Menschen in unseren Tätigkeiten spezialisieren und unterschiedliche Berufe ausüben, so sind auch die Engel, die in unseren Lebenszusammenhängen agieren, auf ganz bestimmte Wirkungsbereiche spezialisiert und agieren an konkret gefassten Aufgaben.

Wenn wir uns zum Beispiel die Geburt eines Kindes anschauen, dann können wir wahrnehmen, dass dieser Vorgang, neben der Engelriege des auf die Erde ankommenden Wesens, auch von zahlreichen ‹Geburtsengeln› begleitet wird. In der Regel sind dies Gabrielitische und Raphaelitische Engel, die speziell solche Prozesse anleiten. Darüber hinaus sind auch Engel der Himmelsmutter anwesend, welche das Kind beim Übergang in die Erdenwelt begleiten. Voller Liebe und Weisheit arbeiten diese vielen Engel des Geburtsgeschehens zusammen. Durch ihr segenvolles gemeinsames Wirken ermöglichen sie diese unbeschreiblich schöne Überführung der Menschengestalt von der einen Welt in die andere.

Auch in sämtlichen Heilungsprozessen und in allen therapeutischen Zusammenhängen stehen uns Engel, und zwar ‹Heilengel›, zur Seite. Es ist sehr schön, vor allem in den ruhigeren Stunden der Nacht ein Krankenhaus zu durchwandern und die vielen Engel zu beobachten, die um die Patientenbetten wirken. Solche Engel agieren jeweils in Gruppen, meistens von einem etwas größeren Engel angeleitet. Durch bestimmte strömendrhythmische Gesten regen sie die ätherischen Abläufe des Gesundungsvorgangs an, bewirken neue Gleichgewichte zwischen den Wesensgliedern des Menschen und mildern Schocks, Ängste und Traumatisierungen in seinem seelischen Bereich ab. In diesem Tun herrscht eine zutiefst heilige, zugleich lebendig-schöpferische Stimmung. Das Körperelementarwesen des Patienten und alle an seinem ätherisch-physischen Leib wirkenden elementarischen Wesen binden ihr Handeln hier ein und lassen sich von den Heilengeln in diesen Vorgängen dirigieren.

Unzählige weitere Beispiele könnten hier gegeben werden, denn alle, wirklich alle unsere Lebensfelder werden von entsprechend befähigten Engeln begleitet. Allein schon beim Klang der Kirchenglocken sind Engelwesen beteiligt. Wenn die Glocken einer Kirche läuten, erscheinen, wie aus dem Nichts, mehrere schöne, feine, licht-weiße Engel über dem Kirchengebäude. Sie tragen die ‹geistige Geste› des Glockenklangs, der aus der Erdenwelt ertönt, dem Himmel entgegen. Als Antwort darauf überbringen sie unserer Welt den Segen des Himmels und prägen den Seelen der Menschen die Erinnerung an die himmlische Welt ein. In der Stille des Nachklangs raunt dann der Himmel der Menschen- und Erdenwelt vom Sein des höheren Geistigen zu. Diese besonderen Engel halten den Geschehensraum in einer hingegebenen, innig-würdevollen Haltung. Die Erde wird auf diese Weise immer und immer wieder geistig genährt, Tag für Tag, bei jedem Glockenklang einer jeden Kirche dieser Welt.

Durch Engel geschieht Unglaubliches in unserer Welt, und zwar in Zusammenhängen, deren wir uns so gut wie nie bewusst sind. Alles, was wir Menschen tun, wird von ihnen getragen und in größere Wirklichkeitsdimensionen hineinverwoben. Wenn wir beginnen, der Gestimmtheit von Orten, den Stimmungen einzelner Augenblicke zu lauschen, entdecken wir vielfältiges, ungeahntes Engelwirken.

Es ist Abend, ich bin alleine und lese. Auf einmal fällt mir auf, wie still es ist. Diese besondere Stille im Raum hat eine unglaublich schöne, wohltuende und tragende Qualität. Ich versuche, sie bewusst zu erleben, und erkenne dabei einen Engel, den ich zuvor noch nicht wahrgenommen hatte. Er ist nicht sehr groß, wirkt sehr fein, zurückgenommen und freundlich. Ich betrachte seine Gestalt genauer: ein lichtes Lächeln, weibliche, sehr schöne Züge, weiß-hellblaue Farben mit ein wenig durchscheinenden hellgrün-lila Tönen in den fließenden, seidig-luftigen Gewändern. Es ist eine ‹Engelin›, sehr zart und sehr, sehr schön. Ich spreche sie an:

«Ich grüße dich. Wer bist du?»

«Ich bin der Engel der Stille.»

«Du wirkst so sanft und mild wie eine ‹Engelin›.»

«Du darfst mich so nennen.»

«Und was machst du?»

«Ich halte die Stille.»

«Was ist die Stille?»

«Ein heiliger Raum.»

Als die Engelin das sagt, hält sie zwischen ihren Händen ‹etwas›, aber es ist ein unsichtbares Gebilde. Darin keimt etwas, das wie eine kleine Pflanze wirkt.

«Was keimt da?»

«Da keimt die Zukunft.»

«Wieso entsteht da Zukunft?»

«Weil dein Herz schweigt und beginnt zuzuhören. Im Zuhören ist immer Zukunft enthalten. Man erlauscht das Kommende.»

«Bist du gekommen, um mir das zu zeigen?»

«Ja.»

Ich fühle mich tief ergriffen und sage:

«Ich danke dir sehr.»

Währenddessen wächst das kleine Gebilde in den Händen der Engelin. Es wird immer grüner und immer größer, es wirkt ähnlich einer wachsenden Pflanze. Ich frage sie:

«Was sehe ich da?»

«So sieht man Zukunft entstehen. In der Stille, im Erlauschen sieht man die werdende Zukunft von etwas. Zuhören bedeutet: sehen lernen.»

«Aber wieso die Zukunft?»

«Weil alles im Werden ist. Man nimmt eine Kraft der Gegenwart zurück, bei euch: das Sprechen, das Tönen im Jetzt, und diese Kraft wird frei für die Zukunft. Man verzichtet auf einen Ausdruck in der Gegenwart, zum Beispiel auf Sprache, auf Gefühlsausdruck, und man gewinnt einen Eindruck aus der Zukunft, zum Beispiel ein Bild, einen Erkenntniseindruck. In der Stille übertönt man nicht das Kommende.»

«Wird immer aus der Stille Zukunft?»

«Ja. Zukunft wird immer aus der Stille ‹erbaut›.»

«Ist das das Geheimnis der Zeit?»

«Nur ein Teil davon.»

«Zeit entsteht also durch was?»

«Zeit entsteht durch die Umwandlung einer Qualität im Jetzt, in der Gegenwart.»

«Aber Gegenwart ist auch schon Zeit.»

«Gegenwart ist Sein! Für uns ist es immerwährendes Sein. Für euch nur ist sie Zeit.»

«Ganz verstehe ich das noch nicht.»

«Für euch, die ihr so sehr in irdischer Entwicklung seid, kann Gegenwart noch nicht immerwährendes Sein sein. Für euch ist das Sein aufgespalten, die Gegenwart ist nur ein Teil davon. Aus ihr entsteht jedoch Zukunft.»

«Und wie entsteht Vergangenheit?»

«Vergangenheit ist auch Zukunft, nur andersherum.»

«Verzeih mir, ich begreife das leider nur zum Teil.»

«Das macht nichts, später wird euch das möglich werden. Gehe weiter mit der Stille um, dann zeigt sich auch Weiteres.»

«Das tue ich gerne. Was darf ich im Moment noch von dir erfahren?»

«Noch ein Hinweis: Bei Dornröschen ist mit dem hundertjährigen Schlaf nicht der Schlaf des Bewusstseins gemeint, sondern die tiefe Stille der Seele, die wartet, bis der Geist – der Prinz – sie zu einem neuen Leben wachküsst, also erweckt. Auch hier ist es die Stille, die die Zukunft bringt.»

«Wie schön. Ich danke dir sehr.»

Eine weitere unerwartete Begegnung mit einem Engel zeigte mir in noch anschaulicherer Weise, wie sehr wir selbst durch unser eigenes Handeln die Gegenwart von Engelwesen in unserer Erdenwirklichkeit bestimmen oder verhindern. Durch Hingabe und Liebe, durch selbstloses Gebet können Menschen Engelkräfte mit bestimmten Orten verbinden und sie so in unseren Lebenszusammenhängen wirksam werden lassen.

Ich betrete eine kleine christlich-orthodoxe Klosteranlage inmitten von Bukarest. Obwohl man sich im Zentrum einer lauten, geschäftigen Großstadt befindet, empfängt einen dort gleich eine sehr friedliche und innige Stimmung. Es ist ein warmer Sommertag, Vögel zwitschern, der sanfte Schatten des Gartens ist wohltuend, das Herz atmet an diesem Zufluchtsort auf. Der Innenhof ist wunderschön und liebevoll gepflegt. Schüchtern lächelnde Blumenbeete in Weiß und Rot scheinen mit den sie umrahmenden Büschen zu tuscheln. Einige große, kunstvoll geschwungene alte Bäume bilden einen schützenden Baldachin über dem Garten und begleiten die Silhouette des Kirchengebäudes in die Höhe. Niedrige, ganz schlichte, nur mit Geranientöpfen geschmückte Mönchszellen umringen den

Innenhof in einem Halbkreis und schirmen die kleine Anlage gegenüber der Außenwelt ab.

Die weiß getünchte Kirche bildet das Zentrum dieser wundersamen Welt. Mich zieht es nicht gleich dahin, stattdessen wende ich mich einem kleinen Nebengebäude auf der linken Seite zu. Die Türe steht offen, dort ist ein kleiner Gebetsraum, den ich nun betrete. Es ist ein sehr gepflegter, aber kühler, dunkler Raum. Die Wände sind ganz mit byzantinischen Bildern bemalt, vorne ist ein Altar mit Ikonen. Eigentlich ist dieser Raum wie eine Kirche in Miniatur-Format. Obwohl es darin sehr schattig ist, wirkt die Stimmung gleich beim Hineintreten unglaublich licht, friedvoll und lebendig. Ich setze mich auf die einzige Bank und versuche, innerlich wahrzunehmen. In der Mitte des Raumes vor dem Altar erkenne ich eine weiß-gelbe, sehr schöne, edle, große Engelgestalt. In mein Herz hineinspürend, empfinde ich eine heitere Offenherzigkeit und einen lichten, zugleich tiefen Frieden, der von diesem Engel ausgeht. Ich spreche ihn an:

«Ich grüße dich, lieber Engel. Wer bist du?»

«Ich bin der Engel des Friedens.»

«‹Der› Engel des Friedens oder ‹ein› Engel des Friedens?»

«‹Einer› der Engel des Friedens und ‹der› Engel des Friedens an diesem Ort. Wir sind viele, auf der ganzen Welt verteilt.»

«Was machst du hier?»

«Ich bringe Frieden in die Herzen, in die Seelen der Menschen.»

«Wie passiert das?»

«Der Mensch öffnet dem Frieden sein Herz, schau, in dieser Geste:»

Der Engel zeigt mir, wie die Friedensgeste dabei im Menschen entsteht: Die Arme öffnen sich nach außen, und in Herzenshöhe bilden sie angewinkelt ein V-Zeichen nach oben hin; auch die Handflächen sind nach oben hin offen, wie zwei Schalen.

«So einfach ist das? Empfindet man Frieden, wenn man sich in diese Geste hineinstellt?»

«Probiere es aus.»

Ich tue dies und stelle mit größtem Erstaunen fest, dass, wenn man einige Augenblicke lang ganz ruhig in dieser Haltung ausharrt und dann auf die eigene Herzensgestimmtheit achtet, man in ein ganz umfassendes, tiefes Friedensgefühl eintaucht. Ich frage den Engel:

«Wenn alle Menschen auf Erden diese Geste machen würden, wäre auf einmal Friede da? Auf der gesamten Erde?»

«Ja, wenn sie es auch mit dem Herzen machen würden, ja.»

«So einfach ist das?»

«Ja.»

«Aber warum sagt uns das keiner?»

«Die Menschen wollen dies noch nicht wissen. Nicht alle wollen den Frieden in sich entstehen lassen.»

«Das ist schade, aber es stimmt. – Woher stammst du als Engel?»

«Ich bin ein Engel aus dem ‹Garten› des Vaters. Wenn wir zu den Menschen kommen, erinnern sie sich, ihre Seelen erinnern sich an diesen Ursprungszustand aus dem Garten des Vaters. Friede war einer der ersten Zustände der Vaterwelt, wir wandelten dort, alle Wesen, in diesem Zustand, in diesem Garten.»

«Und wie kommst du hierher an diesen Ort?»

«Menschen haben auf Knien um Frieden gebeten. Es waren einige der Mönche, die diese Kirche errichtet haben. Sie haben den Vater um Frieden für diese Welt gebeten, auf Knien. Und da wurde ich geschickt und halte seitdem den Frieden an diesem Ort.»

«Kann man Engel wie dich, also Friedensengel, auch an andere Orte hin bitten?»

«Ja, aber das muss dort dann auch ‹gehalten› werden. Es müssen also auch Menschen da sein, die den Frieden pflegen und das Bewusstsein dafür halten.»

«Und wenn man euch ‹hinbetet›, immer wieder, geht es dann?»

«Ja, dann können wir dort sein und wirken.»

«Wie ist es in Kriegsgebieten?»

«Über solche Orte ist eine Kuppel von grauen Kräften und Schichten errichtet, durch die wir nicht hindurchdringen können, bis uns Menschen hineinholen. Wir sind da, stehen aber etwas dahinter, in einigem Abstand vom Geschehen. Dort sind Kräfte, die das Dunkle bewusst weben und halten. Es wird dunkel-magisch gearbeitet, und die Orte werden dadurch abgeschirmt, sodass wir etwas weiter weg, dahinter oder darüber stehen müssen.»

«Wie ist es mit Menschen, die in geistig ‹belasteten› Lebensfeldern arbeiten, zum Beispiel in der Politik?»

«Sie alle betreten solche grauen Kuppeln, die schon geformt sind und zum Beispiel in diesen Bereichen der Politik wirken. Sie müssen viel Ich- und Lichtkraft haben, um von sich aus die Verbindung zum Licht darüber halten zu können. Ansonsten gehen sie ins Grau ein und agieren in diesem Sinne. Viele Bereiche in eurer Welt sind schon so vorgeformt. Wir sind zwar immer auch dort, aber etwas abgekoppelt vom Geschehensort. Wir warten immer auf euer Tun, damit wir einwirken können.»

«Wie ist das Verhältnis der Menschen zu euch, zu eurer ‹Gattung›?»

«Manche Menschen bringen regelrecht den Unfrieden in die Welt. Bei vielen anderen, das sind die meisten, ist noch zu viel Kampfgeschehen um ihr Herz; ihre Seele verharrt

und verstrickt sich noch zu stark darin. Andere aber lernen sich jetzt langsam zu öffnen, staunen noch wie Kinder über diese Friedensqualität in ihrer Seele. Sie ist neu für ihr Bewusstsein jetzt. Und wiederum andere sind darin zuhause; einige von ihnen hüpfen fröhlich im Element des Friedens herum, sind ganz darin beheimatet. Diese sind aber noch nicht viele.»

«Wie kann man einem Menschen Frieden schenken?»

«Überreiche ihm – geistig – einen Olivenzweig. Und erzähle im Stillen seiner Seele von den Friedensengeln. Auch wenn er sich nicht erinnern wird, seine Seele wird sich erinnern.»

«Warum ist gerade der Olivenbaum der Baum des Friedens?»

«Für den Moment nur ein einfaches Bild dazu: Der Olivenbaum explodiert nicht im Frühling, er geht nicht wuchtig und sich stark verändernd durch die Jahreszeiten. Er ist fast gleichbleibend, hat etwas Durchtragendes, Stilles, Immerwährendes, wie auch der richtige Friede. Der Friede ist ein Zustand, der eigentlich immer währt. Und er ist zeitlos, mehr als uralt, ‹immerwährend› im Geistigen.»

«In welchem Verhältnis steht ihr zu Christus?»

«Er ist der Friede. Der Friede quillt aus Ihm hervor, Er erschafft diesen Zustand in allem, was um Ihn herum ist. Er befriedet die Wesen und die Welt. Er erschafft Friedenswesen aus Seinem eigenen Wesen heraus.»

«Wenn ich ganz in deine Stimmung eintauche, vermittelst du auch Fröhlichkeit und Heiterkeit.»

«Ja, der richtige Friede hat immer dieses Element der Leichtigkeit, der Heiterkeit – sie ist uns als Wesen auch sehr nah. Und das Empfinden des Grund- und Urvertrauens gehört auch zu uns. Aber das ist weit mehr als das, was ihr ‹Positivität› nennt. Es ist ein immerwährendes heiteres Grundvertrauen, eine Gestimmtheit des Offenseins, der Bejahung. Frieden be-

deutet: Alles ist immerwährend in diesem Sein des Väterlichen Urzustands der Welt. Es ist ein Seinszustand.»

«Wie wirkt ihr konkret in uns?»

«Solange die Brücken, die von euren Herzen in die Welt hinausgehen, von Angst, Misstrauen, Enge begleitet sind, ‹wackelt› ihr in der Welt. Durch euer ‹Wackeln› zersplittert ihr die Welt in viele kleine, getrennte Teilchen. Ihr ‹verzerrt› dadurch die Welt in Bruchstücke, die euch von den anderen, vom Gesamten trennen. Der Friede gibt euch Halt in euch selbst. Mit ihm in euren Herzen ‹verwackelt› ihr nicht mehr die Welt, sondern festigt sie in ihrer ‹Einheit›, denn die Welt der Trinität ist ‹eins›. Nur mit dem Frieden im Herzen kann das Verbindende des Eins-Seins erstrahlen.»

Über den sozialen Organismus

Dem Stoff sich verschreiben,
Heißt Seelen zerreiben.
Im Geiste sich finden,
Heißt Menschen verbinden.
Im Menschen sich schauen,
Heißt Welten erbauen.[24]

Rudolf Steiner

Soziales Geschehen bedeutet für uns Menschen Bereicherung, gegenseitige Ergänzung, Aneinander-Lernen und Schicksalserfüllung. Gleichermaßen ist es für uns eine besondere Herausforderung. Wir haben es dort nicht nur mit unseren eigenen – lichten und dunklen – seelisch-geistigen Kräften zu tun, sondern auch mit denjenigen anderer Menschen. Nicht nur die heilsame Einstrahlung der Engel webt sich in unserem gemeinsamen Sein und Tun ein, auch die Schattenwesen nutzen unsere sozialen Zusammenhänge als vervielfältigende Verstärker ihres eigenen Wirkens. Gerne fangen uns diese in ein eindrucksvolles Schattenboxen gegen die angeblichen Negativanteile der anderen ein, und allzu gerne wenden wir dabei den Blick von unseren eigenen Schwächen und Einseitigkeiten ab. Dieses schwer zu durchschauende Terrain des Gemeinschaftlichen ist ein wunderbarer Nährboden für das Wachsen und Gedeihen von Schattenwesen; und unsere Doppelgänger erhalten hier ein Vielfaches an Gelegenheiten, sie wirksam werden zu lassen. Räume menschlicher Gemeinschaft brauchen also unsererseits entsprechend viel Bewusstheit und innere Führung.

Ich spreche mit meinen Engeln über diese Zusammenhänge und frage sie:

«Wie können wir das soziale Miteinander in einer gesunden Weise bilden?»

«Indem ihr euch klarmacht, dass das Soziale immer jeweils einen Organismus bildet, und dass jeder von euch darin nur je ein Organ bilden kann, mit einer bestimmten Funktion. Ihr könnt gar nicht gleich sein, jeder muss er selbst sein in seiner Aufgabe, indem er seine Organfunktion ausführt.»

«Wer bildet das Herz eines sozialen Organismus?»

«Wenn dies ein brüderliches Soziales werden soll, muss im Herzen eines jeden Gesamtorganismus Christus stehen. Darauf muss euer Blick gerichtet sein. Und Ihn könnt ihr ‹mit dem Christus in euch selbst› schauen. Das bedeutet, alle Organe müssen auch etwas Sonnenhaftes in sich tragen, damit sie den Christus, die Sonne, in ihrer Mitte erkennen. Das ist auch das Prinzip des Planetarischen, der Erzengel untereinander, die um den Christus als ihre Sonne stehen und wirken. Das wahrhaftige Soziale ist wahrhaftige Brüderschaft, nichts sonst.»

«Warum gelingt uns Menschen das so schwer?»

«Jeder von euch agiert so, als ob er die Sonne des Organismus wäre. Jeder geht davon aus, er wüsste besser als die anderen, wie etwas zu sein hat. Jeder geht von seinem eigenen Blick aus und versteht diesen als allgemeingültig. Jeder meint, Dinge hätten so zu geschehen, wie er sie begreift. Dies ist in etwa so, als ob anstatt des Herzens die Galle den Gesamtorganismus leiten wollen würde – oder die Leber. Doch wenn die Leber der Lunge vorgibt, wie sie zu atmen hat, dann wäre dies kein gesunder Organismus. Deswegen sind eure sozialen Zusammenhänge nicht gesund. Ihr selbst könnt nicht das Herz eines gemeinschaftlichen Organismus sein, keiner von euch kann das. Nur der Christus in euch kann das, Er ist die Herzenssonne in jedem von euch. Wenn ihr an die Stelle eures Egoismus Ihn hinstellt, wird euer Soziales auch wahrhaft lebensfähig sein.»

«Wie können wir das konkret tun?»

«Ihr könnt Ihn in eure Herzensräume ‹einladen› und Ihn von dort aus wirken lassen. Ihr könnt euch dabei stets überprüfen: Wirkt Christuslicht in diesem Gedanken, den ich gerade bilde? Lebt Christuswärme in diesem Gefühl, welches ich für den anderen empfinde? Handle ich gerade liebend, also mit dem Christus in mir? Kurz: Wie licht, wie warm, wie liebend ist es in meinem Herzen gegenüber dem anderen? Und das könnt ihr in jedem Augenblick in euch selbst überprüfen.»

«Wie können wir das, über das Individuelle hinaus, als Gruppe tun?»

«Auch hier kommt es darauf an, ob ihr ‹im Namen Christi› zusammenarbeitet oder nicht. Wenn jedes Mitglied einer Gruppe sich bei jeder Zusammenkunft mit reinem Herzen und aus freiem Willen vornimmt: ‹Ich begegne diesem und diesem Menschen im Namen Christi›, dann wird Er auch wahrhaftig unter euch sein. – Wenn nicht, dann kommen andere Wesenheiten, die die Gruppe beeinflussen. – Diese Qualität der Gemeinschaftsgestaltung müsst ihr nicht versteckt voreinander bilden. Gerade diese Augenblicke von gemeinschaftlicher Impulsgebung und geistiger Substanzbildung könnt ihr zwar im Stillen, jeder in seinen Herzensinnenraum hineinsprechend, aber gemeinsam tun. Das bildet eine reale Grundlage für das wesenhaft Verbindende, das da entsteht.»

«Wie wirkt ihr Engel in diesen Zusammenhängen?»

«Engel wirken immer an der Ermöglichung von Verbrüderung, das bedeutet an der Verbindung von Mensch zu Mensch aus Freiheit und Liebe. Wir weben dabei mit an der Vielfalt eures Mensch-Seins. Wenn ihr euch in eurer bestehenden Diversität miteinander austauscht, vermitteln wir zwischen euren Wesen. Auch bestärken wir euch darin, eure eigenen Erkenntnisse und Erfahrungen den anderen zur Verfügung zu

stellen, denn dies können kostbare Geschenke von Mensch zu Mensch sein. Doch wenn ihr diese den anderen überstülpt oder aufzwingen wollt, so entspricht das schon nicht mehr dem Prinzip der Brüderlichkeit, für welches wir einstehen. Durch eure Ausschließlichkeit schließt ihr oft die anderen aus, ihr sprecht ihnen die Existenz ihrer Wirklichkeitserfahrung ab. Dort sind wir nicht, da haben bereits die Schattigen das Sagen in euch übernommen. Die Qualität eures sozialen Handelns, dem eure persönlichen Gedanken und Gefühle innewohnen, verweist stets darauf, welche Qualität von Wesenheiten ihr durch euch wirken lasst.»

«Wie eng beieinander Licht und Schatten in uns sind, in jeder Tat, in jeder Gefühlsregung, in jeder Gedankenbildung!»

«Ja, hier müsst ihr euch selbst überprüfen lernen. Wir prüfen euch nicht, wir sind diejenigen, die euch erziehen und vorbereiten. Die ‹Prüfer› sind die Schattenhierarchien, sie stellen euch die Fangfragen eurer Leben, sie bereiten die Hürden und Fallen eures Weges vor, sie halten euch von eurem Nächsten fern. An ihnen müsst ihr euch bewähren, nicht an uns. Uns geht der Gottes-Sohn voraus als Urbild eures Menschenwesens. Ihm folgen wir in unserem Dienst an euch. Für euch selbst führt kein Weg am ‹Mensch-Sein› vorbei, an diesem Weg voller Abirrungen und Verstrickungen. Und doch ist da ein Pfad des Lichtes, den wir euch bereitet haben und an dem ihr euch ausrichten und halten könnt. Kein Mensch muss in die Abgründe des Dunklen abstürzen, wenn er unsere Hand hält. Licht-golden ist der Pfad, der neben dem euren die gleiche Richtung einschlägt. Ihr lauft durch eine dunkle Schlucht, der Engelpfad schmiegt sich dem Berg an auf seiner halben Höhe, Verbindung haltend zu den Himmeln, zu denen wir auch euch erheben wollen.

Bedenket dies: Ihr selbst seid das Kampffeld oder die Er-

lösung der Erde. Wir stehen euch nur bei und wirken für euch, wie auch immer ihr euch entscheidet. Das sollt ihr wissen. Und wenn ihr es wisst, entscheidet euch, was ihr wollt! Denn eure Entscheidung ist Wachwerden am Weltenwirken.»

Das Erzengelwirken im Sozialen

> «Diese Schäden der heutigen Zeit, insofern sie uns im öffentlichen Leben entgegentreten, gründen sich ja vielfach darauf, dass das Verhältnis des Menschen zu seinem Angelos und dadurch die Verbindung mit dem Erzengeltum ein loses geworden ist, und so, dass es nur von außen hereinwirken kann.»[25]
>
> *Rudolf Steiner*

Rudolf Steiner benennt den Raum des Sozialen als die Wirkungssphäre der Erzengel. Das Hereinragen der Erzengel in die Erdenwelt gestaltet sich einerseits durch Engelwesen als Träger und Vermittler ihrer Kräfte, andererseits durch Verbindungsnetze von Menschen, die sich bestimmten ethischen oder geistigen Impulsen gemeinschaftlich zur Verfügung stellen. Die Verbindung von Herz zu Herz, die die Engel zunächst in uns anregen und fördern, ist lediglich die erste Etappe, die aus unserer menschlichen Egoität herausführt. Ihr folgen noch weitere Entwicklungsschritte, die notwendig sind, damit die Menschheit als solche zu *einem* geistigen Gebilde, zu einem lebensfähigen ‹Wesen› werden kann. Hier verweisen die Engel ganz unmittelbar auf die Wirksamkeit der Erzengel und auf die für uns bestehenden Möglichkeiten, uns in diese Zusammenhänge einzubinden:

«Die Erzengel sind die Regenten unterschiedlicher geistiger ‹Skulpturen›, geistiger ‹Gebilde›, die ihr ‹Strömungen› nennt. Diese Gebilde ragen in eure Welt hinein und verwurzeln sich wie mit ganz kleinen Würzelchen in Menschen, die ein gemeinsames Wurzelwerk bilden wollen und können. Durch

diese gemeinsame Wurzelbildung ermöglichen sie überhaupt das Hereinragen dieser geistigen Gebilde der Erzengel, die ihr ‹Erzengelkräfte› oder ‹Erzengelströmungen› nennt.

Natürlich wirken die Erzengel auch an euch als individuelle Menschen, doch ihre eigene Geistgestalt ist so ‹mächtig›, dass sie sich nicht in menschliche Einzelwesen verwurzeln kann, zumindest nicht in ‹normale› Menschen. Die Ausnahmen gibt es, das wisst ihr auch, dass die geistig Großen eurer Menschheit individuelle Träger von Erzengelqualitäten und -Kräften sind. Damit die Dimension des Erzengelhaften in ihrer eigentlichen Qualität auf Erden wirken kann, brauchen die Erzengel ein aus mehreren Menschen entstehendes Wurzelwerk, das ihr ‹das Soziale› nennt. Und wie ein Baum nur mit einem weitreichenden, voll ausgebildeten Wurzelwerk seine Gestalt in der Erdenwelt entfalten kann, so können die Erzengel ihr wesenhaftes Wirken in der Erdenwelt nur durch solche zusammengeschlossene Wurzelsysteme entfalten.

Eure jeweils vielen kleinen sozialen ‹Verbünde› aller Art sind wie Baumsamen, die erste kleine Wurzelhärchen ausbilden. Aus ihnen wiederum kann später ein ganzer Wald erwachsen, denn auch die Erzengel selbst sind ein Verbund von Wesenheiten. In jeden eurer Verbünde, also in jedes kleine entstehende Bäumchen, tropft ein bestimmter Aspekt der Erzengelsubstanz hinein. So bereitet sich eine Facette derjenigen geistigen Skulptur, derjenigen geistigen Gestalt vor, die zum gesamten Erzengelwesen gehört. – Diese Dimensionen sind noch nicht wirklich vorstellbar für euch, doch solche Begriffe wie ‹soziale Skulptur› sind eurer Welt schon als Eingebungen geschenkt worden, und zwar aus diesen hohen Ebenen des Geistigen.

Wie bereits gesagt, geistige Räume sind niemals Niemandsland. Von daher ist es wichtig, dass eure sich bildenden sozialen Räume sich mit einer höheren, lichten Geistigkeit ver-

binden. Sonst entstehen daraus nicht Bünde des Lichts. Die Dunklen können auch zusammenschließend wirken, doch nicht in der lebendigen Vielgestaltigkeit, nicht im unerschöpflichen Facettenreichtum der schöpferischen Geistigkeit, sondern in der einebnenden, gleichmachenden Verhärtung alles Lebendigen. Das Dunkle kann das Leben nie neu gebären, es kann es nur ‹regulieren› und somit ‹zweckentfremden›. Solche Begriffe wie ‹Gleichschaltung› kennt ihr auch bereits, sie sind direkt diesem anderen Reiche entliehen. Die Wirksamkeit dieser Begriffe gibt es auch weiterhin, sie hat sich nur in andere, neue Sprachhülsen verkleidet, die weltweit bestehen.

Um es als Menschheit mit Ahriman aufnehmen zu können, braucht ihr auf der Lichtseite reale Erzengelkräfte, sonst kann es nicht gehen! Ihr könnt gemeinschaftlich an den geistigen ‹Erzengel-Skulpturen› mitwirken, sodass eure Welt eine schöpferisch-lebendige Landschaft des Geistigen darstellt. Ihr könnt Wurzelverbindungen entstehen lassen und schrittweise ‹Erzengel-Wälder› auf Erden wachsen lassen. Oder eure Erde wird zu einer geistigen Wüste, denn ohne lebendiges Wurzelwerk trocknet jedes Erdreich aus.»

«In welcher Weise seid ihr Engel hier eingebunden?»

«Wir dienen in der Weise, dass wir euch die geistige Würde vermitteln, die ihr benötigt, um euch – zumindest in der späteren Zukunft – auf die Erzengelebene zu erheben. Wir verkörpern die Erzengelkräfte in jeder eurer ‹Verbundbestrebung›, in jeder eurer gemeinschaftlichen Initiative. Sonst gäbe es hier keine direkten Brücken zwischen Mensch und Erzengelebene. Wir tun dies, damit ihr euch mit der Zeit selbst befähigt, euch höher aufzurichten und euch mit den entsprechenden Erzengelkräften zu verbinden. Gerade hier sind wir am meisten ‹Vermittler›.

Es gibt Menschen, die über jeden sozialen Zusammenhang, über jede kleine Initiative gleich den Erzengel ‹hindenken›.

Hier sind erst einmal immer Gruppenengel. Immer! Diese sind wie die Finger der Erzengel, und der Erzengel greift auch zuerst mit den Händen in die Erdenwelt hinein, nicht mit der Brust. Dieses Bild soll nur den mangelnden Realitätsbezug solcher Vorstellungen veranschaulichen. Das, was Menschen zum Beispiel in ihren Arbeitsgruppen ‹erahnen›, das sind also erst einmal Gruppenengel – im besten Fall. Und doch ist es zugleich so, dass diese Engel in der Geistigkeit der Erzengel stehen. Von daher ist durch sie auch die entsprechende Erzengelkraft anwesend.»

«Warum hebst du diesen Aspekt hervor?»

«Löst euch hier von festen Denkstrukturen, sie sind wenig durchlässig für die Einstrahlung der reinen Geistigkeit. Denkt das Geistige nicht schematisch, es ist viel lebendiger ineinander verwoben, als ihr das denkt!»

«Wie bilden die Erzengel selbst ihr ‹Soziales›?»

«Hierzu nur das: Alle Erzengel dienen dem Christus, der Sonnenliebe. Die planetarischen Erzengel bilden als geistige Brüderschaft einen gemeinsamen Organismus um die Christus-Sonne. Die Sonne, also das Christus-Wesen, ist das lebendige Herzorgan dieses kosmischen Organismus. Die Erzengel stellen die anderen Organe dieses Systems dar. Sie bilden einen kosmisch-lebendigen Geistorganismus. Mehr kann euch dazu im Moment nicht gegeben werden.»

«Mit dem Blick auf die Erdenwelt: Wie versteht ihr von eurer Warte aus das ‹Soziale› der Erdenwelt?»

«Höre zu: Mensch und Erde sind in gewisser Hinsicht eine Einheit. Die Welt der Erde ist erschaffen worden für eure Menschheit, für euren Entwicklungsstrom als Ganzes. Die Erde ist euch also als Geschenk gegeben worden – euch wurde eine gesamte Welt geschenkt! An ihr zeigt sich euer Werden, ihr seid für sie Vernichtung oder Segen. Ihr werdet vorgeburtlich so

ausgestattet, dass ihr das Leben auf dieser Erde ergreifen und somit die Erde selbst – also eure Welt – gestalten könnt. Alles ist für euch Geschenk und Wirken aller Hierarchien, nur damit ihr fähig werdet, die Freiheit auf Erden zu einem Instrument der durchglühten, durchlichteten Liebe zu schmieden: Freiheit als Lichtschwert der Liebe. Bei ‹Schwert› denkt ihr immer an ‹Kampf›, doch es ist dies ein Schwert, welches bei jeder Berührung den himmlischen Segen bringt und Heil und Erlösung für alle Wesen bewirkt.

Es ist hier nicht die Teilung der Welt in Gut und in Böse gemeint, sondern gerade ihre Vereinigung durch die Umwandlung des Dunklen zum Licht. So kommt ihr nicht weiter als euer gefallener Bruder, ein jeder Schritt muss bedeuten, den ‹Freund› und den ‹Feind› mitzunehmen. Der ‹andere› ist Teil eurer Welt, Teil eures eigenen Selbst. Ein jeder von euch ist der ‹andere› und ‹er selbst› zugleich! Das ist das Soziale, das ist die Vereinigung der Welt: Ihr alle seid ineinander die Erde! Ja, ineinander! Ihr sprecht immer von ‹miteinander›. ‹Miteinander› bedeutet aber nicht ‹nebeneinander› sein, sondern jeder trägt jeden im Herzen. Mit dem anderen im Herzen sein und somit ineinander im Leben sein.

Das Wesen der Erde dient euch dabei, genau wie es alle Himmlischen tun. Indem ihr Menschen euch gegenseitig verbindet und erlöst, erlöst ihr das Wesen der Erde. Ihr und sie seid eins, genauso wie ihr als Menschheit eins seid. Fern ist euch noch solches Empfinden, und doch nähert ihr euch dem immer mehr an. Schulet das Licht eurer Herzen, die Herzen sind euch Brücken zum anderen hin, sie sind eure Verbindungsglieder. Das Wesen der Erde wartet geduldsam, windet sich im Schmerz eures Vergessens und eurer Dunkelheiten und liebt euch dennoch weiter wie eine hingebungsvolle, verzeihende Mutter. Die Erde ist einer der Aspekte der Himmelsmutter.

Himmel und Erde haben euch alle ihre dienenden Scharen geschickt, damit ihr in der Gemeinschaft von Mensch zu Mensch, mit dem Christus im Herzen, in Liebe und Freiheit verbunden, Gestalter eurer Welt werdet. Werdet dessen würdig! – Das ist unser Blick auf das ‹Soziale› eurer Welt. Unser aller Segen ruht auf euch. Vergesst es nicht, dass wir alle mit euch sind!»

ENGEL ZWISCHEN TOD UND NEUGEBURT

Durch die Kette deiner Leben
erdennah und erdenfern —
immer segnend dir zu Häupten
hält dein Engel deinen Stern.

Manfred Kyber

Die Tätigkeit der Engelhierarchie am Sein des Menschen auf Erden ist ein vielgestaltiger und schöpferischer Dienst am Werden unseres gesamten Erdenplaneten. Alle Weisheit und Liebe der Himmel tragen die Engel in unser Irdisches hinein. Sie gehen mit uns durch den Gang unserer Entwicklungsgeschichte und vollziehen an unserer Seite die großen Metamorphosen unserer menschlichen Wesenheit mit. Diese wandelt sich durch die Äonen hindurch und entfaltet sich zu einem immer mehr ich-begabten Geschöpf.

Die Engel passen sich ganz den sich verändernden Bedingungen auf Erden an, wie auch immer wir unser Mensch-Sein gestalten. Durch eigene Lern- und Entwicklungsprozesse befähigen sie sich, uns dabei zu begleiten. So verhelfen sie uns zur größtmöglichen Freiheit in Bezug auf unsere Selbstverwirklichung. So banal es sich anhören mag, aber in früheren Zeiten wurden beispielsweise keine Kindergartenengel oder Engel für Seminarhäuser benötigt, solche Einrichtungen waren nämlich nicht Bestandteil des menschlichen Lebens. Auch gab es keine Ordnungsengel, die den Straßenverkehr oder einen Flughafen zu regeln hatten. Natürlich wurden damals auch die Reise- und

Karawanenzüge von höheren Wesen begleitet, eine solche Aufgabe hatte jedoch einen gänzlich anderen Charakter. Früher wiederum gab es Wirkungsbereiche für die Engel, die es heute nicht mehr gibt. Doch nur weil sie nicht mehr in der gleichen Weise beansprucht werden, stehen solche Engel in unserer Zeit nicht untätig herum. Sie alle wachsen in die neu von uns gestellten Aufgaben hinein und schulen sich so, dass sie den Bedürfnissen unseres Erdenlebens entsprechen können. Indem sie uns in unserem Werden beistehen, richten sie sich nach uns, passen sich uns an. Das bedeutet, die Engelwelt verändert sich, trotz ihres eigenen Entwicklungsgangs, zugleich auch mit und durch uns.

So sehr hat der Mensch den Eindruck, dass irgendwelche bestimmenden Himmelsmächte über das irdische Geschehen walten. Dabei ist es genau umgekehrt: *Wir* sind diejenigen, die alle Freiheit haben, über das Los des Erdenschicksals zu entscheiden. Die Hierarchien stellen uns hier keine Bedingungen, sondern folgen, unter Aufbietung all ihrer himmlischen Kräfte, den Voraussetzungen, die wir selbst schaffen. Und wenn wir uns danach sehnen, dass der Himmel uns unsere Wünsche erfüllt, vergessen wir, dass die Engel genau dies – und nichts anderes – bereits tun: indem sie uns, ewig treu, in all unserem Tun und Sein Geleit geben. Dies gilt für unser Leben auf Erden wie auch für unsere Entwicklungsetappen zwischen Tod und Neugeburt.

So begleiten uns die Engel durch die nachtodlichen und die vorgeburtlichen Sphären, ganz mit den Gesetzmäßigkeiten und Ordnungen der jeweiligen Welten übereinstimmend, zugleich unserem individuellen Rhythmus und unseren persönlichen Möglichkeiten entsprechend. Auch hier ist wahrzunehmen, dass das Menschenwesen sich verändert und dadurch auch die Engelaufgabe an ihm. In früheren Zeiten wurde der Verstorbene von seinen Engeln in einer ihn umhüllenden und tragenden Geste durch die unterschiedlichen nachtodlichen Bereiche geführt. Das zwischen den Inkarnationen Erlebte hatte für den Menschen eine ‹Echo-Qualität› in Bezug auf sein Geworden-Sein auf Erden. Auch heute werden in diesen Sphären der Nachklang und der Vorklang des eigenen Irdischen erfahren. Doch die seelisch-geistige Konstitution des Menschen verändert sich und mit ihr sein Stand in der Welt. Wie ein Fluss, der im Verlauf seiner Strömung anwächst und an Kraft und Umraum gewinnt, so entfaltet sich das Menschenwesen zu einem immer autarker werdenden und immer weiter um sich greifenden Geschöpf. Sein Bewusstsein für die ihn umgebenden Verhältnisse wird umfassender, er beginnt, diese ich-wacher anzugehen und zu gestalten. Wenn früher der Wahrnehmungshorizont eines inkarnierten Menschen vorwiegend seinen Stamm, seine Sippe umfasste oder nur bis zum Rand seines Dorfes, bis zur Grenze der nächsten Stadt reichte, so haben wir heute Kenntnis von global stattfindenden Ereignissen. Wir umfangen das Erdrund mit einem Wissen voneinander als ‹Menschheit›. Das Verhältnis ‹Mensch – Erde› ist ein anderes geworden, unser eigenes ‹Selbst-Bewusstsein› ist größer geworden. Unsere Taten greifen inzwischen viel weiter um sich, unsere Wirkungsgesten sind bestimmender und ausschlaggebender im Zusammenhang mit dem großen Ganzen.

Dieses wachsende Selbst-Bewusstsein des Menschenwesens bedeutet also zugleich auch eine gewachsene Verantwortung, nicht nur gegenüber sich selbst und den persönlich-schicksalshaft mit ihm Verbundenen, sondern gegenüber der gesamten Erde. In den Sphären zwischen Tod und Neugeburt können wir erleben, wie sich unsere Inkarnation immer mehr als ein Eingreifen ins Gesamtgeschehen der geistigen Welt darstellt.

Unsere Selbstverwirklichung auf Erden trägt zu ihrem Wohl oder zu ihrer Belastung bei. Zu dieser Verantwortung hin hat der Mensch, nun in bewussteren Schritten, immer mehr aufzuwachen. Unser seelisch-geistiger Reifegrad hinkt dem Ernst dieser Lage noch sehr hinterher, doch die uns begleitenden Engel stehen uns auch zwischen unseren Inkarnationen zur Seite und bereiten uns entsprechend dieser Notwendigkeit der eigenen wachsenden Verantwortungsübernahme vor.

Über das Nachtodliche

> Und befreit die Todesstunde
> deines Wesens wahren Kern –
> heimwärts in die ewige Heimat
> trägt dein Engel deinen Stern.
>
> *Manfred Kyber*

Im Moment des physischen Todes, beim Schwellenübergang von der Erdenwelt in die ätherische Welt, wacht der Mensch zu einem sich ausdehnenden Bewusstsein für die ihn umgebenden geistigen Wirklichkeiten auf. Sein abgelegtes Physisches schränkt ihn nun nicht mehr wie zu seinen Lebzeiten auf Erden ein. Sein Blick kann sich jetzt vom rein Irdischen loslösen – vorausgesetzt, der Mensch vollzieht auch *seelisch* diese Weitung seines Wesens.

Nun hat er die Möglichkeit, zunächst seinen Schutzengel zu erleben. Dieser empfängt ihn auf dieser neuen Stufe des Seins in einer zutiefst liebenden und wohlwollend-bestärkenden Weise. Viele Menschen empfinden hier das Zusammenkommen mit dem eigenen Schutzengel als eine innig-vertraute Wiederbegegnung. Ihre Seele beginnt, sich wieder an die seit jeher bestehende Verbundenheit mit diesem zu ihnen gehörenden Wesen zu erinnern.

Natürlich ist der Schutzengel nicht die einzige Geistgestalt, die bei einem solch bedeutenden Schwellenübergang anwesend ist. Die Wesen von nahestehenden Verstorbenen empfangen den Neuankömmling mit lichter Freude, und alle Ringengel umstehen ihren Menschen in einer würdevoll-feierlichen Weise. Da der Mensch jedoch zunächst nur das wahrnehmen kann, was seinen Seelenkräften vertraut ist, kann er sich in der

Regel nicht gleich nach dem physischen Tod seiner Engelriege bewusst werden. Es gibt zwar einzelne Menschen, die ihren Engelring unmittelbar nach dem Übergang erkennen, doch das sind nur sehr wenige. Die meisten erleben erst später, im Laufe ihrer astralischen Rückschau, ihre persönlichen Engel, die sich während des Durchgangs durch die Planetensphären umfassend zeigen. Im Zusammenhang mit den jeweiligen Wirkungen, die sie an ihrem Menschen gehabt haben, leuchten sie nach und nach in seinem erkennenden Bewusstsein auf. Also erst ab hier geht dem Menschen normalerweise auf, wann und in welcher Weise sein Engelring im Einzelnen gewirkt hat.

Der Schutzengel ist und bleibt auch nach dem Tod seines Menschen stets bei ihm. Einerseits hütet er den Leichnam bis zu dessen Beisetzung, und seine dortige Präsenz verleiht auch dem gesamten Geschehen um den Leib des Verstorbenen eine wahrnehmbar sakrale Stimmung. Andererseits umspannt der Schutzengel für das sich nun im Ätherischen befindende Menschenwesen den Umraum, in dem sich die erste nachtodliche Rückschau entfalten kann.

Beim Übergang zwischen der ätherischen und der astralischen Welt bildet das Christus-Wesen das Tor zu den bevorstehenden Sphären des Seelisch-Geistigen. Der Schutzengel selbst verbeugt sich in tiefer, andachtsvoller Verehrung vor dem Wesen des Christus und ermutigt die Seele des Menschen zu dieser gnadeerfüllten, weihevollen Begegnung hin. Im Beisein des Christus lernt der Mensch, ‹Ja› zu sagen zum Gewesenen seines soeben vollendeten Erdenlebens. Zugleich bildet er, als Essenz aus dieser liebedurchdrungenen Begegnung heraus, die ersten neuen Impulskeime für eine künftige Inkarnation. Auch weiterhin bleibt der Schutzengel bei seinem Menschen, selbst wenn er, von Stufe zu Stufe mit ihm weiterschreitend, ihn gleichermaßen der Obhut seiner Schicksalsengel anvertraut.

Der Führungsengel des Menschen ist diejenige geistige Wesenheit, die im Nachtodlichen, ähnlich wie im Erdenleben, die gewesenen Bewusstseinsbereiche hinter dem Menschen abschließt. Auf diese Weise ist die Führung des Menschen in einer stimmig gelenkten Art gewährleistet. Wenn Menschen länger brauchen, um bestimmte Geistbereiche zu durchleben, oder wenn sie in Zwischenwelten hängen bleiben, ‹zerrt› der Führungsengel nicht an ihnen. Er ‹kommt› erst, das bedeutet, er eröffnet einen nächsthöheren Bewusstseinsraum erst dann, wenn der Mensch selbst so weit ist, einen entsprechenden Schritt zu vollziehen. Der Führungsengel ist derjenige, der die aus der Christus-Begegnung entstehenden Zukunftsimpulse einsammelt und für später hütet. In der Astralwelt, in der der Verstorbene die gewesene ‹Außenwelt› seines vergangenen Erdenlebens nun ‹in sich› erfährt, bildet der Führungsengel aus diesen Erlebnissen die konkreten Keime und Motive der Folgeinkarnation. Er ist diejenige Kraft, die diese Willensessenzen bündelt und sie später dem vorgeburtlichen Werdegang einverwebt.

Im Gespräch mit meinem Führungsengel über die nachtodlichen Entwicklungsstufen des Menschen enthüllt er folgende Zusammenhänge:

«Ich bin bei dir als ‹Schicksalsengel›, bereits wenn du nachtodlich die ersten Impulse für die nächste Neugeburt anlegst. Ich ‹sammle› in mir deine Impulse, als kostbare Perlen und Tropfen der Erkenntnis aus deiner Begegnung mit dem Christus-Wesen an den Toren der Seelenwelt. Ich fange diese Essenz auf, die dir als geistige Substanzbildung deines nächsten Schicksals dient.

In den Astralsphären sind deine ehemaligen Engel diejenigen, die dir deine Taten auf Erden, deine gewesene Entwicklung mit all ihren Folgen aufzeigen; denn in allem ist auch ihr Wir-

ken mit einverwoben, auch wenn dir dies bis dahin unerkannt blieb. So wie du Christus als höchsten und geheiligten Maßstab des Mensch-Seins erkennen kannst, wie du durch Ihn erleben kannst, wo und wie du dich noch zu entwickeln hast, so zeigen dir in der Seelenwelt auch deine ehemaligen Engel genau dies auf, und zwar in jeder einzelnen Tat, in jeder Wesensregung, in jedem Gedanken, in jedem Gefühl, in jedem Impuls deines vergangenen Erdenlebens. Sie waren damals stets bei dir, um das Gute und Lichte als Potenzial eines jeglichen Geschehens zu ermöglichen, auch wenn du das nicht immer oder selten ergreifen konntest.

Und ich bin dann da und sammle auf, was du dir, als Echo darauf, selbst für das neue Leben vornimmst. Das, was für dich am entscheidendsten ist, was du am dringlichsten umsetzen und erreichen willst, das trage ich für dich in mir weiter.

So finden auch die Übergänge zwischen den Engelringen eines Menschen statt: Die einen ‹geben ab› durch das Schauen des Menschen auf sein Gewesenes, die anderen beginnen, die neuen Impulse für das bevorstehende nächste Leben zu übernehmen.»

«Könntest du mir bitte genauer erklären, wie sich dieser Wechsel konkret abspielt?»

«Damit der Mensch unterschiedliche Facetten des Göttlichen erleben und erlernen kann, unterstellt er sich in unterschiedlichen Inkarnationen auch unterschiedlichen Erzengelschulen. Das muss nicht immer so sein, manche Seelen sind in einer besonderen Weise mit ihrem Erzengel verbunden und bleiben es auch über viele Erdenleben hindurch. Wenn der Mensch im Nachtodlichen ist und ab den Astralwelten seine künftige Inkarnation vorbereitet, gehen seine Engel in ‹Schulung›. Diejenigen, die bei ihm bleiben, gehen in die Schule des nächsten Erzengels, der die künftige Inkarnation ihres Men-

schen leiten wird. Dort werden die Engel auf ihre eigene und auf die kommende Aufgabe ihres Menschen vorbereitet. Natürlich begleiten sie ihren Menschen auch weiter durch das Nachtodliche, doch sie müssen nicht beständig bei ihm sein.»

«Darf ich fragen, wie sich auf der Sonne die Begegnung zwischen dem Menschen-Ich und dem Höheren Ich vollzieht?»

«Der Mensch streckt sich während seiner Inkarnation, durch seine innere Entwicklung auf Erden, seinem Höheren Ich entgegen. Und dann, im Nachtodlichen, je mehr er seine Hüllen ablegt, desto freier wird er, um sich ihm ‹anzunähern›. Ab der Christus-Begegnung beginnt die ‹Wieder-Anbindung› an sein Höheres Ich, welches in der Sonnensphäre angesiedelt ist.

Bei der Christus-Begegnung sind die Engel des Menschen um den Christus herum. Hier, in der Sonnensphäre, sind sie es um die beiden Ich-Anteile, die sich begegnen. Was dort geschieht, sind hohe, verborgene Geheimnisse, die euch erst viel später enthüllt werden. Diese ‹Gegenüberstellung› und ‹Wieder-Anbindung› ist wie ein Einweihungsmoment für alle beteiligten Wesen, die um den Menschen herum sind.

In der Weltenmitternacht ist der Mensch dann im Reiche der Trinität, also bei ‹Vater und Mutter›. Im Vorgeburtlichen finden all diese Prozesse durch die unterschiedlichen Sphären spiegelbildlich statt.»

«Ist es möglich, gerade über das Vorgeburtliche Näheres zu erfahren?»

«Diese Zusammenhänge dürft ihr, schrittweise und mit wachem Bewusstsein erkennend, wieder neu entdecken.»

Über die Weltenmitternacht

Immer wieder und wieder
steigst du hernieder
in der Erde wechselnden Schoß,
bis du gelernt im Licht zu lesen,
dass Leben und Sterben eins gewesen
und alle Zeiten zeitenlos.
Bis sich die mühsame Kette der Dinge
zum immer ruhenden Ringe in dir sich reiht –
in deinem Willen ist Weltenwille,
Stille ist in dir – Stille –
und Ewigkeit.

Manfred Kyber

Rudolf Steiner, mit den Dimensionen des Geistigen zutiefst vertraut, gibt aus eigener Anschauung unvergleichlich aufschlussreiche und bedeutungsvolle Hinweise bezüglich der vorgeburtlichen Entwicklung des Menschenwesens. In keinem anderen Weltbild, in keiner anderen Geistesart findet man diese gewaltige Fülle von Angaben in Bezug auf den Weg des Menschen zu einer neuen Inkarnation hin. So wird beschrieben, wie der Mensch, mit dem Umschlagspunkt der Weltenmitternacht beginnend, zu einem neuen Inkarnationszyklus ansetzt. Durch unterschiedliche Etappen hindurchgehend, durchschreitet er geistig den kosmischen Fixsternbereich, steigt durch die Planetensphären hinunter und wird dabei von den höheren Hierarchien mit denjenigen Kräften und Geistsubstanzen begabt, die er für die Bildung seiner neuen seelisch-ätherisch-physischen Leiblichkeit benötigen wird. Seine karmischen Impulse und Motive werden ihm einverwoben, sodass er, im neuen Leben an ihnen arbeitend, sich der weiteren Formung und Ausgestaltung seines eigenen seelisch-geistigen Wesens widmen kann.

In unserer Zeit gibt es inzwischen eine Vielzahl von Menschen, die aus eigenem Erleben heraus einzelne Stationen des *Nachtodlichen* beschreiben können. Doch über die Bereiche des *Vorgeburtlichen* gibt es weit weniger Hinweise, vor allem keine detaillierten persönlichen Darstellungen. Zwar haben viele werdende Mütter bereits vor der Geburt einzelne unmittelbare Erlebnisse mit dem Wesen ihres Kindes; auch gibt es zahlreiche Kinder, die wache Erinnerungen an die Himmelswelten mitbringen. Doch bedeutend mehr individuelle Berichte findet man in diesem Zusammenhang kaum vor.

Umso kostbarer empfand ich die Darstellungen, die die Engel hierzu gaben. Meine ursprünglich an sie gerichtete Frage war, wie sich *der vorgeburtliche Weg des Menschen in Begleitung seiner Engel* gestaltet; und die Engel waren bereit, Einblicke zu geben. Es waren jedoch zum Teil schwer fassbare Perspektiven, da ich für einiges davon noch kaum begriffliche Vorstellungsgrundlagen in mir hatte. Mein Bestreben war es, das Gegebene nicht nur erkennend zu denken, sondern es auch mit dem gesamten inneren Wesen erfassen und nachvollziehen zu können. Ich stellte entsprechend einfach strukturierte, zum Teil unbeholfene Fragen und bat die Engel in vielen Einzelschritten immer und immer wieder um Klärung und Konkretisierung. Mit einer unendlichen Geduld fassten sie gewaltige Panoramen zusammen und übertrugen die Komplexität dieser Inhalte in ganz schlichte, vergleichende Bilder, damit ich sie überhaupt aufnehmen konnte. Der inzwischen vertraut gewordene Umgang mit meinen Engeln ermöglichte es, solch weitreichende Themen in einer freundschaftlich-nahen, auch sehr direkten Weise zu besprechen. Die von ihnen dargestellten Zusammenhänge habe ich als überaus wertvolle Geschenke empfunden, da sie unser Bewusstsein bezüglich des Vorgeburtlichen des Menschen in besonderem Maße weiten.

Da meine Frage sich auf die vorgeburtliche Entwicklung des Menschen bezog, begannen die Engel, zunächst Hinweise über die ‹Weltenmitternacht› zu geben, also über den Umkehrpunkt zwischen dem Nachtodlichen und dem Vorgeburtlichen des Menschen:

«Höre zu und schaue hin. – Was siehst du?»

«Ähm … ein Netz.»

«Weiter.»

«Da fällt das Menschenwesen von sehr weit oben hinein, wird abgefedert. Es sieht aus wie eine Raupe, nur etwas größer. Es ist aber ungeformt, nach innen genommen. – Ist das vielleicht der Mensch nach der Weltenmitternacht?»

«Ja, genau.»

«Schmeißt der Vatergott das Wesen wieder in den neuen Kreislauf des regulären Menschseins?»

«Nicht ganz, der Vater ‹schmeißt› nicht. Er öffnet eine Tür, nachdem Er dieses Menschenwesen zu einem neuen Erdenleben gesegnet hat.»

«Das heißt, der Mensch in der Weltenmitternacht ist bei Gottvater?»

«Ja, dort ist er, bei Vater und Mutter der Himmel, im Schoße des Weltenseins, Lebenselixier aus dem Quell des Ursprungs aufnehmend. Zugleich auf Christus schauend als Gott des Himmels und der Erde, als Vorbild aus dem Urbild des Menschen-Ichs, als Bruder der Menschenseele. – Ganz und gar ‹Kind Gottes› ist man dort, als Teil der Heiligen Familie der Trinität, zu der ein jeder Mensch gehört. Man bekommt Einblicke in ferne Entwicklungsäonen und in Dimensionen, die gar nicht mehr erfasst werden können, wenn man dann ‹unter-

halb› dieser Sphäre ist. Es geht dort um mehr als um diesen Kosmos, man erfährt dort, wie in Legenden, noch Höheres.»

«Also Höheres, Weiteres als unser Kosmos?»

«Ja.»

«Warte kurz, lass uns das bitte schrittweise angehen. Beginnen wir erst einmal mit den einfachsten Voraussetzungen. Die meisten Menschen haben hier, in diesen höchsten Sphären, kein waches Bewusstsein mehr. Was passiert mit den Seelen, die hier im Bereich der Weltenmitternacht ‹schlafen›?»

«Das sind nur Bewusstseinszustände.»

«Das ist mir klar, aber wie kann ich mir den Unterschied zwischen ‹Wachen› und ‹Schlafen› des Bewusstseins hier vorstellen?»

«Stell dir vor, du fährst – wie in deiner Kindheit – Zug und schaust aus dem offenen Fenster auf die sich verändernde Landschaft. Erinnerst du dieses Staunen, dieses stille, tiefe Glück deiner Seele, das Ergriffensein, das du damals als Kind empfunden hast?»

«Ja natürlich, ich habe es geliebt!»

«Der Zug fuhr langsam, und das Fenster war offen – das ist nicht unwichtig! Da ist man noch ‹dabei›, man kann noch ein Stück weit ‹draußen› sein. Heute und hier bei euch geht so etwas nicht mehr, ihr seid abgeriegelt, abgeschirmt hinter den Zugfenstern, ihr bleibt ganz drinnen und ermüdet an dem Außenblick. Ihr gebt ihn während der Fahrt schon ziemlich bald einfach auf. Deswegen langweilen sich heute die Kinder dabei und schauen nicht stundenlang zum Fenster hinaus – weil sie nicht innerlich ‹hinauskönnen› in die Landschaft, sie sind abgeschnitten davon, erleben sie nicht.

So wie ihr früher als Kinder bei offenem Fenster aus dem langsam fahrenden Zug die Landschaft angeschaut habt, den Wind im Gesicht gespürt habt, die Gerüche der Welt, die

Veränderung der Landschaft, ihre Übergänge so intensiv und glückerfüllt erlebt habt, so erlebt der wache Mensch im Schoße der Trinität die Bilder und Landschaften, die Wesenhaftigkeit höherer Welten. Der Mensch nimmt all dies auf wie die Bilder einer Legende, die sich in seinem Wesensinneren absenkt – so in etwa vernimmt es der ‹wache› Mensch. Der ‹Schlafende› fährt Zug mit geschlossenen Augen, hört und sieht nichts dabei. Nur dass sein Wesen ‹spürt›, dass da ein Weg begangen worden ist, dass da viele Landschaftswechsel stattgefunden haben. Das erahnt nur das Wesen des Menschen.»

«Wie eindrücklich! Und wo seid ihr da, wo ist der Schutzengel des Menschen?»

«Das ist kompliziert für euer Verständnis.»

«Inwiefern?»

«Weil für euch Zeit und Raum etwas sehr Wenigschichtiges ist.»

«Könntest du bitte trotzdem versuchen, es mir in einer einfachen Form zu erklären oder es mir zu zeigen?»

«Gut, schau: Die Engel eines Menschen halten Rat, solange dieser beim Vater beziehungsweise bei der Trinität ist. Sie bleiben wie ‹vor der Tür› dieses Bereiches und beratschlagen über ihren Menschen im Zusammenhang mit seiner und mit der gesamten Erdentwicklung. Sie haben nicht die Einblicke, die der Mensch dort hat.»

«Warum nicht?»

«Weil sie tätig sind. Dort beim Vater ist der Mensch nicht tätig, er ist nur seiend.»

«Dürfen oder können Engel auch mal nur seiend sein, ohne tätig zu sein?»

«Ja und nein.»

«Bitte erkläre mir das, wenn es möglich ist.»

«Das ist bei uns anders, da wir nicht sterben. Unsere Zyklen sind andere. Wir sind im Sinne von Sein – und sind zugleich auch tätig. Das Sein bedeutet bei uns nicht lediglich ‹existieren›, sondern: ‹im Vater sein›, ‹in der Mutter sein›. Wir leben das bewusst, ihr meist nicht.»

«Und wie hängt das zusammen mit dem Tätigsein und dem Sterben?»

«Ihr seid so richtig ‹tätig› im Sinne von ‹weltverändernd› nur auf der Erde. Die anderen Zyklen sind nachbereitend hierzu oder vorbereitend hierfür. Auch euer devachanisches Wirken an der Welt ist – zumindest meistens – Vorbereitung der Erde für die Zukunft. Nicht nur, aber meistens. In der Weltenmitternacht seid ihr außerhalb dieser Vorbereitungs-, Nachbereitungs- und Schulungszyklen. Da ‹seid› ihr einfach, und zwar bei Gott. – Wir, die Engel, sind auch sonst immer bei Gott. Das ist der Unterschied zwischen uns und euch.»

«Ich verstehe das jetzt ein wenig mehr, vielen Dank. Ist man im reinen Zustand der Trinität, vom Seinszustand her, wie ‹oberhalb› oder ‹außerhalb› dessen, was wir unsere Schöpfung, unser ‹Garten Gottes› nennen?»

«Ja und nein.»

«Was bedeutet das?»

«Der Mensch ist Teil der Schöpfung und somit immer Teil der Geschöpfe aus dem ‹Garten Gottes›. Zugleich kann er sich, in dieser Dimension, die ihr Weltenmitternacht nennt, auch auf der rein trinitarischen Ebene aufgenommen und aufgehoben fühlen, von welcher aus man auch eine andere Perspektive erhalten kann als auf diese Schöpfung. Hier kann man also einen Blick außerhalb dieses Universums haben.»

«Das meintest du also vorhin mit: ‹Es geht hier um mehr als um diesen Kosmos›.»

«Ja, genau.»

«Und was machen die Eingeweihten dort?»

«Aus dem Zugfenster schauen. Nur sie können schauen.»

«Und die allergrößten Eingeweihten unserer Welt?»

«Um in diesem Bild zu bleiben: Sie lehnen sich noch ein wenig hinaus aus dem Fenster, mehr ist nicht möglich.»

«Und wie es mit den normalen Menschen?»

«Wenn du den geistig sehr aktiv suchenden Menschen als ‹normal› bezeichnest – ihr blinzelt nur manchmal hinaus, mehr noch nicht.»

«Nimmt der Mensch von dort Impulse mit?»

«Ja, aber nicht für diese, eure Welt, sondern für andere, größere Zusammenhänge.»

«Und dann, wie kommt er ins ‹Netz›?»

«Der Vater segnet ihn und legt ihm Seine Hand auf sein Haupt – dieses Bild bedeutet, Er stimmt seiner nächsten Inkarnation zu, Er gibt Seine Erlaubnis dazu – und öffnet das Tor. Das bedeutet, Er öffnet die ‹Schleuse›, öffnet den weiteren Weg zu einem neuen Erdenleben hin. Der Christus lächelt den Menschen an und spricht ihm Mut zu für den weiteren Weg. – Dir ist klar, dass all diese Bilder nur Extrakte eines gewaltig großen Geistgeschehens sind.»

«Ja, das ist mir vollkommen klar. – Warum hier das Bild der ‹Schleuse›?»

«Das Bild der ‹Schleuse› als Erhöhung, Erhebung des Wasserstands und danach als Absenkung des Wassers zum Niveau des weiterfließenden Lebensflusses trifft – natürlich in sehr vereinfachter Form – auf den Zustand der Weltenmitternacht zu. Und wir Engel stehen da nicht neben dem Menschen auf dem Boot, welches in der Schleuse erhöht wird, sondern laufen am Ufer nebenbei weiter und beratschlagen uns über diesen Menschen. Sobald er durch die zweite Schleuse hindurch ist, also zurück auf normaler Wasserhöhe des Lebens-

flusses, wenden wir uns ihm erneut zu und übernehmen neue beziehungsweise die konkreten Aufgaben an ihm.»

«Hinter diesen so extrem simplen Vergleichsbildern, die du gibst, entfalten sich unbeschreibliche, erhabenste Welten! Es muss doch unsagbar schön ein, im Schoß des Vatergottes, der Trinität zu sein!»

«Ja, Kind Gottes zu sein – hier im eigentlichsten und wahrhaftigsten Sinne des Wortes – ist kaum in euren Menschenworten zu beschreiben. Und zugleich ist es das grundlegendste Ur-Empfinden des Kindseins, ganz eingehüllt in der Geborgenheit des Schoßes seiner Eltern. Ihr kennt also dieses Erleben, wenn auch nur noch bruchstückhaft-irdisch. – Wir haben ein anderes Verhältnis zur Trinität. Wir sind erschaffen worden auf eine andere Weise als ihr. Von daher ist unser Bezug dazu ein anderer. Bevor du gleich fragst, welcher: davon später mehr, nicht jetzt.»

«Danke. Der Vater öffnet also die Schleuse des neuen Inkarnationszyklus. Und dann?»

«Das Himmelstor ‹öffnet› sich, das Menschenwesen kehrt zurück in den Kreislauf von Tod und Wiedergeburt. Es wirkt wie eine Raupe, weil es beim Übergang zwischen den Welten durch eine Umstülpung hindurchgegangen ist. Es hat sich ganz nach innen gezogen, als ‹Wesenswürmchen›, als eingestülpter ‹Menschenwesenskern›.»

«Was oder wer ist das Netz, das du mir gezeigt hast?»

«Richtig gefragt: ‹Wer?› Das Netz – es ist ein Lichtnetz –, schau, das sind wir, die Engel dieses Menschen. Es ist die Vorform des Engelrings.»

«Wie das?»

«Erst fangen wir den Menschen auf und differenzieren später die einzelnen Bezüge. Je konkreter der Mensch sich ‹anzieht›, sich ausgestaltet, seine Schicksalsoptionen und persön-

liche Beschaffenheit ausformt, übernehmen wir dann einzelne Wirkungsbereiche und positionieren uns entsprechend im Engelring. Die Stellungen, die Positionen dort haben ganz viel Bedeutung, sie stehen für die entsprechenden Aufgaben am Menschen.»

«Ja, das leuchtet mir ein. Ihr seid also dabei, alle zwölf, vom Anfang dieses neuen Lebenszyklus an?»

«Ja!»

«Ihr werdet unterschiedlich eingreifen, und auch eure Präsenz muss nicht immerwährend sein, aber ihr seid von Anfang an die Zwölfheit des Menschen?»

«Ja!»

«Und wenn sich eine Aufgabe ändert und ein Engelwechsel notwendig wird?»

«Das ist kein Widerspruch zur Zwölfheit, sie bleibt trotzdem bestehen, auch in der ‹Vorbereitungsphase›, also im Vorgeburtlichen.»

«Gut, das verstehe ich. Das heißt, ihr fangt diese ‹Larve› Mensch auf in einem Lichtnetz, das ihr selbst seid?»

«Ja.»

«Bildet ihr so etwas wie einen Kokon für den Menschen?»

«Wir wickeln ihn nicht ein, wir weben aber mit Licht an ihm. Die Lichtfäden haben bereits Bezüge zu bestimmten Welten und Bereichen. Das Wesen des Menschen wird also im Lichtnetz seiner zwölf Engel aufgefangen – nach dem, was ihr ‹Weltenmitternacht› nennt. Der Mensch ist ganz nach innen gekehrt, zum Zentrum seines Wesens gewandt, ‹Raupe› geworden. Er ist wie träumend-schlafend, erlebt keine Außenwelt. Seine zwölf Engel senden nun nach innen, zu ihm hin, jeweils einen goldenen Strahl derjenigen Hauptqualität, mit der sie ihn in der kommenden Inkarnation begleiten werden. So erwecken sie seine Aufmerksamkeit auf sein eigenes Kommendes. Er bekommt also

zwölf kosmische Qualitätsstrahlen, die sein Bewusstsein in der entsprechenden Weise prägen und aufwecken. Sein Bewusstsein ‹badet› nun in diesen Qualitäten, in den entsprechenden zwölf Farbnuancen seiner Engel. Diese Farbnuancen haben geistig immer eine ganz bestimmte Bedeutung, Kraft und Auswirkung. Der ganz nach innen gewandte Mensch beginnt, sich in seinem Innenwesen zu regen und zu recken, und fängt an, nach diesen Qualitäten zu ‹schauen›. Er entwickelt ‹Interesse› daran, das bedeutet, er wacht immer mehr für sein Kommendes auf durch das, was seine Engel ihm dort entgegenbringen. Er selbst wird aus diesen Qualitäten zu einem neuen Selbst werden und dadurch auch sein neues Erdenschicksal bilden. – Ohne diese Anregung, ohne diese Beigaben seitens der Engel hätte der Mensch nicht die Kraft zu einem neuen Inkarnationsabstieg.»

«Das heißt, wir verdanken unserem Engelring nicht nur die Begleitung durch eine Inkarnation, sondern auch die Impulskraft dazu?»

«Den Impuls dazu habt ihr bereits aus dem vorherigen Nachtodlichen in euch. Aber die Kraft dazu hättet ihr nicht alleine. Diese verleihen wir euch durch die unterschiedlichen Lichtqualitäten, die wir in euer Wesen einströmen lassen.»

«Wie die zwölf guten Feen bei Dornröschen.»

«Ja, nur dass die ‹Geburt› im obersten Geistigen stattfindet, als ‹Geistkokon›. – Wir tun das mit Freude, denn so nehmen wir auch gemeinsam unsere Aufgabe auf und beginnen an eurer Seite den neuen Zyklus.»

«Bei Dornröschen taucht jetzt die dreizehnte Fee auf. Taucht hier der Schattenengel auf?»

«Ganz genau. Nur dass er jetzt nicht richtig mitwebt, er ‹zeigt› sich nur, macht also seinen Anspruch auf diesen Menschen geltend. Die zwölf Engel müssen das berücksichtigen und bei ihrem Weben das entsprechend mit einbinden.»

«Der Schattenengel, also der Doppelgänger, webt demnach hier gar nicht mit?»

«Nein, in diesen Geisthöhen kann das Dunkle weder bestehen noch wirken. Aber der Engelring muss Rücksicht nehmen auf die Bereiche, die der Doppelgänger später zu besetzen hat. Die Engel geben dem Menschen lichte Gegenimpulse hierfür mit, aber zartere, sodass es in der Hand des Menschen sein wird, auf welche Seite die Waagschale von Licht und Dunkel in einzelnen Situationen, Begebenheiten, Begegnungen kippen wird. Vereinfacht gesagt: Da, wo der Schattenengel einwirken darf, wird das Gewebe, die Struktur, viel dünner gewebt. Sie kann beim starken Einmischen des Doppelgängers sofort reißen, sodass sich dort Dunkelheit breitmacht. Aber der Mensch hat prinzipiell auch die Möglichkeit, dass gar kein Gewebe reißt und er ganz im Licht bleibt. Ich sage ‹prinzipiell›, weil es für die allerwenigsten Menschen möglich ist, sich vom Doppelgängereinfluss zu befreien. Aber es gibt sie schon, zu unserer großen Freude; und wenn das gelingt, singt der ganze Himmel ein Lobgesang.»

«Wie geht es weiter für Mensch und Engel?»

«Der Mensch ‹wacht› nun auf durch die ihn anregenden Lichtstrahlen, also durch die Qualitäten seiner zwölf Engel. Er öffnet die inneren Augen – so könnte man es sagen – für das, was außerhalb seiner ist, also für seine Engel. Diese sind allerdings zugleich das, was er selbst werden will, denn sie sind die ihm vermittelten Seins-Qualitäten, die sein Erdenwesen bilden werden. Der Mensch ‹begrüßt› nun seinen Engelring, das bedeutet, ab jetzt kennt er ihre Zwöfheit. Die Engel sprechen mit ihm und geben ihm hilfreiche Anweisungen für das Bevorstehende.»

«Hat der Mensch hier ein Christus-Bewusstsein?»

«Manche ja, sofort. In vielen dämmert es nur. Das Menschen-

wesen weiß, dass es aus dem Reich des Vatergottes kommt, doch der Bezug zu Christus und zur Himmlischen Mutter ist hier nur denjenigen bewusst, die ihn auch selbst aufgebaut haben und tief in sich tragen.»

«Wie geht es dann weiter?»

«Durch die Unterredung mit den zwölf Engeln ‹steht› der Mensch nun auf. Er wacht nicht nur auf, sondern jetzt ‹steht› er auf. Das bedeutet, dass er nun bereit ist, diesen Weg zu beschreiten. Er gesellt sich den Engeln hinzu als der Dreizehnte in ihrer Runde, der Dreizehnte, der bereit ist, den Einweihungsweg der Menschwerdung zu gehen. Ab jetzt gehören Engel und Mensch richtig zusammen für diesen Lebenszyklus.»

«Nach der Weltenmitternacht bis hierher sind es also schon drei Bewusstseinsschritte, wenn man das so nennen darf, oder?»

«Ja, der Dreischritt ist: ‹schlafen›, da das Bewusstsein nach der Weltenmitternacht ganz nach innen, in die Wesensmitte hinein eingestülpt ist; durch die Engelqualitäten ‹aufwachen›; und dann mit den Engeln als Gruppe des inkarnationsmäßigen Einweihungsweges ‹aufstehen›. Erst danach betretet ihr den Bereich der Sternenengel, also der Tierkreisbilder und des Fixsternhimmels.

Euer gesamter Weg ist eine reale Einweihung, hinabsteigend durch die Erdentiefen zum Höchsten Göttlichen hin, immer wieder von neuem, immer wieder eine Stufe weiter, bis der Mensch sich und die gesamte Erdenwelt erlöst hat. Das bedeutet, bis er alles durchlichtet und durchliebt hat und somit die Erdenschöpfung gewandelt zum Schöpfer, zum Vatergott zurückführen kann.

Bedenke dies: Christus am Kreuz sagte: ‹Vater, es ist vollbracht.› – Da war der tiefste, der allertiefste Punkt der Erdent-

wicklung in der Tat vollbracht. Die Gottesferne der Erde war da am größtmöglichen. Die Himmel haben geweint und alle Engel mit ihnen. Doch es wird der Tag kommen, an dem dieses Wort erneut ausgesprochen werden darf: ‹Vater, es ist vollbracht.› Dieses werdet ihr alle aussprechen, die gemeinsam mit Christus das Erdenreich als Lichtuniversum dem Gottvater zurückbringt. Das ist das Ziel des Menschseins auf Erden, für dieses Ziel durchlauft ihr die Inkarnationswege, die Abstiege und Aufstiege durch die Geistwelten eures Kosmos. Und wir sind ganz nah bei euch, geleiten euch bei jedem Schritt und geben euch Substanz aus unserer Seinssubstanz. Alles ist Opfer, alles ist Lobpreis, vom Höchsten bis zum Tiefsten. Der Mensch ist das Kreuz dieser Welt: Opfer und Umwandlung durch Freiheit und Liebe. Wenn ihr die Freiheit durch euch selbst durchlichtet, wird die Liebe möglich, die zum Vater der Himmel führt. – So sei es.»

Der Bereich der Tierkreisbilder

Nimm mich auf in deine Einheit,
aller Leben einiges All,
bade rein mich in der Reinheit
deines Meeres von Kristall.
Gib mir jenen Trank zu trinken,
der Vergessenheit verleiht,
lass die Seele sehnend sinken
in den Ring der Ewigkeit –
wo in diamantnen Fernen
Stern um Stern im Äther kreist.
Sternenengel, zu den Sternen
leite meinen ewigen Geist.

Manfred Kyber

Bei einer nächsten Zusammenkunft mit den Lehrerengeln nehme ich wahr, dass der geistige Raum sich auf einmal füllt. Es erscheinen viele weitere, mir noch ganz unbekannte Engel. Sie sind alle ganz, ganz weiß, doch es ist ein ‹neues› Weiß, das ich noch nicht kenne. Der Eindruck, den man von ihnen hat, ist kaum im Einzelnen ‹greifbar›, sie wirken so, als ob sie von ‹sehr weit her› kommen würden. Ich frage meine eigenen Engel danach, diese erklären:

«Es sind Himmelsboten aus allen Himmelsrichtungen. Sie kommen von ‹weit› her für eure Menschenverhältnisse. Es sind weiße Sternenengel.»

«Was bedeutet ‹weiße Sternenengel›?»

«Sie vertreten unterschiedliche Sternenqualitäten der Tierkreisbilder. Sie sind nicht die Tierkreise, nur Vertreter von Einzelsternen der Tierkreise.»

«Warum sind sie ‹hier›?»

«Weil wir über sie sprechen werden. Dein Wesen geht innerlich schon mit und beginnt, ihr Sein zu umspannen.»

«Kannst du mir bitte mehr über sie sagen?»

«Du bist in einer bestimmten Weise mit den einzelnen Tierkreisbildern und -kräften verbunden. Jeder Mensch ist das. Es sind jetzt diejenigen Engel da, die die Aspekte vertreten, zu denen dein Wesen einen bestimmten Bezug hat. Sie sind mit dem verbunden, was ihr den Fixsternhimmel nennt. Ihr habt nicht nur einen Bezug zu den Planetensphären – das kommt später auf eurem vorgeburtlichen Werdeweg –, sondern zunächst erfahrt ihr eine Prägung vom Fixsternhimmel. Für diesen Bereich stehen nun diese Engel.»

«Ich beginne zu begreifen. Sie sind alle in einer so besonderen, anderen Weise weiß. Warum?»

«Weil ihr die Spektren außerhalb eures Systems nicht anders wahrnehmen könnt.»

«Das heißt, sie sind gar nicht weiß, nur ich sehe sie so?»

«In eurer Welt erscheinen sie weiß. In ihren Welten sind sie ganz unterschiedlich. Sie haben eine Verbindung zu den einzelnen Motiven der Tierkreisbilder, die sich der Mensch für seine jeweilige Inkarnation als Prägung ausgesucht hat. Sie stellen dem Menschen Kräfte zur Verfügung, die er im Laufe seines Erdenlebens entfalten kann, auf die er, der Reihe nach, zurückgreifen und sie einsetzen, sie ausbilden kann.»

«Ganz langsam, erkläre mir das hier bitte anschaulicher, wenn es möglich ist.»

«Schau: Der gesamte Tierkreis wirkt in jedem Menschen. Das konnten die früher in Sternenkunde eingeweihten Meister lesen. Sie waren noch ganz mit dem Fixsternhimmel verbunden und konnten in ihrem Schauen dorthin wirklichen Wesen begegnen. Dort wird nämlich die erste Struktur gewebt, die die

‹Menschenraupe›, also den Menschen in seinen frühesten Schritten zur neuen Inkarnation hin, prägen, befähigen, begaben und beflügeln wird.

Der Mensch hat nach der Weltenmitternacht mit seinem Engelring Beschlüsse für das neue Leben gefasst, er ist darin aufgewacht und aufgestanden. Jetzt stattet ihn zuerst die Sternenwelt dafür aus, und zwar mit dem, was er aus den Tierkreisbildern für seinen Weg benötigt. Und diese Engel, die jetzt da sind, stehen für diese ‹Ausstattungskräfte›. Anlagen bekommt das ‹larvenartige› Menschenwesen aus der Sternenwelt für alle seine Wesensglieder, Anlagen aus ‹Sternenlicht› für all seine Organe, physische und geistige, Anlagen für seine Seelenkonstitution. Es ist die vollständige Ausstattung mit all seinen Grundlagen für die neu sich vorbereitende Inkarnation. Aus den höchsten Sphären wirken Mächte daran; die Sternenengel sind die ausführenden Organe dieser höheren Mächte. Sie folgen den Anweisungen der Höheren und führen all das am Menschenwesen aus, was für dieses als kosmische ‹Bewegung› und ‹Planung› vorgegeben ist. Es ist dies so komplex, dass ihr es im Moment nur in diesem vereinfachten Bild erhalten könnt.

Aber ihr sollt wissen, dass der gesamte Himmel, bis hin zur Trinität, daran mitwebt, mitanordnet, mitentscheidet, ‹mitausstattet›, ‹mitbegabt›! In Sphärenharmonien umhüllt, erhält das ‹nackt› gewordene, mit neuen Impulsen verjüngte und erfrischte Menschenwesen – deswegen nennt ihr es auch ‹Menschenkeim› – die Grundlagen für sein künftiges Erdendasein. All dies ist Geschenk des Himmels an seinem Werden, kostbare Mitgift für seine Neuverbindung mit der Erde. All dies ist von himmlischer Hoffnung getragen, vom großen Vertrauen der höheren Wesen durchtränkt, Vertrauen darin, dass das Werden dieses Menschen für die Entwicklung der Menschheit zum Guten hin wirken wird. Keinen von euch entlassen wir in die tie-

feren Sphären ohne diese höchste und kostbarste Begleitung! Gesegnet seid ihr, wie kein anderes Wesen in diesem Kosmos, auf euch ruht das Vertrauen des Himmels, in euch wird die Hoffnung all derer gelegt, die euch erschaffen haben und euch stets begleiten!»

«Ich kann mich nur ganz tief vor diesen gewaltigen Zusammenhängen verbeugen. – Wie sind die Verbindungen, die Verhältnisse zwischen dem Engelring des Menschen und diesen Sternenengeln?»

«Die Kreise der Engel, die einen Menschen begleiten, durchdringen sich auf eine ganz besondere Weise. Da bringen sich viele Weltgeheimnisse zum Ausdruck.»

«Welche?»

«Zahlenverhältnisse als Bezüge der Weltenkräfte zueinander, das Verhältnis des innerseelischen Mikrokosmos zum sternengeistigen Makrokosmos und noch vieles, vieles mehr. Bevor du hier gleich nachfragst: Der Fixsternhimmel hat andere Zahlengesetzmäßigkeiten, die ihr noch nicht kennt. Die Sternkundigen der früheren Zeiten kannten diese Zahlenrhythmen der Sterne. Ihr habt jetzt alles hinuntergebrochen in ein System der Zwölfheit. Ihr braucht Zeit, um erst diese Zwölfheit begreifen zu lernen. Im Übrigen hat jede Zahl ihre bestimmte Kraft und ihr eigenes Mysterium. Jede Zahl birgt Welten in sich, die sich euch nur bruchstückhaft symbolisch zeigen. Aber ihr dürft noch lernen», sagt der Engel und lächelt dabei. Dann fährt er fort: «Durch die Ausstattung, die der Mensch aus der Sphäre des Fixsternhimmels erhält, bekommt er dann schon eine erste ‹Gestalt›, die sich wie ein ‹Grundgerüst› an Farben, Kräften, Wirkungsmöglichkeiten zusammensetzt und hinstellt. Für seinen Engelring wird der Mensch jetzt ‹sichtbarer›, im Sinne von ‹geistig greifbar›. Man kann ab jetzt beginnen, mit und an ihm konkret zu arbeiten und dieses ‹Grundgerüst› Schritt für

Schritt ‹auszustaffieren› mit weiteren ergänzenden Substanzschichten. Mit ‹Substanz› ist hier erst Geistiges gemeint. Von hier oben sind seine Ich-Einwirkungen angelegt, der Fixsternhimmel ist rein geistig.»

«Ich verstehe.»

«Der Mensch kriegt also nach dem Raupen- und Kokondasein seine erste ‹Gestalt›. Diese Gestalt ist hier nur Gerüst. Das werdende ‹Haus›, der werdende Mensch, muss danach weiter gebildet und ‹zusammengesetzt› werden.»

«Du erklärst es so, dass ich es gut aufnehmen kann, vielen Dank.»

«Der Mensch in dieser angelegten Gestalt wird nun von seinem Engelring ‹gehoben› und in einen neuen Bereich hineingetragen. Er schaut sich noch einmal um im Bereich der Tierkreisbilder und der Fixsterne, verinnerlicht diesen Blick als tief in ihm angelegtes Geistbild und nimmt als ‹Abdruck› dieser Welt die Qualität der Sternenengel mit, die ihn in seine erste Gestalt hinein ausgestattet haben. Nach diesem Abschiedsblick wird er von seinen zwölf Engeln in einen Bereich ‹hinuntergetragen› – nicht örtlich ‹hinunter›, sondern im Sinne von ‹aus der Ganzheit des Sternenhimmels› in einen bestimmten Bereich, in dem das Licht eures Planetensystems ihn empfängt und umringt. Es ist eine ganz neue Sphäre für ihn, mit anderen Gesetzmäßigkeiten als die des Sternenhimmels. Hier wirken viele hohe Engelwesenheiten in Lichtlandschaften, die ihr beginnen könnt zu begreifen.»

«Was erlebt, was empfindet der Mensch ganz konkret bei diesem Übergang?»

«Das Menschenwesen betrachtet sich nun selbst und findet sich neu mit all diesen Anlagen, die ihn dazu befähigen, gesamte Welten zu durchwandern und die ihm die Kraft verleihen, den Abstieg, und später dann auch den Neuaufstieg

zu meistern. Der Mensch atmet noch einmal den ganzen Sternenhimmel in sich ein und prägt sich tief dieses Erleben der höchsten Sphären ein. Er wird sich dessen bewusst, dass er für eine lange Zeit hiervon ‹Abschied› nehmen muss. Dann schließt er die Augen – das bedeutet, er verliert das Bewusstsein für diese Sphären – und ‹springt›. Dieses ‹Springen› bedeutet, er lässt sich darauf ein, auf ganz andere Ebenen – ihr würdet sagen ‹tiefere› – getragen zu werden. Schmerz bedeutet das für ihn, und es kostet ihn unglaubliche Überwindung, diesen Sprung zu wagen. Er weiß, dass er etwas aufgibt, nämlich das Gehaltenwerden im Schoße des höchsten Himmels, das Erleben, Kind der höchsten Hierarchien zu sein. Er verliert das Bewusstsein, ähnlich einer Ohnmacht, um dann auf derjenigen Ebene wieder zu sich zu kommen, die ihr ‹Planetensphären› nennt. Die höchsten davon sind noch fast rein geistig, je tiefer er absteigt, betritt er astralische Gefilde.

Die Planetensphären bringen ihn in Verbindung mit ganz neuen Wesenheiten, er findet sich umringt von den jeweiligen ‹Bewohnern› dieser Welten. Es ist nicht einfach für euch, Vorstellungen hierfür zu bilden.

Von seinen Sternenengeln begleiten den Menschen in der Regel zwei Engel auch weiterhin ganz nah, diese sind dann auch Teil seines späteren Engelringes. Bei einigen besonderen Menschen, mit einer kräftigeren ‹Himmelskonstitution›, das bedeutet, mit größeren geistigen Fähigkeiten und Aufgaben auf der Erde, bleiben mehr als zwei Sternenengel und bilden mit den anderen den Engelring. In ganz wenigen Fällen sind alle zwölf Ringengel zugleich auch Sternenengel. Solche Menschen haben somit die direkte Beziehung zum Höchsten Geistigen. Aber in der Regel steigen zwei Sternenengel weiter mit dem Menschenwesen in die Planetensphären ab.

Beim Übergang vom Sternenkosmos zu den Planetensphären, zu Beginn des Aufwachens im Planetarischen leuchtet der Erzengel dieses Menschen auf. Hinter ihm ist das kosmische Christus-Wesen sichtbar und erlebbar. Der Erzengel vertritt nun die ‹höheren Welten› und durchdringt den Menschen mit einem Kraftstrom seiner eigenen Substanz. Es ist dies ein heiliger Augenblick. Der jeweilige Erzengel lässt das Licht des Christus, der hinter ihm steht, durch sich selbst hindurchströmen. Dieses Christus-Licht erhält die Färbung, die Ausprägung des jeweiligen Erzengels und fließt durch seine ‹individualisierte› Prägung direkt in das Wesen des Menschen hinein. Damit erkraftet der Erzengel den Menschen mit der unmittelbar durchchristeten eigenen Substanz und gibt ihm so die Möglichkeit, an seine eigene ‹Schule›, also seine Erzengelschule, anzuknüpfen und darüber auch stets den Bezug zum Christus-Wesen wiederzufinden. Hier verbindet also der Erzengel des Menschen diesen mit der Christus-Wesenheit und bildet selbst eine Brücke aus der Sphäre der Trinität bis in die spätere physische Inkarnation des Menschen hinunter.

Der Erzengel ist auch derjenige, der den sich formenden Engelring leitet und führt. Er segnet den Menschen – der Segen des Erzengels bedeutet zugleich das Entlassenwerden des Menschenwesens aus den Sternensphären. Dieser Segen trägt in sich, stellvertretend, die Bejahung aller höheren Hierarchien bis hin zur Trinität für die ‹Menschwerdung›, für den neuen Inkarnationszyklus dieses Menschenwesens.

Bedeutende Worte spricht hier der Erzengel zu seinem Menschen, heilige, durchkraftende, kosmos-durchtränkte und -durchlichtete Worte, Worte, die in die weiteste Zukunft alles Seins reichen. Er erinnert den Menschen an die Aufgaben, die er sich für sein neues Schicksal gestellt hat, und erklärt ihm, was ihm in den Planetensphären bevorsteht. Er ermahnt ihn auch in Bezug auf die Dunkelheiten, die ihm bevorstehen, sowie auf die Verwundungen, die er sich als Schicksalserlebnisse ausgesucht hat. Er deutet auf den Engelring, versammelt diesen um den Menschen herum, auch wenn der Ring sich erst später ganz konkret um den Menschen ‹tätig› positionieren wird. So übergibt er den Menschen in die Obhut dieser Engel auf seinem weiteren Weg durch die Planetensphären. Natürlich wacht der Erzengel auch weiterhin über seinen Menschen, er erscheint persönlich in wichtigen Augenblicken, auch in Augenblicken der Inkarnation; aber hier findet eine Art ‹Übergabe› statt, die es dem Menschen ermöglicht, diesen Übergang zwischen den Welten real zu vollziehen.

Beim nächsten Mal beginnen wir, über die Planetensphären zu berichten.»

Über die Planetensphären

Frage ohne Antwort

Was bist du, Unbegriffnes,
Mensch genannt, –
Antlitz in Antlitz
eingewendet Janushaupt, –
Urwerden
Aug im Aug mit Wissenheit, –
Urzweigesicht
Und doch ureine Form – ?

Christian Morgenstern

Die Engel sprechen: «Höre erneut und schaue: Der Übergang zu den Planetensphären hat stattgefunden. Der Erzengel ist hier die große Gestalt des Übergangs von einer Sphäre in die andere, vom Sternenkosmos in die Welt eures geistig-planetarischen Systems. Natürlich sind diese Bilder, die wir geben, sehr verkürzt und vereinfacht, denn ‹unterwegs› geschieht Wundersam-Wirksames für diesen ‹Abstieg›. Diese aufgezeigten ‹Stationen› genügen aber als Eindrücke für eure Seelen auf Erden. Dass alle Hierarchien hier daran mitwirken, bis in die Erdbildung, bis in die menschliche Leibbildung hinein, das wisst ihr bereits, das ist euch schon gegeben worden. Der Trinitarische Christus entlässt das vom Sternenhimmel ausgestattete Menschenwesen in die Obhut des jeweiligen Erzengels, der von da an die Führung der weiteren Bildung des Menschenwesens übernimmt. Der Mensch kommt nun in die Planetensphären. Das ist so, wie wenn jemand nach einer langen Reise durch, die Weltenlandschaften mit einer Kutsche in einen prächtigen edlen Palast gebracht werden würde.»

«Wie bitte?»

«Erschrecke nicht über die Wahl der Bilder, sie haben ihren Sinn. – Jede Planetensphäre ist wie die Welt eines wundersamen, großen, leuchtenden Palastes, der seine jeweilige Prägung und Charakteristik, seine Farben und besonderen Innenräume, seinen eigenen Lebensstil und seine ganz ihm entsprechenden Bewohner hat. Die Sternenwelt war wie eine weite Weltenlandschaft. Die Planetensphären sind im Vergleich dazu wie üppige Residenzgebiete, mit einer eigener Charakteristik, mit eigenen Gärten und Lebensräumen, mit eigenen Gebräuchen, Benimm- und Kleidungsstilen, eigenen Sprachen, Künsten und Tänzen.

Wir geben euch diese ‹Märchenbilder›, weil eure Seelen sie zum Teil aus den irdischen Märchen kennen und sie sie auf diese Weise auch wiedererkennen können. Alles andere könnt ihr noch kaum als Vorstellung bilden. Das Grundgerüst hat Rudolf Steiner bereits mit seinem immensen Himmelsblick gegeben, aber es soll durch euch begonnen werden, dieses Gerüst auch ‹anzukleiden›, es also zunächst in Seelenbildern einzuhüllen, die das Geschehen dort umschreiben. Eure Seelen sollen diese Bereiche fühlend und erlebend ‹sehen› lernen. So sprechen wir nun weiter in dieser bildhaften Form:

Das Menschenwesen verlässt die ‹Kutsche› – es wurde also dahin gebracht. Es hat seine – in der Regel – zwei Sternenengel bei sich, die zu seinem Ring gehören werden, und betritt gemeinsam mit ihnen die ‹Schlossgärten›. Die ‹großen› Menschen kommen bereits mit ihrer gesamten Entourage von Sternenengeln, die sie auch weiterhin als ganz besonderer Engelring begleiten werden.

Der Mensch ist bereits ‹grundausgestattet› gewesen von den Sternenengeln. Mit diesem ‹Grundgerüst›, mit dieser ‹Grundhülle› läuft er nun staunend durch die Gärten, die diesen riesigen ersten Palast umgeben, und bekommt die ers-

ten Eindrücke in dieser Welt. Danach betritt er die fürstliche Residenz, in der er freundlich empfangen und aufgenommen wird. Einer der dortigen Bewohner schließt sich ihm an, und zwar von Anfang an. In der Regel ist dies einer seiner Ringengel, der dem Menschen in diesem Bereich wie ‹von außen› entgegenkommt und nun, in einer neuen Form, bei ihm bleibt. Zunächst führt er den Menschen durch diese Sphäre, lenkt seine Schritte und seine Aufmerksamkeit auf bestimmte Dinge, die es dort gibt, und prägt und schult ihn dort in einer bestimmten Weise. Später wird dieser Engel den Menschen auch mit allem versehen, was er speziell aus diesem planetarischen Bereich für seine weitere Reise brauchen wird. Der Mensch darf dort zunächst durch bestimmte Räumlichkeiten herumwandern und schauen, welche Tätigkeiten die dortigen Wesen vollziehen.»

«Was für Wesen trifft der Mensch dort an?»

«Es sind unterschiedliche Arten von Wesenheiten: Engel und ihre Helfer, Planetenwesen, Erzengel, Archai und die Einwirkungen noch höherer Hierarchien. Unter all diesen Wesenheiten finden sich auch andere sich inkarnierende wie auch sich exkarnierende Menschenwesen. Sie alle gestalten und pflegen die dortigen Lebensräume in einer bestimmten Weise, erfüllen unterschiedliche Aufgaben, sind ganz beschäftigt und eingebunden in ihrem Wirken. Es gibt vielfältige Bereiche, die sich, je nach Wirkungsfeld, unterscheiden.»

«Darf ich bitte kurz fragen: Wie kann man sich dort die sich exkarnierenden Menschen konkret vorstellen?»

«Wenn ihr auf die Seite der sich exkarnierenden Seelen schaut, seht ihr diese Menschenwesen in den mannigfaltigsten Farben und Gewändern leuchten. Ihr Ballast, ihre Schlacke ist abgelegt, sie sind nun große Iche mit gereinigten, strahlenden, beweglichen, durchlässigen Gewändern. Diese Gewänder sind

noch aus astralischer Substanz, in den wundervollsten, durchscheinendsten Himmelsfarben. Und doch sind sie nicht engelhaft. Schau, die Engel sind noch viel reiner, durchscheinender, durchgeistigter. Siehst du? Das ist keinesfalls zu verwechseln. Menschen-Iche, in all ihren ‹Stadien›, das bedeutet, auf all ihren Entwicklungsstufen, haben eine ganz andere Gestalthaftigkeit als die Engelwelt. Auch das reine Ich eines Menschen, das jegliche ‹Astralkleider› abgelegt hat, ist anders als ein Engel. Der ‹Kern› des Ichs ist ein anderer, das ‹Mensch-Sein› trägt in sich diesen Abdruck des ‹höchsten Menschlichen›, des ‹geistigen Urmenschen›, was eine andere Art Schöpfung des Vaters, eine andere ‹Wesensgattung›, ein anderes ‹Geschöpf› ist.

Hier, in den höchsten Planetensphären, entfalten sich die sich exkarnierenden Menschenwesen in einer wunderbaren ‹menschlich-himmlischen› Weise. Sie schenken den jeweiligen Planetensphären, durch ihre eigene Erscheinung, durch ihr Licht und ihre Farben, durch ihre Anwesenheit dort, das, was in diese entsprechende Welt hineingehört. Durch bestimmte Fähigkeiten und Eigenschaften, die sie auf Erden ausgebildet und geschult haben, haben sie hier eine besondere Erscheinung. Ihr ehemals Inneres ist hier ihr ‹Äußeres›. Und mit diesem ‹Äußeren› beschenken sie nun die entsprechende Planetensphäre. Sie tragen also ihr Eigenes da hinein und prägen die Planetensphäre mit ihrem Licht, mit ihren errungenen Farben, Eigenschaften und Gaben. Zusätzlich zu den Wesen, die immer diese Planetensphären bewohnen und pflegen, kommen also die sich exkarnierenden Menschenwesen hinzu und verändern das Licht, die Leichte, die Gestalt und die Wirkungskraft dieser Sphäre.

Es ist hier ein wunderschönes gemeinsames Wirken zwischen Planetenwesen und Menschenwesen, wie ein harmonischer Tanz, ähnlich rhythmischen Bewegungen eines großen gemeinschaftlichen Organismus. Die menschlichen Seelen, die innerlich reich und kraftvoll in diese Sphären kommen, bewirken eine bereichernde Harmonisierung, sie beschenken die jeweiligen Planetensphären mit dem, was diesen jeweils entspricht.

Es gibt zugleich auch die Menschenwesen, die keine Gaben für eine bestimmte Planetensphäre mitgebracht haben. Sie haben sich also kaum Schulung oder wenig Fähigkeiten erworben, die hier von Nutzen sein könnten. Solche Menschen gibt es auch, sehr viele sogar. Wenn du sie dir anschaust, so siehst du, dass sie sich zwar auch durch diese Räume bewegen, sie sehen aber aus wie ein ‹Vakuum›. Die Atmosphäre der Räume ist aus gewebten, beweglichen lichten Farben, und da, wo sie sich bewegen, entsteht so etwas wie ‹leere Löcher›, wie ‹Nicht-Raum›, ‹Nicht-Substanz› im astralisch-geistigen Sinne. Sie können sich also nicht mit dem Geschehen dort verbinden, können nicht mit den anderen Wesen ‹tanzen›, das bedeutet, in einen Austausch, in eine gemeinsame Tätigkeit gehen. Sie wandeln relativ einsam umher. Engel haben sie zwar dabei, aber ihr Erleben ist und bleibt ihr eigenes, und dies ist ‹Abgeschnittenheit›, ‹Nicht-Dazugehörigkeit› zu diesem Reich. Das stimmt sie traurig, sie fühlen, erleben ihre Unzulänglichkeit, ihre nicht vorhandene Zugehörigkeit hier. Und die jeweilige Planetensphäre wird durch sie in einer nicht bereichernden, nicht verschönernden Weise geprägt, denn je mehr solche Seelen da sind, desto mehr ‹Vakuum-Räume›, ‹Nicht-Räume›, ‹leere Löcher› prägen diese Sphäre. Das macht sie unschön und unlebendig.

Jede Planetensphäre ist anders, hat ihre Charakteristik und ihre Seins- und Wirkungsbereiche; aber dieses Bild stimmt so als Prinzip für alle oberen Planetensphären. Von daher vergesst nicht, dass ihr nicht nur eure Erde, sondern den ge-

samten Kosmos durch euer eigenes Sein prägt und mitgestaltet. Ihr könnt Räume durchlichten mit eurer Reinheit und Liebe, ihr könnt sie aber genauso verdunkeln durch euren Egoismus und euer Abgetrenntsein von der Liebe. Ihr seid nicht weniger Weltgestalter als alle anderen Hierarchien, bedenket dies! Euer Sein prägt sich im gesamten Kosmos ein, im gesamten! Ihr könnt Gespenster ohne Lichtgestalt sein und dem Universum der Liebe Substanzlöcher einprägen. Oder ihr könnt, Korn für Korn, Gaben der Liebe und des Lichts mit euch bringen und die Welten damit beschenken und bereichern.»

«Was geschieht hier weiter auf der Seite der sich inkarnierenden Menschen?»

«Auf der Seite der sich inkarnierenden Seelen siehst du Folgendes: Das neu angekommene Menschenwesen schaut sich dort um, wird von Engelwesenheiten herumgeführt und begleitet, macht Bekanntschaft mit den dortigen ‹Bewohnern›, mit ihren Tätigkeiten und ihren Werkstätten – im Bild gesprochen. Es beginnt, selbst zu begreifen, was sein Wesen von dort für seine weitere Reise benötigt, und in Absprache mit seiner höheren Führung fängt es an, sich dies dort auch ‹anzueignen›, es sich ‹anzuziehen›. In Märchenbildern gesprochen würde man sagen: Der eine lässt sich eine Tunika überziehen, dem anderen wird ein besonderes Tuch gewebt, das er sich später umhängen darf; ein anderer wiederum hilft in der Schmiede mit, um ein bestimmtes Werkzeug zu schmieden, das er danach mittragen darf. Die ‹Handwerker› hier sind die Wesenheiten dieser Planetensphären, die nach dem Schicksalsbau des jeweiligen Menschen, der ihm von seinem Erzengel mitsamt seinen Engeln dort ‹unterbreitet› wird, dasjenige ‹anfertigen› und dem Menschen mitgeben, was er von dort braucht und mitnehmen darf. Alles geschieht ‹nach Maß›, für jedes Menschenwesen wird das Seinige individuell

angefertigt. Das bedeutet, jeder bekommt das, was er benötigt, damit er später auf Erden so wirken kann, wie es seinem Schicksalsvorhaben entspricht.

Die Grundausstattung aus der Sternenwelt erfährt hier also eine Erweiterung, eine Ergänzung durch ganz konkrete ‹maßgeschneiderte Anfertigungen›, die dem Menschen später als Seelenleib mit seinen bestimmten Prägungen, Eigenschaften und Kräften dienen werden. Das empfangene ‹Sternenlicht› erfährt durch die einzelnen Planetensphären mannigfaltige ‹Färbungen› und bringt sich in der Gestimmtheit des Menschen zum Ausdruck: in der inneren Struktur seiner Organe, in der Gestaltung seiner fließenden Lebenskräfte, in seinem Temperament als Äußerung seiner Seele. Ihr könntet unzählige Menschenbücher mit diesen so kostbaren, wundervollen, geheiligten, von Liebe und Weisheit durchwobenen Ereignissen und Vorbereitungen füllen, die hier stattfinden. Aber darum geht es jetzt nicht. Es geht darum, dass ihr beginnt zu fühlen, zu erleben, dass gesamte Himmelsstätten an und für euch bauen, dass aus allen Bereichen eures Kosmos, eures geistig-planetarischen Systems etwas für euer Wesen, für euer Sein auf Erden geschmiedet, gefertigt, geschenkt, geopfert wird. Alle Hierarchien sind auf ihre Weise daran beteiligt, ihr seid ihrer aller Kinder. Für jeden von euch wird durchlichtete, durchliebte Geist-, Astral-, Äther- und Erdsubstanz gebildet, geformt, hineingetröpfelt in das ‹Abbild› eures nächsten Erden-Seins. Der Segen des Himmels ist in all dem mit euch.»

«Ich finde kaum Worte dafür. Wir wissen all das, doch wir sind uns dessen nicht wirklich erlebend bewusst. – Was davon machen speziell die Engel des Menschenwesens?»

«Es ist ein heiliges Engel-Weben am sich ausformenden Wesen des neuen Menschen, begleitet von unterschiedlichen

Licht- und Wärmequalitäten, von mannigfaltigen Harmonien und Klängen der verschiedenen Sphären, von Gesten der Hierarchien, die heilige Zeichen und Symbole in die sich bildende Seins-Substanz hineinschreiben. Alles wird jedes Mal für jeden Menschen neu ‹herbeigetragen›, neu komponiert, was später dieses eine Menschenwesen auf Erden werden soll. – Sein Karmisches wird mit all seinen unendlichen Werdemöglichkeiten verwoben, der Mensch wird hier also an seinen eigenen Zukunftsbezug angebunden.»

«Welche Auswirkungen haben hier die Doppelgängerkräfte des Menschen?»

«Die Schattenengel müssen in der späteren Inkarnation ebenfalls ihren Platz an der Seite des neuen Menschen einnehmen, da sie ihm all seine Dunkelheiten und angesammelten Schattenwesen zur gegebenen Zeit und bei den entsprechenden Gelegenheiten darzubringen haben. Alles, was hier in den Planetensphären als Bereich der Schattenengel ‹ausgespart› werden muss, wird von der lichten Seite kunstvoll mit ‹Kräftekeimen› umwebt. Diese tragen Erlösungssubstanz in sich. Das bedeutet, der Mensch bekommt als Anlage, als Potenzial, ‹Samen› der göttlichen Heilsubstanz mitgeschenkt, sodass er zu jeder Zeit die Möglichkeit hat, sich – und somit Teile der Welt – zu heilen und zu erlösen. Erlösen bedeutet, diese dem Licht zuzuführen.

Ihr seid in Zusammenhänge eingebunden, die ihr ‹Karma› und ‹karmischen Ausgleich› nennt. Zugleich tragt ihr immer schon die Erlösungssubstanz in euch! Diese Substanz braucht ihr nur in euch zu entdecken und zu pflegen, sie wachsen, gedeihen und blühen zu lassen. Das ist der Weg, den ihr ‹Selbsterkenntnis› und zugleich ‹Erlösung der Welt› nennt: der Umgang mit dem euch verliehenen und euch innewohnenden Funken des wahrhaft Göttlichen. Wenn ihr diesen aus eurer

Freiheit heraus pflegt, werdet ihr selbst Schöpfer einer geheilten und geheiligten neuen Welt. Das ist der Sinn eurer Erdentwicklung.

Segen mit euch, Kinder der höchsten Götter! Wachset und werdet selbst zu welterlösenden Göttern!»

Die Sonnensphäre als Umwandlungssphäre

> Licht ist Liebe … Sonnen-Weben
> Liebes-Strahlung einer Welt
> schöpferischer Wesenheiten –
> die durch unerhörte Zeiten
> uns an ihrem Herzen hält (…)
>
> *Christian Morgenstern*

«Wir fahren nun fort. Still, werde innerlich ganz still, damit du vernehmen kannst. – Höre jetzt aufmerksam zu und schaue genau hin:

Unter der Führung der höheren Hierarchien weben unzählige Wesenheiten an dem, was das Menschenwesen mit allem, was seine Konstitution und Veranlagung, leiblich, ätherisch und seelisch, im bevorstehenden Erdenleben sein wird. Die Engel bereiten mit vor, was ihr ‹Wesensglieder› und ‹Hüllen› für das Ich nennt. Die hierfür zusammengeführten Geistsubstanzen werden wie in ‹Werdeformen› hineingegossen. ‹Werdeformen› sind die individualisierten geistigen ‹Modelle›, die aus dem Archetypus, aus dem Urbild ‹Mensch› erschaffen werden. – Auch dies sind einfache Bilder, damit ihr sie aufnehmen könnt.»

«Was passiert mit dem Bewusstsein des Menschen auf diesem Weg? Im Nachtodlichen arbeitet der Mensch erst ‹nach› und später dann ‹vor›, seine Bewusstseinszustände verändern sich dabei. Wie ist das hier im Vorgeburtlichen?»

«Das ist eine Frage, die nicht viele so stellen. Höre: Nach der Weltenmitternacht ist das Bewusstsein erst einmal wie ‹ausgelöscht›, das bedeutet, dass dasjenige, was beim Vater erlebt wird, nicht vom Bewusstsein des Menschenwesens mit-

genommen werden kann; zumindest nicht in der Regel. Dann, als ausgleichendes Gegenbild zum Ausgedehntsein in der devachanischen Sphäre, hat der Menschenkeim in der Sternenwelt erst ein ganz nach innen genommenes Bewusstsein. Er schwebt, von den Sternenengeln getragen, in dieser Sphäre, ohne eigenes Zutun. Er nimmt durchaus wahr, aber zunächst ohne eigene Aktivität. Durch das ‹Gerüst› seiner neu werdenden Entwicklungsgestalt, das die Sternenengel ihm erschaffen, beginnt er langsam wie zu sich selbst aufzuwachen und neu ‹Ja› zu sagen. Es ist ein ‹Ja›, das erst ‹wird›, das durch das Tun der Engel überhaupt entstehen kann. Die Tätigkeit der Hierarchien ist die Grundlage dafür, dass bei ihm überhaupt wieder Bewusstsein entsteht.

Beim weiteren Abstieg zur Neuinkarnation wird das Menschenwesen erst durch die unterschiedlichen Sphären ausgestattet, und dann, in der Sonnensphäre, wird es mit seinem Höheren Ich zusammengebracht. Es wird diesem übergeben. Erst durch die Einwirkung des Höheren Ichs kann das zur Erde herabsteigende Menschenwesen das volle ‹Ja› zu seinem neuen Sein auf Erden sagen. Ja sagen bedeutet hier: ‹So sei es. Ich nehme diese Aufgabe mit allem, was zu ihr gehört, an.› Es braucht das Sonnenhafte des Höheren Ichs, damit das Menschenwesen überhaupt dieses ‹Ja› vollständig und vollbewusst sagen kann. Und hier ist auch der Höhepunkt der ‹Bewusstseinshelle› für den herabsteigenden Menschen. ‹Oben› war er so nach innen gekehrt, dass er vom Bewusstsein her wie schlafend war. Dann wachte er durch die Tätigkeit der Engel immer mehr zu sich selbst und zu seinem Bevorstehenden auf. Und hier, in der Sonnensphäre, ist in der Regel eine völlige Übereinstimmung zwischen dem Höheren Ich und der neuen Inkarnationsaufgabe – und somit auch dem Bewusstsein des eigenen Selbst. Es ist hier eine Bewusstseinskulmination.

Bis hierhin erschaut man die herabsteigenden Seelen auch nicht als ‹Kinder›, sondern – in einem Erdenbild gesprochen – als junge Erwachsene um die 30–33 Jahre, wie es dem Höheren Ich und dem Urbild des Menschen entspricht. Danach, mit dem weiteren Abstieg hinunter zur Mondensphäre, legt der Mensch seine ‹Urbildgestalt› für das neue Leben ab. Er wird zur ‹Kindgestalt› und verliert auch immer mehr das Bewusstsein des Höheren Ichs. Von da an ist er eine ‹Kinderseele›, die sich auf ihr ‹Hinunterspringen› ins Erdendasein konzentriert.

Ab der Sonnensphäre findet also diese Umwandlung statt, die dann im Weiteren dazu führt, dass das Menschenwesen seine ‹geistige Erwachsenengestalt›, wie ihr das nennen würdet, in eine ‹geistige Kindgestalt› überführt. Erst von da an werden die Kinder auch von ihren Müttern ‹erspürt›, von da an melden sie sich auch selbst aktiv oder kündigen sich an. Es ist sehr selten, dass aus früheren Etappen tagesbewusste Begegnungen zwischen Mutter und Kind stattfinden; die gibt es aber auch.»

«Im Nachtodlichen hat der Mensch ‹Rückschauen› auf verschiedenen Ebenen. Gibt es hier spiegelbildliche Erlebnisse dazu, erhält das Menschenwesen ‹Vorschauen› auf sein bevorstehendes Erdenleben?»

«Genauso ist es. Das Menschenwesen bekommt erst die ‹Werdemöglichkeiten› seiner Entwicklung auf Erden aufgezeigt. Zunächst erhält das Ich seinen Auftrag, der verbunden ist mit all dem, was der Mensch sich selbst vorgenommen hat als Ergebnis aus seinen eigenen früheren Erdenerlebnissen. Es sind die Entwicklungsschritte, die er selbst tun will. Hier sind karmische Ausgleiche, Fortsetzungen von Beziehungen sowie weiterführende Erlebnisse und Lebensschulungen aller Art mit hineinverwoben. All dies wird weiter ausgearbeitet und führt zu einem sehr komplexen Gefüge von Werdeoptionen, die das ‹Vorhaben› des Menschen ermöglichen sollen.

Das bedeutet, dass der Weg, der vorausgeschaut werden kann, nicht ‹fest gepflastert› wird, sondern sich im Kontext bestimmter variabler Bedingungen auf unterschiedliche Weise ausgestalten kann. Diese Arbeit des ‹Hineinverwebens›, die hier stattfindet, ist für euch in ihrer Mannigfaltigkeit noch kaum vorstellbar. Daran wirken viele, sehr viele Engelwesenheiten, die dem Ich einen Werdeweg aus all dem zusammenweben. Das Ich des Menschen schaut im Vorblick darauf und sagt ‹Ja› dazu, denn dies ist bereits Ergebnis seines eigenen Willens, der die Zukunft bildet.

Der Mensch erhält hier sogar bestimmte Auswahlmöglichkeiten: Er kann in seinem bevorstehenden Erdenschicksal gewisse Begleitungen und Hilfestellungen erhalten, er kann bestimmte neue karmische Konstellationen annehmen oder auch ablehnen, je nachdem, ob er der Ansicht ist, dass er diese für sein Lebensvorhaben benötigt oder nicht. Manche Menschen entscheiden sich hier auch gegen einige Ratschläge der sie begleitenden Engel und nehmen ihre Vorschläge nicht an.»

«Warum tun sie das?»

«Weil sie den Eindruck haben, dass sie bestimmte Entwicklungsschritte aus eigener Kraft schneller machen können. Die Ergebnisse auf Erden sind dann nicht immer gut. Wir bedauern es dann für diese Menschen, aber wir wahren eure Freiheit als kostbarstes Gut eures Werdens.»

«Kannst du mir bitte hier vielleicht ein Beispiel geben?»

«Ja, schaue: Manche erachten langsamere Entwicklungsschritte oder die Begleitung durch bestimmte helfende Menschen oder Wiederholungen und Hürden im Sinne der Festigung ihres Wesens als ‹Verzögerung› ihres Werdens. Sie sind der Ansicht, dass sie es auch ohne diese Hilfen gut schaffen. Der Mensch steigt durch die planetarischen Sphären immer tiefer in astralische Bereiche hinein, da mischen sich bereits Geis-

ter mit ein, die den Menschen verführen können. Und manche Menschen lassen sich hier verführen. Diese Welten sind nicht ohne Gefahren, und beim Abstieg lauern sie, darauf wartend, das kommende Schicksal des Menschen in ihrem Sinne beeinflussen zu können.»

«Wie wappnet man sich hier? Wie kriegt man Klarheit und Sicherheit?»

«Indem der Mensch das rechte Maß hält.»

«Was bedeutet das?»

«Wenn er sich auf seine Mitte, auf die Christus-Kraft in sich besinnt, die ihn nie verlässt, weder inkarniert noch exkarniert.»

«Das Menschenwesen kann hier also schon gefährdet sein?»

«Alles, was unterhalb des Sternenkosmos ist, kann bereits gefährdet werden. Auch die zu starke Neigung zu etwas hin kann bereits eine Gefahr sein. Je mehr der Mensch absteigt, desto mehr nähert er sich auch wieder den Gefahrenzonen eurer Welt an, die bis in die Planetensphären hineinragen können. Der Mensch verliert den kosmischen Seinszustand und gewinnt immer mehr an ‹Schwere›. Das bedeutet, sein ‹Schwingungsgrad› wird weniger durchlässig. Er wird in jeder Sphäre weiter ausgestattet, also angereicherter, ‹vollständiger› in seiner neuen, werdenden Menschengestalt, zugleich aber auch ‹schwerer› und ‹anfälliger› für andere Einwirkungen.»

«Im Nachtodlichen, in der Astralwelt, erlebt der Mensch seine gewesene ‹Außenwelt› in sich. Wie ist hier, im Spiegelbildlichen, sein Verhältnis von ‹innen› und ‹außen›, wenn man das hier überhaupt so nennen kann?»

«So wie ihr im Nachtodlichen in der Seelenwelt die gewesene ‹Außenwelt› in euch erlebt, erlebt ihr hier eure Werdeimpulse als in die Zukunftswelt eurer nächsten Inkarnation hinausstrahlend. Ihr erlebt, wie euer Wesen, durch sein Sein und Wirken im Irdischen, auf die Welt ‹ausstrahlt›, wie es

sich ihr dadurch ‹einprägt›. An manchem, was ihr da seht, erschreckt ihr, euer Wesen muss es verkraften lernen, auf diese Weise in die Welt hineinzuwirken.

Je dichter ihr im Astralbereich seid, desto näher seid ihr an der Erde und spürt sie auch als näher auf euch zukommend, als mehr nach euch ‹greifend›. Es kann der Moment kommen, in dem man das nur schwer aushält oder sogar nicht will, weil die Erdenschwere, -enge und -kälte, das Erdendunkel zu stark spürbar werden. – Es muss jedoch nicht sein, dass der Abstieg in dieser Form stattfindet. Für viele Seelen ist die Annäherung an die Erde mit einer großen Freude und Liebe verbunden. Liebe für das ‹Wesen Erde› und Freude über die eigene Entwicklung. Liebe zum Mensch-Sein und Liebe zum Christus in der Ätherwelt der Erde. Manche Seelen leben also mit einem großen ‹Ja› in sich.

Damit dieses ‹Ja› für alle möglich wird, findet die Begegnung der herabsteigenden Menschenseele mit ihrem Höheren Ich in der Sonnensphäre statt. Das Höhere Ich durchwärmt und durchpulst das Menschenwesen so innig mit Sonnenkraft, mit Sonnenliebe und mit Sonnenlicht, dass hier jedes Wesen befähigt wird, Ja zu seinem kommenden Erdenweg zu sagen. So wie der Christus nach dem Tod das Tor zur Seelen- und Geistwelt ist, indem der Mensch in Seinem Beisein Ja sagen lernt zu all seinem Gewesenen, so lernt der Mensch hier, im vollem Bewusstsein seines Höheren Ichs, Ja zu sagen zu seinem eigenen Kommenden auf Erden.

Dieses Höhere Ich wird hier angeführt, begleitet, durchlichtet vom Wesen der Hohen Himmelsmutter. Sie ist das Tor zur Neugeburt in die Äthersphäre der Erde hinein. Zwischen Sonnen- und Mondensphäre hat der Mensch also eine Begegnung mit Ihr, so wie er im Nachtodlichen zwischen Monden- und Sonnensphäre die Begegnung mit dem Christus hatte. Mit

Christus durch den Tod zur Auferstehung des Menschenwesens hin. – Mit der Himmelsmutter durch die Erdengeburt zur Menschwerdung hin. Wenn das Dunkle eurer Erde sich dem Licht der Himmel verschließt, erreicht Sie euch noch immer, weil Sie das andere Himmelslicht ist: das Licht, das auch das Dunkle der Erde durchdringen und durchlichten kann.»

«Die meisten Menschen kennen die Himmelsmutter nicht.»

«Ihre Seelen schon. – Einige Menschen kennen die Erdenmutter. Und sie wissen, dass das Wesen der Sophia sich der Erde annähert. Es gibt geistig-wesenhafte ‹Aspekte› – wie ihr das sagen würdet – aus den Strömungen der Himmelsmutter. Mehr dazu in einem nächsten Schritt.»

Von der Sonnensphäre zur Mondensphäre

> «Man braucht nicht nur gegen die
> Dunkelheit Mut,
> auch für das Licht braucht man Mut,
> und zwar wahren Mut.»
>
> *Die Lehrerengel*

«Nun höre weiter: Die Himmelsmutter ist es also, die im Bereich zwischen Sonne und Mond euer Tor zur Erdenwelt ist. Der Mensch steigt in die ‹Nacht der Himmel› hinein, die ihr als ‹Erdendunkelheit› bezeichnen würdet. Aber darin leuchtet die Sonne der Mutter, Ihr heiliges Wesen, das die ‹Nachtseite› erleuchten lässt und sie bis in die Tiefen der Erde hinein, bis zum Erdmittelpunkt durchgeistigt. Sie leuchtet euch den Weg voraus in eure Inkarnation hinein. Sie ist diejenige, die euch auch da noch Himmelsmutter bleiben kann, weil Sie die ‹Nachtseite›, das bedeutet die ‹ungesehene›, die ‹verborgene› Seite des Heiligen, des Geistigen ist.

Symbolisch wurde Sie von denjenigen, die Ihre Wesenhaftigkeit ahnend erschauen konnten, auch in dieser Weise dargestellt: mit der Sonne im Herzen oder um das Haupt, die Füße auf dem Mond und umkrönt vom Glanz der leuchtenden Nachtsterne. Sie ist die Sonne der Nacht, ganz real. Die ‹geistige Nacht› hat hier nichts mit ‹Dunkelheit› zu tun, sondern ist der ‹alchimistische Ausdruck›, wie ihr das sagen würdet, ist der verschlüsselte Begriff für ‹die andere, verborgene Seite der Geistigkeit›. Es gibt die sichtbare Seite der Geistigkeit, die ‹Sonnenseite des Tages›, die, vom Vater ausgehend, der Christus vertritt. Und es gibt die ‹Sonnenseite der Nacht›, die von der Mutter ausgeht und die ihre Vertreter eines Tages auch in die Sichtbarkeit eures Bewusstseins aussenden wird. Ihr wisst bereits, dass das Kommen Sophias naht.

Von beiden Strömungen ausgehend, gab es seit jeher Einweihungen, die entsprechende Schulen geformt und Eingeweihte ausgebildet haben. Christus selbst hat beide Ströme genährt und geschult. Er hatte Seine ‹Schüler des Tages› gehabt, die Jünger, Apostel und noch andere mehr; wie auch die ‹Schüler der Nacht›, darunter Joseph von Arimathia, Nikodemus, Maria Magdalena, den Frauenkreis um sich und noch manche andere. Beide Strömungen gehören zur höchsten Geistigkeit und zur Entwicklung eurer Erde. Sie ergänzen sich gegenseitig, wenn auch noch nicht ganz sichtbar. Sie tragen sich gegenseitig und werden sich eines Tages miteinander verbinden.

Und so werden eines Tages auch Tod und Geburt, die Werdeströme des Menschen, die von Sohn und Mutter angeführt werden, sich zu einem ewigen Leben miteinander verbinden am Ende eurer Zeit. Da wird das Wesen des Menschen beides in sich vereint haben, und Tod und Geburt werden eins sein: ewiges, unsterbliches, geistiges Leben! Dann werdet ihr wieder zum Vater zurückgekehrt sein.

Und so wie der Christus eine jede Menschenseele nach dem Schwellenübertritt aus dem Irdischen erwartet, sie empfängt und ihr das Bewusstseinslicht einer wahren Geistesschau des eigenen Wesens schenkt, so reicht die Mutter einer jeden Menschenseele die Hand beim Schritt in seine nächste ätherisch-physische Inkarnation hinein.

Sie schaut mit dem Menschen noch einmal seine bevorstehende Inkarnation an, und dieses Mal, mit Ihr, sieht der Mensch diese aus menschlicher Sicht. Das ist die Schwierigkeit dieses Vorblicks. Er erkennt und ‹fühlt vor› all seinen Schmerz, all seine Widerstände, all seine Niedergeschlagenheiten und Verletzungen, die zu seinem bald beginnenden Erdenleben dazu-

gehören. Und hier steht ihm die Mutter zur Seite, ihn tröstend und sanft ermutigend, ihm Licht und Zuversicht zusprechend, ihn einhüllend in Ihrer sanften, reinen, unendlichen Liebe der Mutter allen Seins. Sie gibt dem Menschen Hinweise für sein bevorstehendes Erdenleben, wie eine liebende Mutter ihrem Kind weise Ratschläge vor einer großen Reise gibt. Sie ermutigt die Seele im Angesicht der ihr bevorstehenden Prüfungen, schaut mit ihr den Lebensplan mit seinen unterschiedlichen Ausgestaltungsmöglichkeiten an. Sie steht also der Seele zur Seite bei ihrem Lebensvorblick. Jede Seele liebt Sie, jeder Seele gibt Sie Geleit von der Astral- in die Äthersphäre hinein.

Doch nicht nur sein Schweres erkennt hier der Mensch, auch sein Schönes und Erfülltes sieht er in diesem Vorblick. Mit Freude schreitet er dem entgegen, aber auch dies will von ihm ergriffen, entdeckt und angenommen werden. Auch hier ist die Mutter bei ihm, ihn in seinen Impulsen bestärkend und ihm Himmelsworte zuflüsternd, wie Sternenliebkosungen.

Sie segnet die Menschenseele in ihre Inkarnation hinein und entlässt sie mit einer sanften Handbewegung in ihre letzte Phase vor der Inkarnation, in die Äthersphäre hinein. Das Ausführen dieser ‹Handbewegung› übernehmen die Engel, die die Seele des Menschen von der Sonnen- in die Mondensphäre hinein begleiten. Das Menschenwesen wird nun ganz ‹Kind›, dieser Schritt ist die letzte große Vorbereitung zum Mensch-Sein auf Erden: Das Wesen schlüpft in die geistige Kindgestalt hinein. Im Bild der Mutter, die das Geistwesen des Menschen in die ätherisch-physische Welt entlässt, ist zugleich ein anderes Bild einverwoben: Die Mutter ‹gebiert› das jeweilige Kindwesen des Menschen. Für die Kinderseelen ist dieses Zusammensein mit der Mutter ein Selbstverständliches, denn ‹eine Mutter› ist immer ‹beim Kind›. – Sie ist also die Brücke zwischen den Welten auf dieser Seite eures Werdens: auf der Seite der ätherisch-physischen Geburt und des Erdenmensch-Werdens.

Hier sind noch tiefe Geheimnisse enthalten, die eurer Menschheit in nicht allzu fernen Zeiten enthüllt werden; denn nur so könnt ihr beginnen zu begreifen, wie der wirkliche Kreislauf von Tod und Geburt verläuft und unter welchen ‹Sonnen und Sternen›, unter welcher konkreter Geistführung euer Werdegang sich gestaltet. Diese Zusammenhänge müssen erspürt werden, von daher werden sie dann gegeben werden, wenn ihr Menschen mit eurem Herzenserleben weiter sein werdet.»

«Wie erlebt die Kinderseele hier den Bereich der Ätherwelt?»

«Ab der Ätherwelt beginnt das Kindwesen sich dem Ätherischen seiner irdischen Mutter anzunähern und lebt dann, etwas später, ab der Zeugung, sowieso in der Verbundenheit mit dieser Erdenmutter. So dass das Kind auf diesem Weg nie ohne ‹Mutter› ist.

Die Engel des Menschenwesens, der Kinderseele, rücken nun enger um ihr Menschenkind, ziehen das ihm entsprechende Ätherische zusammen, aus dem sie ihm die ‹Äthergewänder›, also die ‹Äthergestalt›, zusammenweben, und legen ihm diese an. In dieser Sphäre hat das Kindwesen bereits vieles ‹vergessen›, was es in den himmlischen Höhen erlebt hatte. Sein Bewusstsein umfasst noch den ätherischen Umraum und fokussiert sich immer stärker auf die Erde. Es vernimmt die Erde als ‹Lebenskörper›, es spürt ihre Lebensströme, die Energie ihrer Kontinente und ihrer bestimmten Gegenden, ihre Gebirgsketten und mannigfaltigen Landschaften. Die Erde empfängt die Seele durch einen unglaublich starken Eindruck, den sie auf das Kind macht. All ihre lebendigen Wunder sprechen den sich annähernden Menschen an, er ist ergriffen und voller

Liebe für dieses große, weisheitsvolle, wunderschöne, lebendig-atmende Gebilde, für diesen ‹Organismus Erde›, zu dem er nun ungeduldig hinwill.

Dann stimmt sich das herannahende Menschenwesen ganz intensiv auf die Erdgegend ein, die es sich als Inkarnationsort ausgesucht hat. Diese hat nämlich eine bestimmte Färbung, Prägung, Charakteristik, die der Mensch durch seine Geburt an diesem Ort tief in sich aufnehmen wird. Er fokussiert die ihn empfangende Familie, vor allem die Eltern, meistens am stärksten die Mutter, und wartet den richtigen Augenblick ab, um dann, zur Zeugung, ins Irdische hineinzuspringen. Ja, es ist ein richtiges ‹Springen› beziehungsweise ein Eintauchen darin.

Die Art und Weise, mit der ein Wesen dieses Eintauchen ins Irdische vollzieht, ist für es charakteristisch und zeigt vieles auf von diesem Menschen wie auch von der ihm bevorstehenden Inkarnation. Manche springen freudig kopfüber und jauchzen dabei, ihre Engel müssen ihnen ‹hinterhereilen›. Andere schweben sanft heran, von ihren Engeln begleitet, schauen sich alles noch einmal an und geben sich einen Ruck zum Hineingleiten ins Physische. Andere haben etwas Entschiedenes und stark Willensbestimmtes dabei, sie ‹schneiden› mit ihrer Präsenz regelrecht ins Physische hinein. Es gibt auch diejenigen, die zögerlich sind oder ein wenig ängstlich, wie vor einem Sprung ins eiskalte Wasser. Und es gibt auch solche, die richtig erschrecken und dann doch nicht mehr ins Irdische wollen. Das kann bis zum letzten Augenblick, bis zur Geburt passieren. Und dieser ‹Schrecken› und der Versuch, dem noch zu entkommen, werden entweder im Schwangerschafts- oder im Geburtsverlauf sichtbar, oder er zeigt sich in bestimmten Auffälligkeiten während der Kindheit. Diese Signatur des Einstiegs ins Erdenleben bleibt also für das geistige Auge auch während des

Lebens weiterhin erkennbar und markiert bestimmte Entwicklungsbereiche und Werdequalitäten des jeweiligen Menschen.»

«Was machen die Engel des Kindes bei der Zeugung?»

«Konkret bei der Zeugung, also beim ‹Sprung›, bilden die Ringengel einen festen Ring um ihr Menschenkind und durchströmen es mit allem, was sie ihm aus ihrer gemeinsamen Verbundenheit nur an Gutem geben können. Alles, was sie ihm während seiner Inkarnation an Qualitäten ‹schenken› und zur Verfügung stellen werden, ist also bereits bei der Zeugung als ‹Qualitätenkeim› im Menschen angelegt. Sie segnen ihn, und obwohl sie ja weiterhin bei ihm bleiben, verabschieden sie ihn aus dieser Vorsphäre des Irdischen. – Die Zeugung selbst birgt noch andere hohe geistige Geheimnisse in sich, da wirken in einer ganz bestimmten, tief mystischen Weise die Vaterkräfte mit. Doch davon erst später in eurer Erdenzeit.

In einem nächsten Schritt folgen dann die Zusammenhänge der Erdengeburt.»

Die Erdengeburt

> «Das wahre Wunder besteht nicht darin,
> auf dem Wasser zu wandeln,
> sondern auf der Erde zu gehen.»
>
> *Thich Nhat Hanh*

«Oh, ihr Menschen, ihr könnt es kaum ermessen, wie viele Wesen an dem mitwirken, was ihr Schwangerschaft nennt! Es ist ein Zusammenschluss der Hierarchien, ein so vielschichtiges und vielgestaltiges Zusammenwirken auf so vielen Ebenen wie das Weben eines kunstvollen Teppichs, bei dem jeder kleinste geknüpfte Knoten die Tat eines Geistwesens ist. Es ist ein geistiger ‹Tanz›, der ständig Prozesse bewirkt, der auf allen Ebenen Substanz- und Materienflüsse bildet und gestaltet, Leben lebendig entstehen und wachsen lässt. An Mutter und Kind werden größte Wunder vollzogen, die ihr lediglich ‹werdendes Leben› nennt, die aber so vieles, so vieles mehr bedeuten!

Der Erzengel des Kindes leuchtet während der Schwangerschaft immer wieder auf, er taucht fast bis zum Ätherisch-Physischen auf. Wenn die Mutter empfänglich ist, kann sie ihn erleben. Die Engel von Mutter und Kind wirken in dieser Zeit Hand in Hand, da sie eine ‹Einheit› umweben und hüten. Auch die Erzengel der beiden, mitsamt dem Erzengel des Vaters, sprechen sich miteinander ab und leiten ihre Engel entsprechend an.

Die Ringengel des Kindes sind alle da bei der Zeugung und bei der Geburt. Dazwischen nicht, dazwischen hüten sie das Kind wie von ‹weiter weg›. Die Verbundenheit ist immer da, aber sie treten noch nicht ihre Aufgabe an. Sie lassen, wie feine, goldene Ströme, einzelne ‹Qualitäten› ihres Wesens dem Kind zukommen, mehr nicht. Schutzengel und Führungsengel sind maßgeblich wichtig, manchmal auch die Lehrerengel, doch das ist eher die Ausnahme. Die Lehrerengel sind nur dann befugt zu wirken, wenn das Kindwesen sich eine spezielle geistige Aufgabe für das bevorstehende Erdenleben vorgenommen hat. Dann können sie es in dieser Zeit des Vorgeburtlichen noch unterweisen. Sie pflanzen ihm den Keim des Geistigen ein, welches es ergreifen will, sodass der Mensch später an diesem Keim, den er in sich trägt, wieder aufwacht. So kann er diesen Geistweg dann auch im Irdischen finden und daran anknüpfen.

Über diesen gesamten Bereich von Schwangerschaft und Geburt, auch über die Zeit des Stillens und der ganz frühen Kindheit wacht immer, immer die Himmelsmutter – zwar aus der ‹Ferne›, aber mit Ihrem ganzen ‹Bewusstsein›.»

«Wie erlebt das Wesen des Kindes selbst die Zeit der Schwangerschaft?»

«Während der Schwangerschaft wird das Wesen des Kindes von seinen Engeln wie ‹schwebend› gehalten. Das Kind ist schon ‹verankert› im Wesen und Leib der Mutter, schwebt aber noch oben darüber und kann noch Geistiges erleben. Und immer mehr taucht es ein ins Seelisch-Ätherische der irdischen Mutter, es erlebt und fühlt durch sie hindurch, es nimmt Teil an allen ihren Seelenregungen und Ätherströmungen, an ihrer Verbundenheit mit dem Geistigen. Es lebt immer mehr im Inneren, im Innenwesen der Mutter und vereinigt sich immer mehr mit ihr, bis es sich fast ganz mit ihr verbindet.

Aber dann merkt es, dass es doch ein eigenständiges Wesen ist und werden muss, und jetzt beginnt die Vorbereitung zur eigentlichen Erdgeburt. Da will das Kind wieder zu sich selbst kommen, und dies ist der Impuls zur Geburt. Dieser Impuls findet einige Tage vor der Geburt statt, die physischen Vor-

gänge der Geburt werden aber nicht vom Kindwesen, sondern von seinen Engeln angeleitet. Sie berücksichtigen, wann die kosmisch-planetarischen und die irdischen Aspekte am stimmigsten und passendsten für diese Geburt, für den Übergang dieses Menschen von der einen in die andere Welt sind.

Bei der Geburt sind viele Geburtsengel da, wie auch Marienengel. Mutter und Kind werden von ihnen allen umwebt und umsorgt. Die Geburtsengel sind, wie du es schon weißt, Gabrielitische und Raphaelitische Engel, die die Geburtsvorgänge begleiten und geistig durchführen. Die Marienengel weben an der Verbindung zwischen Mutter und Kind, sie vertreten die Qualitäten der Himmelsmutter, die das Kind durch diese Ihre Engel in die Erdenwelt hineinbegleitet. Die Engel des Kind-Vaters knien sich hin und beten zum Gottvater. Erzengel Gabriel waltet über die Geburt, mit ihm zusammen wirken der Erzengel Raphael und der Erzengel des Kindes. Es ist ein hochheiliges, wahrhaftig göttliches Geschehen. Alle diese Wesenheiten tragen den Segen des Himmels in sich und strömen ihn aus über das Kind und seine gesamte Familie.

Das frisch angekommene Menschenkind ist dann geboren. Es ist noch ganz rein und himmelsnah. Die Engel reinigen seine Umgebung, halten das himmlische Licht um ihn, singen ihm, sodass es den Himmel noch ganz nah um sich spüren kann. Sie ziehen sich erst ganz langsam zurück, wenn die Übergänge zwischen den Welten geschafft sind. Vor allem die Marienengel bleiben über einen längeren Zeitraum beim Kind, um es in seine Inkarnation hinein zu begleiten. Später übergeben sie es seinen anderen Begleitern: dem Engelring des Kindes, insbesondere denjenigen Engeln, die in der Anfangszeit auf dem Plan stehen.»

«Wie finden diese Übergabevorgänge statt?»

«Die Marienengel singen das Kind Schritt für Schritt in die

Erdenwelt hinein. Sie übergeben durch Himmelsgesang. Sie singen ihre Welt in die Welt des Kindes ein, verändern stetig den Klang der Harmonien, damit das Kindwesen beginnt, den Wechsel der Welten nachzuvollziehen. Das bedeutet, das Wesen des Kindes geht mit ihrem Gesang mit und nähert sich so stufenweise immer mehr der Erde an. Sie singen ihm noch den gesamten Himmel ein, lassen diese himmlischen Harmonien in sein Wesen eintröpfeln, damit es eines Tages auch wieder diese Spur zum Himmel zurückfinden kann. Es ist eine Spur aus Himmelslicht und Himmelsklang, die seine Seele später wieder entdecken und an der sie entlanggehen kann. Die Marienengel bilden eine Kette bis zur Himmelsmutter zurück, die aufmerksam über das Kind wacht. Jedes Menschenkind ist ein Geschenk des Himmels an die Erde, die Himmelsmutter vertraut es euch hoffnungsvoll an.

Ihre Engel lieben diese Arbeit am ‹frischen Kind›. Sanft singend weben sie in den ersten Wochen und Monaten nach der Geburt um Mutter und Kind. Sie leuchten in den allerschönsten, pastell-zarten Lichtfarben und halten in den für das Kind noch vertrauten Himmelsklängen seinen Raum. Je mehr die irdische Mutter die Aufgaben für das Kind übernimmt, je mehr sie dem Kind in der neuen Welt Raum bildet durch ihr eigenes Ätherisch-Astralisches, so, dass das Kind gut darin ankommen, sich gewöhnen, sich heimisch fühlen kann, desto mehr können sich diese Marien-Engel auch wieder, einer nach dem anderen, zurückziehen. Sie bilden also den Übergang von der einen ‹Mutter›, der Hohen Himmelsmutter, zur irdischen Mutter hin. Sie sind diejenigen, die diese heilige Aura um Mutter und Kind bilden, diese Atmosphäre des Sakralen, die vor allem in der ersten Zeit nach der Geburt für euch Menschen wahrnehmbar ist. Ihr flüstert um das Neugeborene, weil die Engel flüstern; ihr wagt es kaum, Mutter und Kind zu berühren, weil sie da umfangen werden und ‹geheiligt› sind durch diese Engel. Und wenn ihr das Kind auf den Arm nehmt, dann spürt ihr, dass ihr gerade ‹den Himmel› haltet. Es ist auch so, der Himmel ist dann zu euch gekommen durch dieses Kind, welches noch ganz von Engelarmen getragen, noch ganz von Engelliebkosungen umhüllt wird. Diese Engel umstreicheln Mutter und Kind mit ihrem zarten, feinen Weben, sie hüten das Wunder des Neu-Geborenwerdens im Erdendasein.»

«Es ist unfassbar schön!»

«Ja, ein Menschenkind ist auf Erden geboren und wird von einer ganzen Gemeinschaft von Engeln begleitet und immer mehr der Erdenwelt übergeben. Immer, immer sind und bleiben Engel beim Kind. Es ist ummantelt und umhüllt von Engelskräften und von Engelgewändern, es wird immer von Engelhänden geführt und beschützt.»

«Wie entwickelt sich die Erlebenswelt des Kindes weiter, in den frühen Kindheitsjahren?»

«Gehe in die Zeit weiter nach vorne und schau: Ein kleines, ein- oder zwei jähriges Kind spielt. Es sitzt auf dem Fußboden, um ihn sind vielleicht ein Kuscheltier, ein oder zwei Püppchen, Holzklötze und eine bunte Rassel. Was erlebt das Kind dabei? Alles, was in seinem Zimmer ist, ist für ihn erst eine lebendige, bewegte Welt voller Farben, Töne und Klänge. Die Pflanzen auf dem Fensterbrett erlebt das Kind als von einem Farbspektrum umwoben, die Pflanzengeister oder -feen sieht es in diesem Farbspektrum schweben und an den Pflanzen arbeiten. Die Vorhänge am Fenster, obwohl ‹rein physisch›, sind für ihn wie Tore, wie Durchgangsflügel zu einer anderen Welt ‹da draußen›, zu der es nicht gleichermaßen sein Bewusstsein hin ausdehnen kann. Die Bilder an den Wänden seines Kinderzimmers sind wie tönende, farbige, sich bewegende Gebilde. Je nachdem, was die Bilder darstellen, vermitteln sie ihm einen

bestimmten Eindruck. Wenn die Absicht, der Impuls des Malers ein geistig-künstlerischer gewesen ist, dann wirken die Bilder wie ‹Gestalten›. Wenn die Bilder nicht aus einem geistigen Impuls heraus geschaffen worden sind, wirken sie auf das Kind wie ‹Schleier›. Es brauchen nicht Originale zu sein, auch in den Drucken eines Bildes offenbart sich der Ursprungsimpuls des Malers und der mit ihm schaffenden Wesenheiten.

Die Möbelstücke sind dem Kind wie wesenhafte ‹Kameraden› im Raum, sie vermitteln Stimmungen, Abdrücke von Tätigkeiten und etwas von der Ur-Idee des entsprechenden Gegenstands. Die Ur-Idee eines Sessels vermittelt etwas anderes als die Ur-Idee eines Schranks. Das Kind denkt nichts bei alledem, sein Wesen erlebt aber all das, berührt wie mit dem Herzen, tastet innerlich all das ab und hat innere Eindrücke daran. Deswegen ist es auch so wichtig, welche Umgebung man dem Kind schafft.

Weiter erlebt das Kind, dass da eine bestimmte Stimmung in diesem Raum lebt – ja, die Stimmung lebt für ihn. Sie ist seine ‹Luft›, es ‹badet› darin wie in einer Lebenssubstanz. Und in dieser Stimmung schwingen Wesenheiten. Es sind immer Engel da beim Kind, es lebt also in ihrer Gegenwart, in ihrer Schwingung, ‹sieht› sie aber nicht immer. Manchmal öffnet sich sein Geistblick, und es erschaut seine Engel, lächelt dabei, freut sich, spricht innerlich mit den Engeln. Oft spielt es auch mit ihnen. Mit Kleinkindern spielen wirklich die Engel. Seine leibliche Tätigkeit, seine Handbewegungen, sein Lautieren beim Spielen sind Teil dieses Austauschs mit dem erlebten wesenhaften Umfeld. Die Engel sind diejenigen, die ihn dabei anleiten.

Im Raum sind auch die Elementarwesen des Zimmers, der Wohnung. Sie nimmt das Kind zunächst nicht so wahr wie die Engel, sondern wie die zum physischen Raum zugehörigen Wesen. Erst mit der Zeit, mit über zwei, drei, vier Jahren, kann das Kind auch Elementarwesen deutlich erkennen. Dann erst gesellen sich auch die sogenannten ‹unsichtbaren Spielkameraden› hinzu.

Wenn der Blick des Kindes auf Puppen und Kuscheltier fällt, ist immer ein Engel ganz dicht bei ihm, der diese innere ‹Begegnung› hält und hütet. Das Kind sieht das Bunte der Puppe, das Kuschelige des Stofftieres auch, aber nur indirekt; denn direkt sieht es durch die Puppe das dahinterstehende Wesen, das sich mit dieser Puppe verbunden hat. Die Puppe ist ihm also die Verbindung zum Wesen dahinter, das erlebt das Kind.

So wie die Mutter ständig um das kleine Kind aufräumt, summt, Essen vorbereitet, mit dem Kind spricht, so wie sie eine bestimmte Stimmung und Atmosphäre erschafft und pflegt, in ähnlicher Weise wird das auch von den Engeln gemacht. Sie hüten das Kind, umsorgen es, pflegen es, singen ihm, sprechen mit ihm, trösten es, ermuntern es, heitern es auf. Die Pflege des jungen Kindes auf Erden findet seitens der Geistwelt in einer anderen Weise statt als die Begleitung eines Erwachsenen. Das, was ihr Menschen hier selbst tut, ist ein Nachklang, ein Echo des Engelwirkens. Die Mütter ahmen da das mütterliche Wirken der Kindsengel nach, vor allem des Schutzengels und der Marien-Engel. Die Engel sind diejenigen, die das den Menschenmüttern beigebracht haben, seit jeher, und sie tun es immer wieder von neuem. Deswegen ‹könnt› ihr das auch überhaupt, weil eine Mutter, wenn sie seelisch gesund ist, so unmittelbar dieses Engelwirken erlebt, dass sie es selbst dann versucht umzusetzen. Ihr sagt ‹Mutterinstinkt› dazu. Mit diesem Begriff ist zu wenig gesagt, denn es findet eine ganz unmittelbare ‹Führung› der Mutter durch die Engel statt, die so stark ist, dass die Mutter durch sie gelenkt agiert und reagiert. Sie ist von innen impulsiert und angeleitet. Also das, was ihr in größerer Form hier als ‹Instinkt› nennt, ist ganz konkretes Engelwirken.»

«Kleine Kinder reagieren sehr stark und mit sehr großer Freude auf andere Kinder. Warum? Was erleben sie in einer solchen Begegnung?»

«Wenn das kleine Erdenkind andere Kinder sieht, erkennt es die gemeinsamen Welten, die dieses andere Kind umringen: ähnliche Farbklänge, ein vertrautes Engelwirken, ähnliche Hüllen drumherum; und ein ähnliches Erleben im Wesenhaften des anderen Kindes, das diese Welt hier auf Erden erst neu entdeckt. Man entdeckt in den gleichen Erlebnislandschaften einen ebenfalls ‹Reisenden›, von daher auch meist die unmittelbar vertraute Freude bei solchen Kleinkindbegegnungen: Ein Wesensvertrauter ist da, mit einer ähnlich gestimmten Engel-Entourage. Das ist sehr schön für die Kinderseelen und für ihre Engel in diesen Momenten.»

«Wie ist es, wenn einem Kind etwas ‹zustößt›?»

«Wenn einem Kind etwas geschieht, was ihr als ‹Unglück› erachtet, bedeutet es nicht, dass die Engel es nicht gewissenhaft umsorgt haben. Dann, also in solchen Fällen, müssen die Engel Situationen zulassen und gemeinsam mit dem Kind aushalten, die aus anderen Notwendigkeiten heraus verursacht werden.»

«Welche Notwendigkeiten sind es?»

«Es können schicksalshafte Begebenheiten sein, die regelrecht ‹einbrechen› in die Welt des jeweiligen Kindes. Dies sind herbeigeführte – und somit auch geführte – Geschehnisse, die geplant und somit Teil des Entwicklungsweges dieses Menschenkindes sind. Die Aufgabe der Engelwelt dabei ist, das Wesen des Kindes so gut wie nur möglich durch diese Erlebnisse hindurchzuführen, sodass sie ihren Sinn am Werden des entsprechenden Menschenkindes erfüllen.»

«Inwieweit können die Dunklen hier schon wirken?»

«Es gibt auch Begebenheiten, die von der dunklen Seite aus herbeigeführt werden, diese haben aber einen ganz anderen Charakter. Die dunkle Seite kann, wie auch die lichte Seite, durch Wesenheiten unterschiedlicher Art wirken. Häufig wirken diese Wesenheiten dann durch Menschen hindurch. Das bedeutet, dem Kind wird durch einen Menschen etwas angetan, doch durch diesen Menschen wirken dunkle Wesenheiten und Einflüsse hindurch. Dieser Mensch hat sich zum Tor für sie gemacht.

Die Aufgabe der Engel ist es, in solchen Momenten das Kind so gut wie möglich zu schützen, auch wenn sie nicht den dunkel durchsetzten Willen dieses anderen Menschen aufhalten können. Wenn der Mensch böse handeln will, dann können ihn beziehungsweise dürfen ihn die Engel nicht aufhalten. Aber sie können für ihren Schützling trotzdem lichtvoll und stark eintreten und die Wirkung der bösen Tat dadurch zumindest etwas abmildern.

Es gibt auch Situationen, in denen den Engeln erlaubt ist, ihr Menschenkind so stark zu beschützen, dass diesem nichts passiert, auch wenn die Dunkelseite das sehr gewollt hätte. Aber dafür braucht es Einflüsse aus noch viel, viel höheren Himmelssphären, die das ermöglichen. Diese höheren Einwirkungen versuchen, selbst über die lichte Seite des Menschen einzugreifen und sein eigenes Gutes zu verstärken, sodass der Mensch sich von der dunklen Tat noch abhalten kann. Doch leider hört der Mensch in solchen Augenblicken nur noch selten auf das Himmelslicht, welches versucht, sein Wesen zu erreichen. Zu sehr hat er den Dunklen Tür und Tor geöffnet, die ihn dann nur noch ‹übertrampeln› und durch ihn hindurchwirken.

In diesen Momenten weben die Engel bereits an einem Gewebe von Möglichkeiten, wie das Kind am besten aus dieser

Situation herauskommen kann. Das bedeutet, wenn sie die Tat am Kind nicht verhindern können, so versuchen sie, zumindest den Folgen und Auswirkungen so viel Gutes, wie nur eben noch möglich ist, beizugeben.

Engel können es nicht verhindern, dass das Böse geschieht, denn dies geschieht durch Menschen beziehungsweise durch Dunkelkräfte, die durch Menschen agieren. Und die Erde ist eure. Wenn ihr euch gegenseitig vernichten wollt, so könnt ihr das tun. Aber die Engel sind stets bemüht, Negatives abzumildern, abzufangen und seinen Folgen Keime einzupflanzen, die trotzdem Positives in der Zukunft entstehen lassen können. Sie fügen also zum Bösen immer das Gute hinzu, ganz unabhängig davon, ob dies aufgehen kann oder nicht. Konkret bedeutet dies, dass nicht die böse Tat etwas Gutes in sich birgt, sondern dass die durch die Engel hinzugefügten ‹Keime des Guten› Chancen und Möglichkeiten des Guten für die Zukunft mit sich bringen.»

«Welch Wunderwerk ihr alle an uns, an unseren Kindern, an uns als gesamte Menschheit vollzieht!»

«Der Himmlische Vater hat die Welt so angeordnet, dass sie in sich selbst zerbrechen und, aus sich selbst, sich wieder zur Ganzheit der Schöpfung aufrichten kann. Er hat Vertrauen in euch alle gelegt, dass ihr den Weg bis zum Abgrund geht und bereichert, verwandelt zurückkehrt. Wie der verlorene Sohn, der die Bitternis der Welt kennenlernt und so die Herrlichkeit des Reiches seines Vaters erkennt. Er kehrt dadurch verwandelt zum Vater zurück. Ihr alle geht diesen Weg, euch voran diejenigen, die nie das Licht der himmlischen Heimat verloren haben. Sie leuchten euch voraus auf diesem Weg durch die Abgründe, zugleich durch die herrlichen Wunder eurer Erdenwelt. Dies sind die größten Geister eurer Erde, ihre Liebe für die Welt, für die Menschheit ist eine tief empfundene Christus-

Liebe, die sie in ihr Wesen eingearbeitet haben und die sie tätig an euch ausüben. Seit Christus auf Erden erschienen ist, gehen sie, Ihm folgend, den Weg dieser bedingungslosen Liebe. Sie bringt den Frieden in die Herzen der Menschen, sie erhebt euch aus eurer Dunkelheit, sie trägt euch auf Flügeln empor zum Reiche des Vaters.

Auf dieser langen Wanderschaft sind wir mit ihnen und mit euch, euch sehend, tragend, begleitend, führend, tröstend, euch wieder aufrichtend. Wache, lichtdurchkraftete Menschen braucht die Entwicklung der Menschheit und der Erde. Brüder, wahre Geistesbrüder aus eurer Menschenwelt, brauchen wir Engel nun an unserer Seite. Wachet auf, stehet auf, schreitet mit uns in die Zukunft der Welt, auf dass der Weg zum Vater gelingt! Vergesset nicht: Liebe verbindet uns mit euch, ihr Menschenbrüder! Ihr seid die Jüngeren – und doch der Wendepunkt der Weltenschöpfung. Lasst uns gemeinsam gehen, schreiten, das Tal des Todes, der Vernichtung überwindend, die neue Welt, die Zukunft neu erschaffen, die Landschaft ebnen, weiten, dass Sonne sie durchstrahlt, durchlichtet, dass Wandlung sich vollzieht für alles Sein!

Der Segen des Himmels sei mit euch allen, die ihr uns bedenkt, aufsucht, zu uns hinstrebt. Eure Welt wird eines Tages eine Welt des Lichtes werden. Lasst uns gemeinsam daran wirken, in Demut vor der Heiligen Trinität, mit der Liebe des Christus für alles Seiende, voller Hoffnung und Vertrauen in eine sonnenhafte Zukunft des Erdendaseins.

So sei es. Amen.»

DIE MENSCHHEITSAUFGABE DER ENGELHIERARCHIE

> «Der Mensch hat nur diese Erdenperiode, um sich zur Freiheit und durch sie zur Liebe heranzubilden, und zu dieser Arbeit sollen wir uns Kraft in unseren Meditationen holen. Früher oder später werden wir die geistigen Welten kennenlernen, die uns umgeben, und zwar durch unsere Meditation; aber dass es in der richtigen Gesinnung geschieht, nicht aus Neugierde, die wir so gern Wissbegierde nennen, sondern um der Menschheit zu helfen beim Fortschreiten zur Freiheit und Liebe, dessen sollen wir stets eingedenk sein.»[26]
>
> *Rudolf Steiner*

Der Blick des Erdenmenschen auf diese unsagbar schöne, vielfältige und weisheitsvolle Welt der Engel ist in unserer Zeit ein noch ganz anfänglicher. Nur bruchstückhaft gelingt es uns, die unendlichen Wunder des Seins und Werdens zu erahnen, die die Himmelswelten durch ungezählte Engelwesenheiten an uns vollbringen. Doch schon in der kleinsten Begegnung mit unseren Engeln offenbart sich ihr ewig währendes, hingebungsvolles Handeln, ihre selbstlose und liebeerfüllte Hinwendung zu uns hin. Mit kindlich-freudigem Staunen, zugleich mit tiefster, von Demut und Dankbarkeit erfüllter Ergriffenheit können wir der unermesslichen Dimensionen des Tätigseins dieser Hierarchie an uns Menschen gewahr werden.

Die Engel wirken nicht nur *an* uns, sondern beständig auch

in und *durch* uns. Man könnte sagen, der Engel in uns ist das Beste an uns, und zwar ganz real. Rudolf Steiner beschreibt, dass, wenn wir in regelmäßigen Zeitabschnitten eine Bilanz unserer Taten aufstellen würden, wir ganz Erstaunliches in Bezug auf uns und auf unseren Engel feststellen würden: «Ein gutes Mittel, das jeder anwenden kann, um zu größerer Klarheit über seine eigene Persönlichkeit zu gelangen, besteht darin, dass man sich öfter im Leben gewisse Abschnitte macht, mindestens aber einmal in einem Jahr, vielleicht an unserem Geburtstage. Dann sollen wir uns fragen: Was habe ich nun an guten und schlechten Taten im Verlaufe dieses Abschnittes zu verzeichnen? Wenn wir uns dann ernstlich prüfen, werden wir in den meisten Fällen finden, dass unsere guten Taten nicht von unserer Persönlichkeit herrühren, sondern dass wir sie aus einem inneren Impuls heraus geschehen ließen. Dieser innere Impuls ist unser Schutzengel, der uns zu unseren guten Taten treibt.»[27] Also nicht wir selbst, sondern der Engel ist derjenige, der das Gute durch uns bewirkt, «wir aber haben alles das gemacht, was verpfuscht gemacht worden ist».[28]

Sich einzugestehen, dass man selbst noch kaum ‹das Gute› bewirken kann, sondern dass hier eine höhere geistige Instanz, und zwar der eigene Engel, in einem wirksam ist, rüttelt auf. Dabei entsteht ganz unmittelbar die Frage: Wie macht das der Engel in uns? In welcher Weise greift er ein, dass das Gute in uns möglich wird? Hier müssen wir unsere Aufmerksamkeit zunächst auf die Gestaltbildung eines solchen Wesens lenken. Die ‹Leiblichkeit› eines Engels ragt nicht hinunter ins Physische, sondern lediglich bis auf die Ebene des Ätherischen. Dafür hat der Engel ein höheres Wesensglied weiter ausgebildet als wir, und zwar das Geistselbst. Engel sind demnach «solche Wesen, die mit der Umarbeitung ihres Astralleibes in Manas oder Geistselbst selbst beschäftigt, aber noch nicht mit dieser

Arbeit zu Ende gekommen sind. Der Mensch steht am Anfange dieser Arbeit im gegenwärtigen Zeitalter, die Engel stehen dem Ende derselben nahe, sind aber keineswegs fertig damit. Daher berühren sich die Terrains dieser Wesenheiten viel intimer mit denen, in welchen der Mensch steht und lebt. Wir können sagen, dass die Engelwesenheiten mit ihrer ganzen Seelenhaftigkeit dem zugeneigt sind, was wir astralischen Leib nennen. Deshalb haben sie volles Verständnis für alles das, was die menschliche Persönlichkeit durch Leid und Freude erleben kann. Aber weil sie auf der anderen Seite viel höher über das menschliche Ich hinaufragen, weil sie ein höheres Ich haben, weil sie einen Teil der höheren Welt aufnehmen können, deshalb ragt ihre Bewusstseinswelt in diejenigen Terrains hinein, auf denen sich die Bewusstseinswelt der Erzengel befindet.»[29]

Die Engel haben also, trotz ihrer eigenen höheren Bewusstseinsstufe, einen ausgeprägten Bezug zu unserem Astralleib und zu allen sich darin abspielenden Vorgängen. Da fügen sie sich ein als diejenige Entität, die unser Ich in der Umwandlungsarbeit unseres Astralleibes anführt. Sie selbst haben die Bereiche ihres eigenen Astralischen so zu lenken, zu formen und zu durchlichten gelernt, dass sie das Geistselbst als bereits fast vollständiges Wesensglied ausgebildet haben. Diese Arbeit ist ihnen noch nah und vertraut, von daher können sie auch uns ganz innig darin begleiten.

Der menschliche Astralleib steht nicht am Anfang seiner Umformung, denn durch Jahrtausende hindurch haben wir gelernt, einige seiner Bereiche schon etwas besser zu beherrschen als in früheren Inkarnationen. So bringen wir zum Beispiel bei Wut und Jähzorn nicht mehr gleich einen Menschen um, zumindest meistens nicht mehr physisch. Das ist ein erfreulicher Fortschritt in der Entwicklung unseres Astralleibes. Doch unsere Erlebensgrundlage ist noch weitgehend von uns beherrschenden Sympathie- und Antipathiekräften gelenkt, wir sind noch stark in unserer astralen Egoität verstrickt, sodass wir vom Menschen noch nicht als von einem ganz Ich-geführten Wesen sprechen können. Gerade hier sind die Engel die uns am nächsten stehenden Helfer, und sie waren es auch in früheren Zeiten.

Damit die bisherige Entwicklung unseres Astralleibes überhaupt stattfinden konnte, musste dieses Wesensglied *selbst* vor den in ihm waltenden niederen, zerstörerischen Astral-Anteilen geschützt werden. Der Mensch konnte diese Arbeit nicht vollziehen, da er noch gar nicht in der Lage war, diese zersetzenden Kräfte innerhalb seiner eigenen Astralität zu beherrschen. So wurde diese Aufgabe von höheren geistigen Wesenheiten übernommen, die in der Lage waren, mit diesen Kräften entsprechend umzugehen. Diese Wesenheiten waren die Engel. Sie haben innerhalb des menschlichen Astralleibes so eingewirkt, dass sie die abträglichen, unheilvollen Anteile zurückgedrängt, zurückgehalten haben, damit andere Bereiche des menschlichen Astralleibes sich behutsam entwickeln konnten. Seit Anbeginn unseres Mensch-Seins haben die Engel in dieser Weise über unseren Astralleib gewacht und ihn gehütet. Sie waren die Stellvertreter unseres Ichs, welches damals noch nicht erwacht war, um diese Arbeit selbst vollziehen zu können.

Auch weiterhin und unermüdlich arbeiten die Engel an unserem Astralleib. Sie helfen uns, das eigene Ungegriffene zu erkennen, das Niedere in uns zu reinigen, das Schattige zu durchlichten, das Sein zu durchlieben. In allem, was wir Würde und Moralität des Menschen nennen, was wir uns als Ausbildung von Tugenden erarbeitet haben, was wir als Gleichklang des Menschen mit der Welt bezeichnen, was wir uns an sozialer Lebensharmonie und an wahrer Lebensethik errungen haben, leuchtet der Einfluss der Engelwelt auf. All das ist Engelwirken am Astralleib der Menschheit. Sie sind es, die uns dahin geführt haben, die menschliche Astralität so weit zu schulen und zu erhöhen.

Doch unseren Astralleib als Wesensglied können die Engel nicht für uns *umwandeln.* Dies müssen wir selbst tun, und die Entwicklung der menschlichen Wesenheit ist so weit vorangeschritten, dass wir beginnen können, mit den eigenen erwachenden Ich-Kräften daran zu arbeiten. In dieser Umformung unseres Astralleibes zum Geistselbst ist der Engel der leitende Mentor unseres Bewusstseins, der führende Lehrer des menschlichen Ichs. Indem wir lernen, diese Arbeit unter der Anleitung der Engelhierarchie zu vollziehen, befähigen wir uns dazu, in späteren Zeiten gemeinsam mit den Erzengeln an der Umgestaltung unseres Ätherleibes zum Lebensgeist zu wirken. Und in einer noch späteren Zeitepoche werden es die Archai sein, die mit uns an der Umwandlung des physischen Leibes zum Geistesmenschen arbeiten werden.

Gerade aber dieses erste neue Wesensglied, das Geistselbst, hat für die Wesenheit des Menschen auf Erden eine ganz besondere Bedeutung. Rudolf Steiner bezeichnet seine Herausarbeitung als das *Ziel* der Menschheitsentwicklung: «Weil das Engelbewusstsein so ist, sind die Engel heute tatsächlich die Führer der Menschen, ihre Leiter, bereiten sie vor, und es besteht ein inniger Zusammenhang zwischen dem, was sich im Menschen allmählich ausbildet, und dem, was die Aufgabe dieser Engelwesen ist. Was bildet sich denn im Menschen für den Rest seines Erdendaseins? Das haben wir öfter besprochen. Wir haben gesagt, der Mensch hat einen physischen Leib, einen Ätherleib, einen astralischen Leib und ein Ich, und dass er jetzt gerade daran ist, seinen astralischen Leib so umzubilden, dass er nach und nach vollständig das Geistselbst sein wird. Zwar arbeitet der Mensch auch schon an seinen anderen Gliedern; aber das Wesentliche der Erdenentwickelung besteht darin, dass das Geistselbst voll entwickelt werde.»[30]

Wenn wir die Engel selbst nach dem Geistselbst fragen, führen sie Folgendes aus:

«Dies ist das erste Glied, das sich aus der Wirksamkeit eures Ichs ausbilden kann. Es ist der Beginn der Durchchristung eures Menschenwesens und somit der erste Schritt dahin, ein ‹wahrer Mensch› zu werden. Wir führen euch hier an. Wir strecken euch unsere Hände entgegen, bieten euch Zusammensein, Begegnung an, sprechen zu euch voller Liebe, voller Vertrauen in diesen Weg, den ihr beschreiten könnt, wenn ihr ihn wollt. Wenn ihr aus euren Ichen heraus lebt, könnt ihr bereits mit uns sein. Diese Zeit des Zusammenklangs von Mensch und Engel hat nun begonnen. Ihr müsst es nur wollen und tun.»

«Wie ‹tun› wir das am besten?»

«Mit der Christus-Liebe für die Welt in euren Herzen. Wir stehen schon da, um euch in dieser Liebe zu empfangen.»

«Wie können die Menschen das wirkliche ‹Wollen› hier erlernen?»

«Indem sie lieben lernen. Die wahre Herzensliebe, die selbstlose, hoffnungsvolle, lichterfüllte, alles umspannende Liebe öffnet die Herzens- und die Himmelstore. Nichts sonst. Wir erwarten euch schon an diesen Toren, um euch von dort aus den Weg zum Throne der Trinität zu weisen. In späteren Zeiten, wenn ihr eure Wesen weiter ausgebildet haben werdet, werden wir eure Hände in die Hände der Erzengel legen; diese werden euch später den Archai anvertrauen. Die Formung eurer höheren Wesensglieder geschieht durch eure eigene Wesensverbindung mit den entsprechend dafür einstehenden Hierarchien. So durchschreitet eure sich entwickelnde Menschenwesenheit, von Hierarchie zu Hierarchie weiter geleitet, den Weg eurer Selbstwerdung, den Weg des werdenden ‹wahren Menschen›.

Der Christus geht uns und euch voran. Er ist der ‹wahre Mensch›. Ein jeder von euch kann, in diesem Sinne, zu einem ‹Christus› werden. Unsere Führung ist ein Dienen an euren Wesen auf diesem Christus-Weg.»

Spätestens hier müssen wir uns von der Vorstellung verabschieden, dass Engel ‹lieblich-freundliche› Begleiter des Menschen sind. Nein, diese Wesen bilden in uns die *Grundlage* dafür, dass der Mensch, nach Äonen der Entwicklung, sich zu dem erheben kann, wozu er von der gesamten Schöpfung erschaffen worden ist: zu einer neuen *geistigen Hierarchie.* Die Engel selbst sind uns die erste Stufe des ‹durchgeistigten Menschen›, des ‹wahren Menschen›, desjenigen Menschen, der seine Wesensglieder durchchristet und zugleich beginnt, die Erdenwelt mit der ihm innewohnenden Christus-Liebe zu durchlichten, zu durchlieben und zu erlösen. Hier, mit den Engeln, beginnt die Sonnen-Werdung der Erde in jedem einzelnen Menschen.

Diese große Aufgabe, die die Engel an uns übernommen haben, findet ihre Kulmination in der aktuell bestehenden *Führung der Menschheit* durch die Engelhierarchie. *Sie* sind nämlich diejenigen, die die fünfte nachatlantische Kulturepoche, in der wir uns befinden, leiten.

Rudolf Steiner beschreibt die sieben nachatlantischen Kulturepochen als sich jeweils unter der Führung unterschiedlicher Hierarchien entwickelnd. Die ersten drei nachatlantischen Kulturepochen, die altindische, die persische und die chaldäisch-ägyptische, oblagen jeweils der Regentschaft der Archai, der Erzengel und der Engel, die die Menschheit entwicklungsgemäß immer mehr mit der Erdenwelt verbunden haben: «Geradeso wie die ägyptischen hellsichtigen Könige und Priester inspiriert wurden von Engelwesen, ebenso wurden inspiriert Zarathustra und seine Schüler von Erzengelwesen, Amshaspands. Und wenn wir gar zurückgehen in die erste nachatlantische Kultur, in jene Kultur, von welcher in den Veden nur ein schwacher Nachklang noch herrscht, da kommen wir zu den sogenannten heiligen Rishis, zu den großen Lehrern Indiens. Die waren wiederum inspiriert von einer noch höheren Hierarchie, von den Geistern der Persönlichkeit, Urkräften, Archai, die sich zwar als Werkzeuge der Archangeloi oder Erzengel und Angeloi oder Engel bedienten, die aber dazumal viel unmittelbarer eingriffen als später. Von den Archai oder Urbeginnen waren die alten heiligen Rishis der Inder inspiriert.

Wir haben also gleichsam einen Fortschritt der Menschheit zu verzeichnen von der ersten nachatlantischen Kulturepoche durch die folgenden Kulturepochen hindurch, indem immer tiefer stehende Hierarchien in die geistige Führung der Menschheit eingreifen; zuerst in der altindischen Zeit die höchsten, die Archai oder Geister der Persönlichkeit, dann in der urpersischen die nächstniedrige Hierarchie, die Archangeloi oder Erzengel, und dann in der ägyptischen Kultur diejenige, die unmittelbar über den Menschen steht, die Angeloi oder Engel.»[31]

Die darauffolgende vierte Kulturepoche, die griechisch-römische, zeichnete sich dadurch aus, dass die Menschheit von den leitenden Hierarchien weitgehend ‹frei› gelassen wurde und somit wie nie zuvor auf sich selbst gestellt war. Der Mensch konnte da am meisten ‹Erdenmensch› werden, sein Wesen war an seinem tiefsten Entwicklungspunkt auf Erden angekommen und musste «dasjenige, was in seiner Eigenart war»,[32] aus sich heraussetzen.

Das Mysterium von Golgatha bildet den Umkehrpunkt dieses Abstiegs des Menschenwesens. Von da an konnte der geistige Neuaufstieg der Menschheit beginnen. Die Zeitenwende selbst stellt die Spiegelungsachse dieses Entwicklungsgangs dar. Die darauffolgenden Kulturepochen, die fünfte, in der wir uns gerade befinden, und die noch anstehende sechste und siebte, werden demnach von den geistigen Hierarchien der Engel, Erzengel und Archai spiegelbildlich zu den ersten drei angeführt. So bilden die Menschheitsepochen, gemeinsam mit den sie leitenden Hierarchien, eine sich immer weiter ausformende Gralsschale der Menschheit, in deren Mitte der Christus, Gott und Mensch zugleich, als der Erneuerungsquell der gesamten Erdentwicklung lebendig leuchtet.

Die Engel hatten also die unmittelbare geistige Führung der chaldäisch-ägyptischen Epoche. Spiegelbildlich dazu leiten sie nun, in einer neuen Weise, unsere jetzige Kultur. Die eingeweihten Könige und die geistig geschulten Priester der ägyptischen Zeit hielten als stellvertretende Iche des gesamten Volkes die unmittelbare Verbindung zu den sie führenden Engeln. Aus dieser direkten Anknüpfung an die höhere Geistigkeit konnten sie Inspirationen und Impulse für die Ausgestaltung ihrer Zeitpoche empfangen. Heute benötigt die Menschheit keine sie lenkenden Könige mehr, denn das eigene erwachende Ich ist die sich entfaltende königliche Geisteskraft in jedem einzelnen Menschen. Aus ihr heraus kann eine wachsende individuelle Verbindung zur höheren Geistigkeit errungen und somit eine immer bewusster werdende persönliche Beziehung zur Engelhierarchie entwickelt werden, die nun erneut die Geschicke der Menschheit führt.

Doch nicht nur die Menschheit durchläuft im Laufe der Zeit Reifungsprozesse, auch die Hierarchien befinden sich in Entwicklung. Der ausschlaggebende Aspekt dabei ist die eigene Verbundenheit der Hierarchien mit dem Wesen des Christus. So gab es und gibt es auf allen hierarchischen Stufen Wesen, die sich mit dem Christus-Impuls verbunden haben und welche heute durchchristet in der Welt wirken. Und es gibt diejenigen Wesen, die diesen Impuls abgelehnt haben. Aus dieser Unterscheidung heraus bilden sich nun zwei differierende

Ströme, die die Menschheitsführung lenken: diejenigen Engel, Erzengel und Archai, die «sich selber zu Schülern des Christus in der geistigen, in der übersinnlichen Welt machten»,[33] und diejenigen, die sich nicht mit dem Wesen des Christus verbunden haben. «Und während die mit dem Christus-Impuls erfüllten Engel oder Angeloi der ägyptisch-chaldäischen Zeit jetzt solche Kräfte der Menschheitsentwickelung einflößen, welche die Menschheit hinaufleiten zu spirituellem Leben, zur Spiritualität, suchen die anderen Wesenheiten, die den Christus-Impuls abgelehnt haben, alles, was wir als materialistische Kultur und Wissenschaft bezeichnen können, der Menschheit als Inspiration zu geben. (...) Diese also charakterisierten zwei Strömungen gehen in unserer Zeit durcheinander. Unsere Zeit ist nur zu verstehen, wenn man weiß, dass in ihr diese zwei Strömungen der geistigen Führung herrschen. Sobald man das nicht auseinanderhalten kann und der einen oder der anderen fanatisch huldigt, ist man nicht in der Lage, klar zu durchschauen, wie eigentlich unsere Kultur verläuft. Wir haben unter der Führung der nichtdurchchristeten Angeloi eine Wissenschaft heute bekommen, die ganz abstrakt, ganz unspirituell ist. Und wir haben den Drang, hinaufzugehen in die Spiritualität, weil immer stärker und stärker gerade in unserer Kulturepoche die anderen gekennzeichneten Engel in die Menschheitsführung eingreifen»,[34] nämlich die Christus-verbundenen Engel.

Dieses Wunderwerk, welches wir ‹Menschheitsentwicklung› nennen, offenbart einen geistigen Bau, einer Kathedrale gleich, welche sich Stufe um Stufe durch die Führung der Hierarchien emporhebt. Die Arbeit der Hierarchien an der Ausbildung der höheren Wesensglieder des Menschen formt zugleich die Bausubstanz eines durch den Menschen sich neu bildenden Fundaments. Christus selbst hat durch Seinen Tod und Seine

Auferstehung den Grundstein dieser Weltenkathedrale gelegt, die den ‹durch-ichten› Menschen als zehnte geistige Hierarchie in ihrem kosmischen Bau aufnimmt.

Im Gespräch mit den Engeln über dieses Phänomen der sich abwechselnden Menschheitsführung durch die Hierarchien wird noch einmal das kunstvoll gewebte Geflecht der hierarchischen Wirkungen und die zentrale, weltumspannende Rolle des Christus-Wesens für die gesamte Weltentwicklung dargestellt. Die Engel selbst, auf ihre eigene Bedeutung in diesen Zusammenhängen angesprochen, antworten wie immer aus ihrer Bereitschaft heraus zu dienen und ganz von ihrer Christus-Liebe erfüllt:

«Ja, die Hierarchien wechseln sich ab in der Führung der Menschheit. Der Weg des ‹Menschen› ist zugleich der Weg der ‹Menschheit›. Es ist dies ein kosmisch atmender Prozess: auf der einen Seite die rhythmischen Wehen eines sich zusammenziehenden Geburtsvorgangs, auf der anderen Seite die rhythmisch aufeinander aufbauenden Entwicklungszyklen des Menschen während seines Erdenlebens.

So wie euer individuelles Wesen sich aus den himmlischen Weiten immer mehr zusammenzieht und durch unterschiedliche Sphären auf die Erde hinunterbegleitet wird, bis es ganz Erdenmensch geworden ist, so wurde auch die gesamte Menschheit von Stufe zu Stufe von den sich abwechselnden Hierarchien in das Erdenbewusstsein der Zeitenwende hinunterbegleitet. Weit atmende Bewegungen und Einflüsse der Hierarchien haben sich in aufeinanderfolgenden Zyklen immer mehr zusammengezogen, bis zur Geburt des ‹wahren Menschen›: des Christus-Wesens auf Erden. Damit ‹der Höchste› auch wirklich ‹Mensch› werden konnte, mussten sich die Einflüsse der höheren Hierarchien aus dem Vordergrund des Weltgeschehens zurückziehen.

Als die Erdenwelt Ihn, den Christus, in ihrem Schoße empfangen hat, wurde Er ‹der Mensch›, allein auf sich gestellt, in einer von den Hierarchien ganz freigelassenen Erdenwelt. Der höchste Gott musste die größte Gottesferne in sich erleben und diese – für euch alle – überwinden. Mit diesen Geschehnissen sind die allerhöchsten Weltmysterien verbunden.

Seine Geburt hat den Abschluss des Abstiegs der Menschheit aus den Himmelreichen gezeichnet, Sein Tod die größte Gottesferne der Menschheit. Sein Leben auf Erden hat das Licht gebildet, das während der 33 Jahre zwischen Abstiegsende und Aufstiegsbeginn in der ansonsten geistig verdunkelten Erdenwelt geleuchtet hat. Christus selbst hat das Geisteslicht der Erde und der Menschheit aufrechterhalten in dieser Zeit, einer Zeit, die so noch nie zuvor war und so auch nie mehr sein wird. Der Christus war in dieser Zeit der Himmel eurer Erde. Wenn Er dies nicht gewesen wäre, so hätte eure Erde in der Folgezeit den Geisteshimmel verloren, hätte keinen Anschluss mehr an ihn gefunden. Da Er sich selbst als Brücke zwischen Vergangenheit und Zukunft eurer Erdenwelt hingegeben hat, konnte mit Seiner Auferstehung die Zukunft der Erde beginnen: der erneute Aufstieg der Menschheit zur Himmelswelt hin.

Der Staffellauf der Hierarchien hat also, in ihrer Rangordnung aufeinander folgend, den Menschen aus den Höhen bis ganz hinunter zur Erdenwelt begleitet, bis die Menschheit sich selbst übergeben wurde. Da kam der Christus, um den Neuanstieg, die Neuanbindung des Menschenwesens an die verlorene Himmelswelt zu ermöglichen. Sein Opfer war der kosmische Impuls, der fruchtbare Sonnensame dafür.

Nun könnt ihr, mit Ihm im Herzen, lernen, aus eurem Sein als ‹Erdenmenschen› erneut emporzusteigen und euer ‹Erdensein› zum ‹Himmelssein› zu verwandeln. Auf diesem Weg helfen euch die Hierarchien. Sie halfen euch hinab, nun helfen sie euch hinauf, indem sie bei jeder neuen Stufe, in jeder großen Zeitepoche, neu übernehmen und euch weiter führen. Jede nächste Spiralwindung wird von einer jeweils höheren Hierarchie geleitet, entsprechend eurer sich verändernden Wesensbildung. So führt der Weg des Christus den ‹verlorenen Sohn›, die Menschheit, zum Vater hin.

Ja, wir Engel sind in der Tat diejenigen, die nun die Menschheit impulsierend tragen und die versuchen, euch auf eine neue Stufe eures Seins zu heben. Wir sind in euch die Bildung eures Geistselbst. An uns kann sich euer eigenes Wesen zu diesem ‹Wesensglied›, wie ihr es nennt, hin formen. Dies ist zugleich die erste Entstehungsstufe des ‹wahren Menschen› in euch selbst: des Menschen, der sich aus seinem eigenen Ich gebiert. Und hier sind wir ganz nah bei euch und führen und begleiten euch als Menschheit.»

«Wie wirken sich die Einflüsse eurer dunkleren Brüder in dieser Menschheitsführung aus?»

«Auch sie sind ganz nah bei euch Menschen und streben dunklere Ziele an: Die Spiralwindungen sollen euch nicht in Himmelsreiche hinaufführen, sondern euch an die Erde ketten und tief in ihre Abgründe sinken lassen; oder euch in Zwischenreiche locken, wo ihr eure Erde nicht in die Erlösung mitnehmen könnt. Du weißt, Mensch und Erde bilden auf diesem Weg eine Einheit: Der ‹wahre Mensch› trägt in sich die ganze Erde. Mit und durch ihn wird sie erlöst, nur durch ihn – sonst wird sie's nicht, und er wird kein ‹wahrer Mensch›.»

«Lebt ihr als Engel selbst in dem Bewusstsein, dass ihr die Menschheit in dieser Zeit anführt?»

«Immer erleben wir uns selbst als den Höheren zugehörig, und Christus ist uns allen der Herr der Weltentwicklung, dem wir, als Gottes Sohn und als dem ersten ‹wahren Menschen›, dienen. Von daher führen wir euch stets mit diesem Höheren in

uns selbst. Doch wenn du danach fragst, so stimmt es auch zugleich, dass wir in dieser Zeitepoche die Menschheitsführung innehaben. Wir selbst sind euer eigener nächster Werdeschritt, denn Hand in Hand mit uns könnt ihr ihn auch vollziehen.

Wir alle, alle folgen euch, auch wenn wir schon vorausgeschritten sind. Dies ist eines der Geheimnisse des ‹Werdens›: Derjenige, der vorausgeschritten ist, folgt dem, der nach ihm kommt. Ja, so ist es, so war es und so wird es immer sein. – Liebet den Christus, der uns allen auf diesem Weg vorausgeschritten ist, auch wir lieben Ihn!

Der Segen des Himmels soll mit euch sein, Menschen auf Erden, in dieser und in allen folgenden Erdenzeiten.»

METHODISCHES

> «Die geistige Welt ist für uns von Hüllen umgeben, die wir selber schaffen und die wir lösen müssen.»[35]
>
> *Rudolf Steiner*

Gibt es eine ‹Methode›, durch die wir zu Engelbegegnungen kommen können? Ich könnte einfach sagen: lieben und üben – und dann wäre dieses Kapitel schon abgeschlossen. In einer herzgeübten Gesellschaft wäre klar, was damit gemeint ist, doch in unserer kopflastigen Zeit kann diese Angabe natürlich noch nicht genügen. Von daher müssen wir nach Wegen suchen, die uns bewusst und Schritt für Schritt den Engeln näherführen können.

Hierzu ein Grundsätzliches: Unser Seelisches *ist* unser Instrument für die Wahrnehmung des Ätherischen, Astralischen und Geistigen – vorausgesetzt, wir lernen, es entsprechend einzusetzen. Die Organe unserer Wahrnehmung sind Seelenorgane. Das eigene Ich ist diejenige Kraft, die diese Organe schulen, formen und leiten lernen kann. Im herkömmlichen Bewusstseinszustand erleben wir, als Menschen der heutigen Zeit, unser Seelisches als unsere ‹Innenwelt›: die eigenen Gefühle und Befindlichkeiten, die sich in uns zum Ausdruck bringen, die Gedanken, die durch uns hindurchwehen und denen wir häufig unbewusst folgen, die Impulse, die sich meist willkürlich in uns bemerkbar machen. All dies bildet einen eigenen Kosmos für jeden von uns. Unsere Bewusstseinskräfte werden größtenteils für dieses eigene Selbsterleben ‹verbraucht›, somit sind wir auch in unserem Selbsterleben ‹gefangen›. Gegenüber der Innenwelt anderer Menschen oder angesichts der Seinswirklichkeit anderer Wesen erleben wir uns demnach als weitgehend abgeschlossen.

Wenn unser Ich jedoch beginnt, diese Selbstfokussierung aufzuheben, so werden unsere Seelenkräfte frei, um auch andere Wirklichkeiten kennenzulernen. Unser Seelisches bleibt dann nicht unser einziger *Wahrnehmungsinhalt*, sondern wird zum *Wahrnehmungsinstrument* des Ichs für weitere Räume des Seins. Konkret gesagt: Um ätherisch, astralisch oder geistig wahrnehmen zu können, müssen wir ich-bewusst an unserem Seelischen arbeiten und dieses so umwandeln, dass es dem eigenen Ich zum Wahrnehmungsinstrument werden kann. Methodisch gibt es ganz unterschiedliche Wege, die wir hier begehen können. Im Weiteren sollen nur einige Anhaltspunkte folgen, die als *mögliche* Hilfestellungen genutzt werden können.

Voraussetzungen schaffen

> «Das Wollen und Denken vom Gefühl geleitet,
> mit dem richtigen ausgeglichenen Empfinden
> durchdrungen,
> das erst kann zur Harmonie der inneren Seelen-
> kräfte führen.»[36]
>
> *Rudolf Steiner*

Für jedes Ziel, das wir uns vornehmen, ist es ratsam, erst einmal abzuklären, ob wir die Bedingungen erfüllen, die der Weg dahin abverlangt. Wenn wir diese Bedingungen erfüllen können, dann wird der Weg gangbar und das Ziel erreichbar. Es geht also zunächst darum, geeignete Voraussetzungen für die meditative Arbeit zu schaffen.

Anton Bruckner wird häufig mit dem Spruch zitiert: ‹Wer hohe Türme bauen will, muss lange beim Fundament verweilen.› Diese Lebensweisheit soll allerdings von Aristoteles stammen. Da weise Sprüche sich prinzipiell dazu eignen, mehrfach zitiert und verwendet zu werden, tut die doppelte Zuweisung dem Wahrheitsgehalt keinen Abbruch. Im Zusammenhang mit der Ausbildung unserer seelisch-geistigen Wahrnehmungsfähigkeit bedeutet das, uns zunächst ein grundsätzliches, stabiles Fundament in der Bewusstseinsschulung anzulegen. Meditationen und Gespräche mit der geistigen Welt sind wie Kompositionen, und diese erklingen nur harmonisch, wenn das Instrument, also die eigene Seele, zuerst gründlich wahrgenommen und gestimmt ist.

Bei jedem Instrument muss der Musiker, hier das Ich, die Misstöne hören, er muss die zu schlaffen oder die überspannten Saiten mit feiner Aufmerksamkeit neu einstellen, sodass der Klangkörper wieder eine konkordante Einheit bilden kann.

Unsere persönlichen ‹Klänge›, also die Gefühle und Gedanken, die sich unbewusst und häufig auch in einer dissonanten Weise in uns zum Ausdruck bringen, gehören folglich von unserem Ich wahrgenommen und angeschaut. Die Fähigkeit zu innerer Selbstbetrachtung und zur reflektierenden Konzentration ist eine Gabe unseres erwachenden Selbst-Bewusstseins. Der heutige Mensch kann sie wunderbar nutzen, um seine Seelenkräfte kennenzulernen und sie in ein stimmiges Gleichgewicht zu bringen. Da gerade das Herz unser zentrales geistiges Wahrnehmungsorgan ist, ist die Ausbildung der zwölfblättrigen Lotusblume, des Herzchakras, von Bedeutung. Hierfür hat Rudolf Steiner die sogenannten ‹Nebenübungen›[37] gegeben. Natürlich gibt es auch andere Methoden, die in unserer Zeit vielfach als ‹Aufmerksamkeitstraining› angeboten werden. Diese Praxisanleitungen sind nicht in der gleichen Weise auf die Ausbildung der Geistesorgane angelegt, wie es die ‹Nebenübungen› sind, sie sind aber ebenfalls sinnvoll und machen auch viel Freude im Umgang mit dem Eigenseelischen.

Wenn man die konkreten Hinweise betrachtet, die uns die Engel im Persönlichen zukommen lassen, merkt man, dass sie in einer gewissen Weise auch ‹angeleitete Nebenübungen› sind. Die Engel machen uns auf den Inhalt und die Struktur unserer Gedanken und Gefühle aufmerksam, auf die Absichten, die uns impulsieren, auf das Seelengestrüpp, das in uns gereinigt gehört. Sie bestärken uns in unserer Positivität, ermutigen uns in unserem grundsätzlichen Lebensvertrauen, regen unser inneres Gleichgewicht und unsere Unvoreingenommenheit an und stützen die selbst gefassten Willensentschlüsse. All dies bedeutet Stärkung der Tätigkeit unseres eigenen Ichs. Es geht dabei nicht darum, einen ‹fertigen Zustand› der Seele zu erreichen, denn wir bleiben uns lebenslang das größte eigene Übungsfeld. Doch ‹unterwegs› mit sich selbst zu sein, und zwar bewusst, ist etwas

Wunderbares; dabei in kleinen Schritten immer mehr Herr im eigenen Seelenhaus werden zu können ist regelrecht erfüllend. Diese Bemühungen verändern unser Innenleben, schenken uns darin neue Freiräume und bereiten uns eine seelisch gesunde Grundlage. Wenn unser Bewusstsein konzentriert und ausgeglichen in sich gründen kann, dann kann es sich auch vertrauensvoll ins Seelisch-Geistige hinaus ausstrecken. Unsere Seele als Instrument ist dann so weit gestimmt, dass sie im Zwiegespräch mit der geistigen Welt neue Harmonien erklingen lassen kann.

Die Seelenstille

> «(...) in der Empfindungsseele beginnen wir mit der esoterischen Arbeit (...).»[38]
>
> *Rudolf Steiner*

Mit den Erscheinungen und Prozessen des eigenen Seelischen klarer und selbstständiger umgehen zu können befähigt uns, diese Vorgänge so weit zur Ruhe zu bringen, dass sie in uns für längere Augenblicke ganz zum Schweigen kommen können. Im ersten Schritt der Meditation geht es also darum, von allem Persönlichen absehen zu können und einen Zustand der absoluten Seelenstille in sich zu erzeugen, einer Stille, die «stiller als die Stille, ruhiger als die Ruhe ist».[39] Ob von außen oder von innen kommend, nichts Drängendes als Empfindung, nichts Ablenkendes als Gedanke, nichts Störendes als innerer Impuls darf hier als ‹Misston› mehr erklingen.

In dieser aufmerksam gehaltenen Stille kann nun unser Verhältnis zum Ewigen beginnen, sich auszusprechen. «Dieser Zusammenhang darf nun nicht so gesucht werden, wie heute menschliche Zusammenhänge gesucht werden und menschliche Zusammenhänge verfolgt werden im groben äußeren Sinnesdasein. Denn der Zusammenhang zwischen der Menschenseele und der geistigen Welt wird gefunden werden in intimen Kräften der menschlichen Seele; in Kräften, welche diese menschliche Seele entwickelt, wenn sie Aufmerksamkeit entfaltet, innere, stille, ruhige Aufmerksamkeit, zu der sich der Mensch erst wiederum erziehen muss, nachdem er im materialistischen Zeitalter gewöhnt worden ist, Aufmerksamkeit auf dasjenige allein zu verwenden, was sich ihm mit Wucht von außen aufdrängt, was gewissermaßen an das Auffassungsvermögen heranschreit. Der Geist, der im Innern erlebt werden soll, der schreit nicht, der lässt auf sich warten, und man kommt ihm nahe, wenn man versucht, sich vorzubereiten auf dieses Nahekommen. Wenn man sagen kann gegenüber den Dingen der Außenwelt, die vor unsere Sinne sich hinstellen, die der äußeren Wahrnehmung sich aufdrängen: sie kommen heran, sie sprechen zu uns, so kann man ein ähnliches Wort nicht anwenden auf die Art und Weise, wie der Geist, die geistige Welt, an uns herankommt. (...) Man möchte da sagen, das Geistige wird erlebt, indem man in jenem Augenblick, da man es erlebt, das Gefühl hat: man verdankt sich ihm. Fassen Sie dieses Wort genau auf: Man verdankt sich der geistigen Welt.»[40]

Im Raum dieser andachtsvollen, heiligen inneren Stille, in der wir zu erahnen beginnen, dass wir uns selbst geschenkt werden, fängt nun das eigene Wesen an, wahrnehmungsfähig zu werden für ein Wesenhaftes, das ihm aus der geistigen Welt entgegentritt. Diese vollkommen gefasste, konzentrierte Stille öffnet die Sphäre der Begegnung mit der geistigen Wirklichkeit: «Leer, ganz leer muss die Seele werden zur Aufnahme der geistigen Welten. In Geduld und Ausdauer muss man dies üben. Man muss ruhig bleiben, auch wenn man lange Zeit nichts erlebt. Man muss sich freuen, dass einem überhaupt diese Ruhe gelingt.»[41]

Die Engelin der Stille hat uns dies bereits aufgezeigt: In der Stille wird stets das Mysterium des Werdens, der ‹Geburt der Zukunft›, wirksam. Hieraus wird, in jeder Meditation von neuem, unsere Verbindung mit der Geisteswelt als schöpferischer Prozess neu geboren. Die Stille ist eine reale Geistsubstanz, sie ist wie die Reinheit und Klarheit eines Raumes, in dem wir das lebendige Sein neu erlernen. Jeder wirklich schöpferischer Akt, jeder ‹geistvolle› Vorgang, ob in der Musik, in der Kunst oder in der Meditation, erwächst aus dieser innig-heiligen Substanz der Stille.

Das Herz als Wahrnehmungsorgan

> «Das Herz war aber vorbestimmt, etwas ganz anderes zu sein; es war von den Elohim dazu geschaffen worden, um ihr Wohnort zu sein. Etwas kann klein sein in der physischen Welt und ein Großes in der geistigen Welt, und auch umgekehrt. So ist das Herz physisch nur ein kleines Ding (…), aber in Wirklichkeit ist das Herz etwas sehr Großes in der geistigen Welt (…).»[42]
>
> *Rudolf Steiner*

In der meditativen Arbeit bildet das eigene Herz den Begegnungsraum mit einem ätherischen, astralischen oder geistigen Wesen. Die Beschaffenheit unseres Herzensraums bestimmt die Qualität dieser jeweiligen Begegnung. Wenn wir darauf achten, wie wir in unserem Alltag Begegnungen mit Menschen gestalten, dann fällt uns auf, dass die wirklich gelungenen Zusammentreffen von bestimmten Kriterien gekennzeichnet sind: von respektvollem Interesse und Zugewandtheit, von innerer Offenheit und Vorurteilslosigkeit, von Einfühlungsvermögen und Anteilnahme am Sein des anderen. All diese Attribute können auch unter einem einzigen Begriff zusammengefasst werden: Empathie. Dies ist die wunderbare Fähigkeit, von sich selbst als tonangebendem Mittelpunkt abzusehen und aufrichtiges Verständnis für das Wesen, für die Belange eines anderen aufzubringen. Der andere darf einen *gleichberechtigten* Platz innerhalb *meiner* eigenen Welt einnehmen. Auf diese Weise kann ich mit jedem Menschen in eine Begegnung treten, die ihn, unabhängig von seinen Eigenheiten und von meinen Vorlieben, gelten lässt.

Auf die gleiche Weise kann ich auch mit einem geistigen Wesen in eine Begegnung gehen: Das Wesen darf sich *in* meinem eigenen Innenraum Ausdruck verleihen, da ich ausreichend von mir selbst absehen kann. Dieses ‹Freiwerden› vom einschränkenden Selbstbezug zugunsten eines aufrichtigen, warmen, liebenden Interesses am Wesen des anderen beschreibt Rudolf Steiner als Voraussetzung für die Wahrnehmung von geistigen Wesenheiten: «Sonst kann man ohnedies nicht ein Wesen aus der Hierarchie der Angeloi erkennen, wenn man nicht dahin gelangt ist, dass einen das Innere der Angeloi mehr interessiert als das eigene. Solange man mehr Interesse hat für sein eigenes Wesen als für das Wesen der Angeloi, so lange kann man nicht die Angeloi erkennen. Man muss sich also erziehen zuerst zu Weltinteressen und dann zu Interessen, die noch weitergehen, sodass einem andere bedeutungsvoller, wichtiger sein können als man selbst.»[43]

Diesen Begegnungsraum des warmen, liebenden Interesses kann man nun also, vom eigenen Herzen ausgehend, öffnen und darin beispielsweise den eigenen Schutzengel einladen. Natürlich ist unser Schutzengel bereits ‹bei uns›, doch unsere Einladungsgeste ist eine eigene Ich-Tätigkeit, durch die wir die Begegnung für *unser* Bewusstsein einleiten. Von da an gestaltet sich bereits das bewusst herbeigeführte ‹Beisammensein› zwischen dem Engel und mir.

Engel sind Wesenheiten, deren reale Lebenssubstanzen Licht, Weisheit und Liebe sind. Diese Substanzen bilden auch für uns die qualitative Grundlage für den Begegnungsraum mit ihnen. Bei allem heiligen Ernst, den ein Engel vermitteln kann, vermittelt er zugleich immer auch lichte Zuversicht, wissendes Vertrauen, liebende Bejahung. Konkret gesagt: Wenn wir in unserem Herzen Freude und Positivität, Wärme und Vertrauen entwickeln, sind wir den Engeln real näher, als wenn wir in unserem Herzen Bedrückung und Sorge beherbergen. Dies ist für uns jedoch keine Selbstverständlichkeit. Das ausgeprägte Verstandesdenken unserer Zeit erzeugt in uns grundsätzlich etwas sehr ‹Abschließendes› gegenüber der geistigen Welt. Unsere häufig gepresste Lebensweise beengt den Atem unserer Seelen, unser oft sorgenvolles, unzufriedenes Grundempfinden verdunkelt unsere Innenräume. In der Folge sind unsere Herzen doch recht rigide und verschlossen, sie kommen schwer in Resonanz mit einer lebendig-lichtvoll atmenden geistigen Wirklichkeit. Begriffe wie ‹Herzenslicht› und ‹Herzensfreude› stellen in unserem Alltagsgebrauch meist nur Worthülsen dar, die sich kaum mehr auf ein lebendiges Erleben beziehen können.

Umso stärker kann das Bewusstsein auf die Gestaltung der eigenen Herzensinnenräume gerichtet werden. Beispielsweise können wir versuchen, ‹Licht› in unserem Herzen entstehen zu lassen. Da wir es nicht gewohnt sind, innerhalb dieses Bereiches *willentlich* eine bestimmte Qualität zu erzeugen, wird zunächst auch nichts passieren. Doch wenn wir vertrauensvoll und geduldig dabeibleiben, werden wir durch wiederholte Versuche bemerken, dass in unserem Herzensraum tatsächlich eine kleine Veränderung entstehen kann: Wir erleben, wie der mittlere Brustbereich beginnt, sich ganz langsam zu weiten und zu lichten. Unser Herz wird immer mehr von der in ihm entstehenden und wachsenden Lichtsubstanz ausgefüllt. Es beginnt, sich zu öffnen. So haben wir die Qualität des eigenen Herzensraums – zumindest ansatzweise – verändert und auf diese Weise eine Sphäre geschaffen, die der Substanzialität eines lichten Geistwesens schon etwas mehr entspricht als zuvor. In diesem Sinne können wir uns vielfach ausprobieren und ganz neue Erfahrungen mit unserem Herzensraum machen. Die Engel ermutigen und bestärken uns darin:

«‹Herzenslicht› ist etwas sehr Reales – oder eben ‹kein Herzenslicht›. Gefühle sind nichts Diffuses, sondern ganz real ‹gestaltete Innenräume›, die voll von entsprechenden Wesen sind. Nutzet sie, um ‹Seelenrealitäten› zu erschaffen und um neue Wege aus eurer schattigen Unbewusstheit zu bilden. Eure ‹Herzenssonne› wird durch die Liebe und das Licht gebildet, das ihr selbst erschafft.

Eure Iche sind heute wacher und können ein eigenständiges Verhältnis zur Geistwelt bekommen. Von daher kann heute auch eure Verbindung mit den geistigen Wesenheiten individuell erlernt, geschult, erfahren und gelebt werden. Um das zu tun, braucht ihr aber Herzenswärme, Herzenslicht und Herzensliebe. Dies sind die Kräfte, die euch dazu befähigen, in die Begegnung mit der realen Geistwelt zu kommen. Diese Qualitäten gehören zunächst geschult, die eigene Herzbeziehung gehört geschult.»

Das Herz ist also unser Tor zur geistigen Welt; und die Art und Weise, wie wir unsere Herzensräume gestalten, entscheidet über den ‹wesenhaften› Austausch, der darin stattfinden kann. Wenn wir um solche Zusammenhänge wissen, können wir hier auch aktiv Veränderungen herbeirufen. *Wärme, Licht,* und *Liebe* gehören zu den ersten Seelenübungen, damit das Herz zu einem lebendig-aktiven Wahrnehmungs- und Tätigkeitsorgan werden kann. Die Gewandtheit unserer Herzensfähigkeiten kann so erweitert werden, die wachsende seelisch-geistige Agilität und die Freude an einer solchen Arbeit ermöglichen immer reichere Erfahrungen und Erlebnisse im Geistigen.

In den zahlreichen esoterischen Unterweisungen, die Rudolf Steiner gibt, stellt er das Herz immer und immer wieder als *das* zentrale Wahrnehmungsorgan in der Arbeit mit der geistigen Welt dar: «Aller Weg in die geistige Welt geht durchs Herz. Das Herz ist der Mittelpunkt der geistigen Bewegung. Das Gehirn der Mittelpunkt der intellektuellen Bewegung.»[44] Darüber hinaus ist unser Herz auch das entscheidende Überprüfungsinstrument im Zusammenhang mit unseren seelisch-geistigen Erfahrungen: «Ein Wahrzeichen kann gegeben werden, welches zur wirklichen Erkenntnis führt, ob das Geschaute aus höheren Welten kommt oder aus unserem eigenen Inneren: Man verspürt es am Herzen, es durchzieht sich dasselbe mit einer Wärme und Erregtheit, die aus dem Kosmos in das Herz hineinstrahlen, denn das Herz steht einerseits im Zusammenhange mit dem Zeichen des Tierkreises des Löwen und andererseits mit der Sonne, und die Wärme dieser Kräfte wirkt mit beim geistigen Schauen.»[45]

In der liebenden, lichten Wärme des eigenen Herzensraums kann also die Begegnung mit einem geistigen Wesen stattfinden. In Anbetracht der ausschlaggebenden Bedeutung dieses geistigen Organs regen uns auch die Engel zu einem angemessenen und bewussten Umgang damit an:

«Euer Herz ist euer ‹Arbeits- und Wahrnehmungsorgan›. Oft ist es zugeschüttet und verdüstert. Ihr könnt nicht nur Dinge ‹hineinstopfen› und erwarten, dass die ‹Sicht› noch klar ist. Pflegt dieses Organ, pflegt euer Herz und haltet es im Gleichgewicht.»

«In welcher Weise?»

«Innehalten, ausatmen, Schönes aufnehmen, es nähren, es heilig halten. Es ist heilig. Geht entsprechend behutsam, achtsam, sorgsam und demutsvoll damit um. Es ist kein Leistungsrennpferd, es ist ein kostbares Tor zur Himmelswelt. Es ist das ‹geflügelte Pferd› aus dem Märchen, das nur dem einen Helden gehorcht und dient: dem Höheren Ich. Es lässt sich nicht treten und triezen von den Belangen des niederen Ichs, von den vermeintlichen Verpflichtungen und engen Sorgen des Alltagsbewusstseins. Da verweigert es seinen Dienst, tritt um sich oder

bleibt einfach stehen. Euer Herz könnt ihr als Bote zwischen Himmel und Erde einsetzen. Dann hütet es entsprechend, damit es diese Aufgabe vollziehen kann. – Wenn es um euer Herz geht, da wirken wir immer mit.»

Die Wesensbegegnung

> «Wenn der Beobachter höherer Welten einmal weiß, was wirklich Imagination ist, dann erhält er auch sehr bald die Empfindung, dass die Bilder der astralen Welt nicht bloße Bilder, sondern Kundgebungen geistiger Wesenheiten sind. Er lernt erkennen, dass er die imaginativen Bilder ebenso auf geistige oder seelische Wesenheiten zu beziehen hat wie die sinnlichen Farben auf sinnliche Dinge oder Wesenheiten.»[46]
>
> *Rudolf Steiner*

Das wesentlichste Merkmal eines bewusst geführten meditativen Erlebnisses ist das klare Erkennen derjenigen Wesenheit, mit der man es zu tun hat. Auf der Ebene des Ätherischen, Astralischen und Geistigen können uns vielfältige Eindrücke und Wesen entgegentreten. Man kann zum Beispiel Landschaften und Stimmungen, Farben und Klänge wahrnehmen. Diese sind jedoch immer nur *Auswirkungen* bestimmter Wesenheiten. Demnach führt uns die Frage ‹*Was* ist das, was ich da wahrnehme?› zu einem erlebbaren Ausdruck der Tätigkeit geistiger Wesen. Die Frage ‹*Wer* ist das, den ich wahrnehme?› führt uns wiederum zur direkten Begegnung mit einem konkreten Wesen. Immer und nur, wenn ich weiß, mit wem ich es zu tun habe, bin ich im wirklichen Sinne ichhaft dabei.

In Bezug auf das meditative Vorgehen folgen nun zwei konkrete Schritte: das Wesen, dem man begegnen will, einzuladen; und sich zu vergewissern, dass man es auch tatsächlich mit diesem Wesen zu tun hat. Wenn wir beispielsweise dem eigenen Schutzengel begegnen möchten, so ist dieser nicht auf unsere Einladung angewiesen, doch unser Bewusstsein ist es. Die Geste der Einladung ist insofern von Bedeutung, als dass der sich dabei vollziehende Willensausdruck eine konkrete geistige Qualität im geöffneten Herzensraum einwirken lässt. Der selbst geführte eigene Impuls entscheidet über die stattfindende Begegnung und nicht beispielsweise irgendwelche Astralwesen, die sich im Herzensraum zum Ausdruck bringen.

Da unsere Wahrnehmung noch nicht ausreichend geschult ist und uns so eine Vielzahl von Wesen täuschen können, ist es entscheidend, hier wachsam vorzugehen. ‹Verführungswesen› können sich leicht verstellen, doch wenn wir ihnen eine direkte und klare Frage stellen, dürfen sie uns nicht anlügen. Dieses wunderbare geistige Gesetz ist ein fundamentaler Schutz, den wir uns zunutze machen können. Wir können hier ganz konkrete ‹Identifikationsfragen› stellen, zum Beispiel: «Bist du mein Schutzengel?» Von allen geistigen Wesenheiten kann tatsächlich nur unser Schutzengel diese Frage mit «Ja, ich bin dein Schutzengel» beantworten, niemand sonst.

Bei komplexeren Begegnungssituationen können wir uns eingehender überprüfen, indem wir weiterführende Fragen stellen, etwa: «Wem dienst du?» oder «Bist du ein Diener Christi?» Daraufhin muss das befragte Wesen die höhere Geistigkeit benennen, der es unterstellt ist, sodass der übergeordnete geistige Strom erkennbar wird. So ermöglicht jede sorgfältig gestellte Frage einen nächsten Erkenntnisschritt. Bei Zweifel können solche Bezugspunkte noch dezidierter herausgearbeitet werden. Indem man zum entsprechenden Wesen einen warmen Liebesstrahl aus dem eigenen Herzen hinschickt, kann man an seiner Reaktion ablesen, ob es dieser ‹Liebe-Wärme› entspricht oder nicht. Wesenheiten, die nicht im Strom der Christus-Liebe stehen, winden und wenden sich dabei, andere fauchen sogar oder ziehen sich wütend zurück. – Es ist also nicht übermäßig schwierig, hier Klarheit zu erlangen; man muss sich nur bewusst vergewissern, mit welcher Wesenheit man es zu tun hat.

Wer bereits mit seinem Schutzengel vertraut ist, kann ihn auch bei jeder anderen Begegnung mit einem geistigen Wesen zu Rate ziehen. Gerade die Verbundenheit mit ihm dient in unvergleichlich verlässlicher Weise als Ankerpunkt und Wegweiser. In der Gegenwart eines anderen Wesens kann der Schutzengel beispielsweise zuversichtlich nicken oder den Raum vertrauensvoll öffnen. Er kann uns wiederum warnen, indem er uns zu Vorsicht aufruft. Wenn er uns vor einer Gefahr schützen will, tritt er vor uns. Seine Reaktion gibt uns also deutliche Hinweise bezüglich der Situation, in der wir uns befinden. Auch hier erleben wir ihn als die am innigsten uns begleitende und helfende Gestalt.

Bei fortschreitender Arbeit können wir lernen, ebenfalls auf die Reaktion unseres Doppelgängers zu achten. Wie verhält sich dieser? Zieht er sich im Beisein eines anderen geistigen Wesens ein wenig zurück oder bleibt er merkbar anwesend? Auch solche Indizien können Aufschluss über die Qualität unserer Wahrnehmung und über das Charakteristische des stattfindenden Geschehens geben. Es gibt zahlreiche weitere Möglichkeiten des Selbstschutzes und der Selbstüberprüfung, dem Ausprobieren und Erforschen sind in diesen Zusammenhängen keine Grenzen gesetzt. Man benötigt nur Zuversicht und Eigeninitiative. Oft sind Menschen hier unsicher und trauen ihren eigenen Wahrnehmungen nicht. Doch ohne Vertrauen – was zugleich auch Selbstvertrauen impliziert – geht es nicht. Dieses Vertrauen müssen wir *selbst* in uns erzeugen. Die Sicherheit kann nicht von außen kommen, das Wagnis besteht darin, in sich selbst zu gründen. Darauf verweisen uns auch die Engel, wenn wir in Momenten der Unsicherheit zweifeln oder nicht ausreichend Vertrauen aufbringen:

«Du misstraust gerade.»

«Ja, verzeiht, aber nicht euch, sondern meiner eigenen Wahrnehmung.»

«Das musst du überwinden, sonst kommst du nicht weiter.»

«Gut. Wie mache ich das?»

«Vertraue!»

«Ich vertraue euch.»

«Dir musst du auch vertrauen, du gehst den Weg, du bist dein Bewusstsein!»

«Das verstehe ich. Aber wie überprüfe ich mich, wenn ich so diffus bin?»

«Kläre dich, reinige dich, bringe dich innerlich in ein dich tragendes Gleichgewicht. Halte deine Gedanken und Gefühle außerhalb deiner und schaue sie objektiv an. So wirst du innerlich frei. Mit Unsicherheiten oder mit Anschuldigungen gegen dich selbst kommst du nicht weiter. Deswegen kommen auch so viele im Wahrnehmen nicht weiter, weil sie dem eigenen Wesen nicht vertrauen oder weil sie sich selbst beschuldigen.»

Der Selbstzweifel verriegelt die Herzenstore, die man gerade öffnen will; so betont auch Rudolf Steiner die Bedeutung des mutvoll-zuversichtlichen Vorgehens in meditativen Zusammenhängen: «Das einzige, was wir zu bekämpfen haben, ist der Gedanke: ‹Ich erreiche es doch nicht›. Den sollen wir zurückweisen als eine Versuchung.»[47] Natürlich sind die ersten anfänglichen Begegnungen mit geistigen Wesen von Unsicherheit geprägt. Auch können sie nicht mehr als ein unsicheres Abtasten der noch nicht vertrauten Situation darstellen. Ohne Praxis können wir auch nicht erwarten, Gewandtheit darin zu haben. Doch übend kann unser Verhältnis zur Engelwelt familiärer werden. Eine aufnehmend-empfangende Herzensgeste, zugleich eine konzentrierte innere Aktivität führen dazu, dass ein solcher Austausch zu einem immer klarer werdenden imaginativen und inspirativen, später dann auch intuitiven Erlebnis wird. Wie zu den uns lieben Menschen, kann sich so die Beziehung zu den uns nahen Engeln zu einer eingespielten, freundschaftlichen und vertrauensvollen Verbindung entwickeln.

Das Nachklingen der Meditation

> «In der physischen Welt sind Erdenken und Erkennen nicht eins; im Geistigen fließen sie zusammen. Ein Erdachtes ist entweder falsch, dann vernichtet es sich selbst, oder richtig – dann ist es auch ein Geoffenbartes: Erkenntnis.»[48]
>
> *Rudolf Steiner*

Am Ende einer meditativen Wesensbegegnung, nachdem man sich beim entsprechenden Wesen bedankt und sich von ihm verabschiedet hat, ist es sinnvoll, erneut einige Augenblicke in einem Zustand der inneren Stille zu bleiben. So wie die konzentrierte Stille des Beginns den Begegnungsraum gebildet und die Wahrnehmungsfähigkeit ermöglicht hat, so komprimiert die Stille des Nachklangs das gesamte Erlebnis in sich. Der Herzensraum, den wir, die Meditation einführend, ausgedehnt hatten, gehört nun wieder behutsam ‹eingezogen›. Wir kehren mit unserer Aufmerksamkeit zu uns selbst zurück, zum eigenen Selbsterleben, und gründen uns erneut bewusst in unsere Leiblichkeit hinein. Für die eigene Seelenhygiene ist es immer sinnvoll, diese ‹Wechsel› zwischen den Welten, nach beiden Richtungen hin, klar und sauber zu vollziehen.

Erfahrungsgemäß ist es hilfreich, das meditativ Erlebte kurz danach aufzuschreiben. Die subtilen geistigen Eindrücke wie auch viele Details der Begegnung gehen im Alltagsbewusstsein verloren. Beim späteren Nachlesen und Nacharbeiten staunt man häufig über wertvolle Einzelheiten und Nuancen, die Teil der gemachten Erfahrung waren und die man nun wieder erinnern kann.

Generell geht es beim meditativen Üben nicht vordergründig darum, methodische Anweisungen wie fertige Rezepte anzuwenden. Ein strukturiertes und sorgfältiges Vorgehen ist ein erforderlicher Grundstein dieser Arbeit, doch jegliche Anweisungen sind hohl und bleiben wirkungslos, wenn wir sie nicht mit unserem eigenen Herzenserleben füllen. An der Herzensarbeit führt kein wirklicher Weg vorbei.

Meditation soll dem Leben dienen, sie ist kein Selbstzweck. Wenn man die kostbaren Berührungsmomente mit dem Geistigen innig in sich hütet, wenn man sie Teil der eigenen Lebensrealität werden lässt, dann verändert sich langsam auch das eigene Leben. Alltagserfahrungen erschließen mehr ihren Sinngehalt, Beobachtungen erhalten eine tiefere Qualität, das persönliche Verständnis für viele Zusammenhänge weitet sich. Ganz im Stillen erlebt man sich in einem neuen ‹Licht› stehend, welches einen stets liebend umhüllt und begleitet. Auf diese Weise kann die geistige Welt – inmitten unseres Daseins als Erdenmenschen – immer mehr zu einer gelebten Wirklichkeit werden. Eine bewusste Seelenschulung, aus Freiheit und aus aufrichtigem Interesse gewählt, ist ein wunderbarer Weg, der hier begangen werden kann. Dabei sind uns die Liebe für die geistige Welt und die Freude am meditativen Üben die innigsten und hilfreichsten Begleiter: «Wenn wir mit wahrer Freudigkeit üben, so ist sie ein starkes Hilfsmittel, in die geistigen Welten zu dringen.»[49]

Zusammengefasst schließt sich der Kreis, und wir können, wie eingangs bereits gesagt, feststellen: lieben und üben – das ist der Weg, der uns mit der Engelwelt verbindet. Wie auch immer wir diesen Übungsweg im Einzelnen gestalten, er kann uns befähigen, in einen innigen und sich immer weiter entwickelnden Austausch mit der geistigen Welt zu kommen.

SCHLUSSWORT

> «Wir können zur Fortentwicklung
> der Welt nichts besseres tun,
> als uns selbst fortzuentwickeln. Das
> aber *müssen* wir tun.»[50]
>
> *Rudolf Steiner*

Das erwachende Selbstbewusstsein des heutigen Erdenmenschen bringt neue Stufen der Erkenntnisfähigkeit und der Gestaltungskraft mit sich. Erkenntnisfähigkeit kann sich nach außen hin ausrichten und entsprechend die Außenwelt bildend verändern. Erkenntnisfähigkeit kann sich auch nach innen Ausdruck verleihen, wo sie als Selbstreflexionsfähigkeit das eigene Wesen und die individuelle Innenwelt formen kann. Diese Innen- und Außenwelten sind stets aufeinander bezogen und bedingen einander ganz unmittelbar.

Der vorwiegend nach außen gerichtete Blick unserer Zeit hat eine Kultur geschaffen, die sich in immer größer um sich greifenden Gesten sämtliche Lebensbereiche unserer Erde zu eigen gemacht hat. Der Hauptanteil unserer menschlichen ‹Potenzialität›, unserer Begabungen und Fähigkeiten, unserer Bildung und Ausbildung, unserer Aufmerksamkeit und unserer Interessen fließt ein in Wirkungsprinzipien, die der selbstbezogenen Nutzbarmachung, der Expansion und der Optimierung unserer irdischen Lebensverhältnisse dienen. Diese von Egoität durchsetzte Zentrierung auf Selbstzwecke führt uns zu einem ausgeprägten Erleben der eigenen Individualität. Eingedenk der offensichtlichen Einseitigkeit dieser Entwicklungsetappe ist sie uns doch ein überaus kostbares Geschenk. Es tritt dabei ein unvergleichliches Freiheitsmoment ein: Der Mensch erlebt sich als Zentrum seiner eigenen Welt, er ist der ‹Maß-Gebende› darin. So ist auch *er* derjenige, der über diese Welt bestimmt.

Aus dieser neu errungenen Freiheit heraus kann nun der Mensch den weiteren Weg der Erdentwicklung selbst bestimmen. Er kann sich fortan als Mittelpunkt eines Umkreises betrachten, den er als Lebensraum für sich selbst einfordert und benutzt. Seine ‹Selbst-Welt› kann dabei die gesamte Welt zu einem Abbild der eigenen, persönlichen Bedürfnisse und Wünsche reduzieren. Der Preis dieser ‹Selbstbespiegelung› führt allerdings zur Abkoppelung eines jeden Einzelnen vom anderen und somit vom Gesamtkontext des Kosmos. Aus der gleichen Freiheit heraus kann der Mensch aber genauso eine Umkehrung von Punkt und Umkreis vollziehen: Er kann sich für die Überwindung der Egoität zugunsten einer wahren Menschen- und Weltgemeinschaft aussprechen, in all seinen natürlichen, sozialen, gesellschaftlichen und persönlichen Lebensräumen.

Um diesen Freiheitsschritt nach der einen oder der anderen Seite hin realisieren zu können, musste der Mensch, von Inkarnation zu Inkarnation voranschreitend, sich immer mehr mit der Erdenwelt verbinden und sich von der geistigen Führung lösen. Die durch Äonen erlebte Verbundenheit mit einer ihn leitenden Himmelswelt verlor stufenweise ihren unbestrittenen Erlebnischarakter und blieb in den Herzen der Menschen als zögerlich-unschlüssige Frage zurück. Doch Entwicklung bedeutet immerwährende Veränderung. Die kosmischen Rhythmen stellen Aus- und Einatmungsprozesse der Geistigkeit dar, die in immer neu sich gebärenden Bewusstseinsstufen voranschreiten. Und so wie der Mensch im Laufe der Erdentwicklung frei davon werden musste, die geistige

Welt zu erleben, so wird er heute frei dafür, sie erneut erleben zu können.

Wenn auch für lange Zeitenräume von uns ‹ungesehen›, so sind durch alle Finsternisse unserer Erderfahrung die Wesen aller Hierarchien fortwährend an unserer Seite gewesen. Sie waren und sind diejenigen, die uns stets neu erschaffen und uns zugleich dem eigenen Werden überlassen. Die Engel, die uns nächsten Himmelsfreunde, haben uns beständig darin begleitet. Auch weiterhin schreiten sie mit uns, die Freiheit unseres Menschseins achtend, zugleich bereit, an uns zu glauben und uns unzählige Chancen der Wandlung und des Wachstums zu ermöglichen. Sie leuchten unserem Ich voraus und helfen uns, die verlorene Verbundenheit mit dem geistigen Kosmos erneut zu entdecken. Sie weiten unseren Blick für unser Zusammensein als Menschheit, für den Zusammenklang von Mensch und Erde. Die Einheit, die sich als Vielheit selbst verschenkt, ist das Prinzip der Schöpfung. Aus dieser Vielheit erwächst erneut die Einheit:

«Die Menschenwelt ist wie ein lebendiger Teppich, der seine Nuancen und Farbmuster ständig verändert und weiterentwickelt. Jedes Geschöpf mit seinem Sein und Tun trägt zu diesen mannigfaltigen Veränderungen bei, und zwar in jedem Augenblick. Ihr seid viel mehr miteinander verwoben und verbunden, als ihr das im Erdbewusstsein nachvollziehen und wahrnehmen könnt. Jeder von euch wirkt in sein Umfeld hinein, so wie es dem jeweiligen Stand seines Inneren entspricht. Das bedeutet: Alles, was ihr als ‹Außen› erlebt, ist eine Spiegelung, eine Reflexion eures Inneren nach außen, ein ‹Abdruck› eures Wesens in das ‹Weltenwesen› hinein. Ihr alle seid Teil eines Ganzen, einer Einheit: Die Menschheit, in geheimnisvoller Weise mit der Erdenwelt verbunden, bildet einen gemeinschaftlichen ‹Leib›, einen lebendigen Organismus. Ihr alle übt an

diesem gemeinschaftlichen Weben der großen Einheit, und noch übt ihr – die meisten von euch – sehr in der Vereinzelung und in euren kleinen Umfeldern. Jeder ist mit seinen paar ‹Knoten› des Teppichs so beschäftigt, dass ihm der Blick auf größere Musterbildungen kaum möglich ist.

Wenn ihr euch jedoch bemüht, immer mehr Liebe und Güte, Milde und Licht, Weisheit und Verständnis mit einzuweben, beginnt ihr, eine Dynamik dieser Geflechte zu vernehmen, die euch selbst im wahren Sinne verlebendigt. Ihr werdet selbst Schöpfer und Gestalter – wenn auch im Kleinen – von ‹wirklichem Leben›, so wie Leben in seinem eigentlich Sinne gemeint war und ist. Es geht im Geistigen nicht darum, Leben zu ‹verbrauchen›, sondern Leben zu ermöglichen, zu erschaffen, schöpferisch und schenkend aus sich selbst heraus entstehen zu lassen. Das ist Leben! Ihr verbraucht noch eher das Leben, und wir, die anderen Hierarchien, müssen es für euch entstehen lassen und ermöglichen. Nur in der liebenden Hingabe entsteht aber ‹Leben›. Erübet dies, sonst reißen immer und immer wieder die Gewebestrukturen eures Menschheitsorganismus.

Einheit bedeutet ‹Vermehrung aus Liebe›, von daher ist sie unerschöpflich und ewig lebendig. Dient der Einheit und Einigkeit in der Vermehrung und Verflechtung eures Wirkens, webet Licht und Liebe für jeden hinein. So werden die Gewebestrukturen stark und leuchtend, so entsteht ein Gemeinsames, ein lebendiger, strahlender Menschheitsteppich, der euch als Einheit erleben lässt. Die Einheit seid ihr alle zusammen. Der Weg der Verbrüderung, von Christus angeführt, führt zur Einheit des Väterlichen Prinzips.»

«Das ist so wunderschön – und gar nicht leicht für uns Menschen.»

«Warum sollte es leicht sein? Es ist eine Geburt eurer

Menschheitsstufe in eine nächste hinein. Der Schmerz dient euch doch nur zur Bewusstwerdung. Ihr selbst habt diesen Weg gewählt. Er ist gangbar, und so viele sind bei euch. Vergesst das nicht, ihr seid niemal alleine und niemals ohne Hilfe. Verlasst euch darauf – auch wir verlassen uns auf euch.»

Wenn wir versuchen, den Blickwinkel der Engel auf unsere Welt einzunehmen, so erleben wir einen wahren Perspektivwechsel auf unser ganzes Sein: Die Welt erschließt sich uns in weit umfassenderen Zusammenhängen, in ihrer wesenhaften Zusammengehörigkeit. Sie zeigt sich in ihren wirklich essenziellen Bedürfnissen, in den Dingen, die von Bedeutung sind für ein Werden als ‹geistiger Gesamtorganismus›. Die ganze Erdenwelt ist eins mit uns, und wir sind eins mit allem Sein, das als vielgestaltige Einheit an uns wirkt.

Der Vatergott hat uns diese Welt geschenkt, und sie ist *unsere*: die Erde als Lebens- und Entwicklungsort. Das Menschenwesen ist aus den Himmeln bis ganz ins Irdische herabgestiegen, damit es lernt, Verantwortung für diese Welt zu übernehmen. Durch Schmerz und Leid, durch Mut und Zuversicht, durch Wandlung und Verwandlung erlernen wir, das geistige Licht, die Liebe und die Weisheit unserem Erdensein einzuarbeiten. Am Ende dieses Schöpfungszyklus soll unsere Erde, von uns durchlichtet und durchliebt, zu einer geistigen Sonne werden. Unsere Aufgabe als Menschheit ist es, die geistgewordene Sonnen-Erde dem Vatergott wieder zu übergeben.

Christus, das höchste Sonnenwesen, ist diesen Weg bereits vorausgeschritten. Er webt dem Werden dieses Kosmos Sein Liebeslicht als Brüderlichkeit aller Wesen ein. Die Hierarchien folgen Ihm darin. Die Engel, unsere uns am nächsten stehenden Brüder, dem Christus-Wesen liebend hingegeben, leben uns vor, was geistige Verbrüderung bedeutet. Uns Menschen stehen sie bei, durch alle Freuden und allen Schmerz unserer Entwicklungswege, ohne Bedingungen und ohne Urteil, uns tief vertrauend und für uns hoffend, uns immer liebend, stützend und erhebend. Ihr Lohn ist unser eigenes Werden. Mit ihnen Seite an Seite beginnen wir zu lernen, was Bruder-Sein im wahren Sinn bedeutet.

Das Prinzip der Brüderlichkeit ist der tiefste, heiligste und charakteristischste Wesenszug alles Christlichen. Und hier erschließt sich uns das Bild der Zwölfheit unseres Engelrings in einem neuen Licht: Der Kreis der Zwölf, der uns, als Dreizehnten in seiner Mitte, trägt, spiegelt sich im Kreis der zwölf Eingeweihten, die in der christlichen Kultur den Dreizehnten, den Einzuweihenden, vorbereiten. Dies ist kein Sinnbild, sondern geistige Entsprechung. Die Himmelskräfte, die uns in unserem ‹Mensch-Sein› weihen, sind unsere Engel. Sie sind diejenigen, die uns so lange führen, bis wir in zukünftigen Zeiten selbst fähig werden, gemeinsam mit unseren Menschenbrüdern solche Kreise menschlich-christlicher Einweihung zu bilden. Es ist dies die Einweihung des ‹wahren Menschen›, des ‹Christus-Menschen› in uns allen. Christus, als der erste ‹wahre Mensch›, hat dieses Prinzip der Menschheit einverwoben. Im Bild des Abendmahls ist diese Entwicklung vorgezeichnet:

«Das Bild des Abendmahles ist eines der heiligsten von Menschen geschaffenen Abbilder des Christus-Geschehens in der Karwoche. Es ist das Bild der Brüderlichkeit und zugleich das Bild der brüderlichen Menschengemeinschaft der Zukunft: das Teilen mit den anderen, auch mit demjenigen, der das Dunkle in sich trägt, der einen verrät. Hier ist es der Christus, der das Brot bricht und den anderen gibt. Er nährt die Zwölf durch seine eigene Wesenssubstanz – auch Judas, den Er am Tisch als eigenen Bruder anerkennt. Dies ist die Brüderlichkeit.

In diesem Ursprung ist es der Christus, der die Zwölf nährt. Später sollen es die Zwölf sein, die sich gegenseitig tragen und alle zusammen, aus der eigenen Wesenssubstanz, den Dreizehnten nähren. Dies ist das Bild der Zukunft eurer Erde.

Ihr seid noch nicht so weit, um dies zu tun. In Vorbereitung hierfür macht das euer Engelring für euch. Sie sind die Zwölf, die jeden von euch, jeden ‹Dreizehnten›, in Liebe und Vertrauen tragen, halten, nähren – damit dann eines Tages jeder von euch fähig wird, einer der Zwölf zu werden. Wenn das gelingt, dann haben wir das Bild der Einweihung. Brüderlichkeit ist Einweihung in Christus durch das Geben, Nähren, Teilen, Tragen der anderen in der bewussten Gemeinschaft, aus der eigenen Wesenssubstanz heraus.

Wenn ihr fähig werdet, dies füreinander zu tun, werden wir, eure Ringengel, von unserer Aufgabe an euch entbunden – und viele andere Engel auch. Eure Entwicklung bedingt auch unsere Entwicklung. Dies ist das Bild der Erlösung eurer Welt, denn dann hat der Mensch seine Einweihung vollzogen. Und Liebe und Tat werden eins sein: keine Tat ohne Liebe, keine Liebe ohne Tat. Das ist Christus, das ist der ‹wahre Mensch›!

Seid in eurem Werden gesegnet, Menschen eurer Erde! Wisset euch von uns allen geliebt!»

Dass die Engel uns mit aller Himmelsliebe lieben, das können wir nun wahrhaft wissen. Es ist alsdann an uns zu beginnen, sie zu lieben. Gemeinsam mit ihnen können wir Miterbauer einer Welt des Miteinanders werden, eines Kosmos der brüderlichen Liebe aller Hierarchien. Die Sonnen-Werdung unserer Erde braucht unsere Menschenliebe, unser Menschenlicht und unsere Menschentatenkraft. Hierzu rufen uns unsere Engel auf:

«Wachet auf und werdet stark,
wir brauchen lichte Ritter mit goldenen Herzen,
die die Welten durchlieben und durchlichten.
Tapfere Ritter, die den Schwachen helfen,
leuchtende Seelen, die Erd' und Natur neu beleben.
Stehet auf und reihet euch ein
in die Reihen der Wesen der Liebe.
Christus schreitet uns allen voran,
lasst uns Ihm folgen und lichtvoll Ihm dienen,
lasst uns das Wesen der Erde durchlieben!»

So sei es!

ANMERKUNGEN

1 Steiner, Rudolf: *Anthroposophie als Kosmosophie. Zweiter Teil: Die Gestaltung des Menschen als Ergebnis kosmischer Wirkungen*, S. 34.
2 Steiner, Rudolf: *Die geistigen Wesenheiten in den Himmelskörpern und Naturreichen*, S. 53.
3 Steiner, Rudolf: *Kunst- und Lebensfragen im Lichte der Geisteswissenschaft*, S. 113.
4 Steiner, Rudolf: *Die geistigen Wesenheiten in den Himmelskörpern und Naturreichen*, S. 52.
5 Steiner, Rudolf: *Die Verbindung zwischen Lebenden und Toten*, S. 112.
6 Steiner, Rudolf: *Aus den Inhalten der esoterischen Stunden*, Band III, S. 158.
7 Steiner, Rudolf: *Die geistige Führung des Menschen und der Menschheit*, S. 37.
8 Steiner, Rudolf: *Aus den Inhalten der esoterischen Stunden*, Band III, S. 304.
9 Steiner, Rudolf: *Das Hereinwirken geistiger Wesenheiten in den Menschen*, S. 141–142.
10 Steiner, Rudolf: *Geisteswissenschaftliche Behandlung sozialer und pädagogischer Fragen*, S. 36–60.
11 Steiner, Rudolf: *Die geistige Führung des Menschen und der Menschheit*, S. 48–49.
12 Steiner, Rudolf: *Die Verbindung zwischen Lebenden und Toten*, S. 111.
13 Steiner, Rudolf: *Aus den Inhalten der esoterischen Stunden*, Band II, S. 162–163.
14 Steiner, Rudolf: *Aus den Inhalten der esoterischen Stunden*, Band III, S. 300.
15 Steiner, Rudolf: *Aus den Inhalten der esoterischen Stunden*, Band III, S. 307–308.
16 Steiner, Rudolf: *Aus den Inhalten der esoterischen Stunden*, Band III, S. 303.
17 Steiner, Rudolf: *Die Welt der Sinne und die Welt des Geistes*, S. 62.
18 Steiner, Rudolf: *Der Tod als Lebenswandlung*, S. 150.
19 Siehe dazu: Steiner, Rudolf: *Das Geheimnis der Trinität*, S. 126.
20 Steiner, Rudolf: *Die Schwelle der geistigen Welt*, S. 70
21 Steiner Rudolf: *Aus den Inhalten der esoterischen Stunden*, Band III, S. 167.
22 Steiner, Rudolf: *Vergangenheits- und Zukunftsimpulse im sozialen Geschehen*, S. 53.
23 Steiner, Rudolf: *Aus den Inhalten der esoterischen Stunden*, Band I, S. 42.

24 Steiner, Rudolf: *Wahrspruchworte*, S 156.
25 Steiner, Rudolf: *Anthroposophie als Kosmosophie*. Erster Teil, S. 106–107.
26 Steiner, Rudolf: *Aus den Inhalten der esoterischen Stunden*, Band I, S. 488–489.
27 Steiner, Rudolf: *Aus den Inhalten der esoterischen Stunden*, Band II, S. 169–170.
28 Steiner, Rudolf: *Aus den Inhalten der esoterischen Stunden*, Band II, S. 172.
29 Steiner, Rudolf: *Die Mission einzelner Volksseelen im Zusammenhang mit der germanisch-nordischen Mythologie*, S. 61.
30 Steiner, Rudolf: *Das Hereinwirken geistiger Wesenheiten in den Menschen*, S. 139–140.
31 Steiner, Rudolf: *Weltenwunder, Seelenprüfungen und Geistesoffenbarungen*, S. 81.
32 Steiner, Rudolf: *Weltenwunder, Seelenprüfungen und Geistesoffenbarungen*, S. 82.
33 Steiner, Rudolf: *Weltenwunder, Seelenprüfungen und Geistesoffenbarungen*, S. 84.
34 Steiner, Rudolf: *Weltenwunder, Seelenprüfungen und Geistesoffenbarungen*, S. 85–86.
35 Steiner, Rudolf: *Aus den Inhalten der esoterischen Stunden*, Band II, S. 400.
36 Steiner, Rudolf: *Aus den Inhalten der esoterischen Stunden*, Band II, S. 403.
37 Steiner, Rudolf: *Vor dem Tore der Theosophie*, S. 111–122.
38 Steiner, Rudolf: *Aus den Inhalten der esoterischen Stunden*, Band II, S. 64.
39 Steiner, Rudolf: *Was wollte das Goetheanum und was soll die Anthroposophie?*, S. 103.
40 Steiner, Rudolf: *Bausteine zu einer Erkenntnis des Mysteriums von Golgatha*, S. 36.
41 Steiner, Rudolf: *Aus den Inhalten der esoterischen Stunden*, Band II, S. 456.
42 Steiner, Rudolf: *Aus den Inhalten der esoterischen Stunden*, Band III, S. 321–322.
43 Steiner, Rudolf: *Welche Bedeutung hat die okkulte Entwicklung des Menschen für seine Hüllen und sein Selbst?*, S 148.
44 Steiner, Rudolf: *Aus den Inhalten der esoterischen Stunden*, Band II, S. 74.
45 Steiner, Rudolf: *Aus den Inhalten der esoterischen Stunden*, Band II, S. 334.
46 Steiner, Rudolf: *Die Stufen der höheren Erkenntnis*, S. 71–72.
47 Steiner, Rudolf: *Aus den Inhalten der esoterischen Stunden*, Band II, S. 380.

48 Steiner, Rudolf: *Aus den Inhalten der esoterischen Stunden*, Band III, S. 296.

49 Steiner, Rudolf: *Aus den Inhalten der esoterischen Stunden*, Band II, S. 263.

50 Steiner, Rudolf: *Aus den Inhalten der esoterischen Stunden*, Band I, S. 100.

LITERATUR

Beltle, Erika: *Ausgewählte Werke. Band II. Gesammelte Gedichte.* Stuttgart: Urachhaus, 2008.

Hahn, Herbert: *Sonne um Mitternacht. Gedichte und Sprüche.* Stuttgart: Ernst Surkamp, [2]1950.

Kyber, Manfred: *Genius Astri. 34 Dichtungen.* Hammelburg: Drei Eichen, [8]2001.

Kyber, Manfred: *Sämtliche Gedichte.* Hamburg: Aurinia, 2009.

Morgenstern, Christian: *Gesammelte Werke.* München: Piper, [6]1999.

Nhat Hanh, Thich: *Der Mondbambus.* Braunschweig: Aurum, 1993.

Rilke, Rainer Maria: *Die Gedichte.* Frankfurt am Main und Leipzig: Insel, 2006.

Schrauth, Markus: *Talgrund der Wünsche: Gedichte.* Kassel: AQUINarte, [2]2009.

Steiner, Rudolf: *Die Stufen der höheren Erkenntnis.* GA 12. Dornach: Rudolf Steiner, [7]1993.

Steiner, Rudolf: *Die geistige Führung des Menschen und der Menschheit.* GA 15. Dornach: Rudolf Steiner, [10]1987.

Steiner, Rudolf: *Die Schwelle der geistigen Welt. Aphoristische Ausführungen.* GA 17. Dornach: Rudolf Steiner, [7]1987.

Steiner, Rudolf: *Wahrspruchworte.* GA 40. Dornach: Rudolf Steiner, 1998.

Steiner, Rudolf: *Was wollte das Goetheanum und was soll die Anthroposophie?* GA 84. Dornach: Rudolf Steiner, [2]1986.

Steiner, Rudolf: *Vor dem Tore der Theosophie.* GA 95. Dornach: Rudolf Steiner, [4]1990.

Steiner, Rudolf: *Das Hereinwirken geistiger Wesenheiten in den Menschen.* GA 102. Dornach: Rudolf Steiner, [4]2001.

Steiner, Rudolf: *Die Mission einzelner Volksseelen im Zusammenhang mit der germanisch-nordischen Mythologie.* GA 121. Dornach: Rudolf Steiner, [5]1982.

Steiner, Rudolf: *Weltenwunder, Seelenprüfungen und Geistesoffenbarungen.* GA 129. Dornach: Rudolf Steiner, [6]1995.

Steiner, Rudolf: *Die Welt der Sinne und die Welt des Geistes.* GA 134. Dornach: Rudolf Steiner, [5]1990.

Steiner, Rudolf: *Die geistigen Wesenheiten in den Himmelskörpern und Naturreichen.* GA 136. Dornach: Rudolf Steiner, [6]1996.

Steiner, Rudolf: *Welche Bedeutung hat die okkulte Entwicklung des Menschen für seine Hüllen und sein Selbst?* GA 145. Dornach: Rudolf Steiner, [5]1986.

Steiner, Rudolf: *Kunst- und Lebensfragen im Lichte der Geisteswissenschaft.* GA 162. Dornach: Rudolf Steiner, [2]2000.

Steiner, Rudolf: *Die Verbindung zwischen Lebenden und Toten.* GA 168. Dornach: Rudolf Steiner, [4]1995.

Steiner, Rudolf: *Bausteine zu einer Erkenntnis des Mysteriums von Golgatha.* GA 175. Dornach: Rudolf Steiner, [3]1996.

Steiner, Rudolf: *Der Tod als Lebenswandlung.* GA 182. Dornach: Rudolf Steiner, [4]1996.

Steiner, Rudolf: *Vergangenheits- und Zukunftsimpulse im sozialen Geschehen.* GA 190. Dornach: Rudolf Steiner, [3]1980.

Steiner, Rudolf: *Geisteswissenschaftliche Behandlung sozialer und pädagogischer Fragen.* GA 192. Dornach: Rudolf Steiner, [2]1991.

Steiner, Rudolf: *Anthroposophie als Kosmosophie. Erster Teil: Wesenszüge des Menschen im irdischen und kosmischen Bereich.* GA 207. Dornach: Rudolf Steiner, [3]1990.

Steiner, Rudolf: *Anthroposophie als Kosmosophie. Zweiter Teil: Die Gestaltung des Menschen als Ergebnis kosmischer Wirkungen.* GA 208. Dornach: Rudolf Steiner, [3]1992.

Steiner, Rudolf: *Das Geheimnis der Trinität. Der Mensch und sein Verhältnis zur Geistwelt im Wandel der Zeiten.* GA 214. Dornach: Rudolf Steiner, [3]1999.

Steiner, Rudolf: *Esoterische Betrachtungen karmischer Zusammenhänge.* Band III. GA 237. Dornach: Rudolf Steiner, [8]1991.

Steiner, Rudolf: *Aus den Inhalten der esoterischen Stunden.* Band I: 1904–1909. GA 266/1. Dornach: Rudolf Steiner, [2]2007.

Steiner, Rudolf: *Aus den Inhalten der esoterischen Stunden*. Band II: 1910–1912. GA 266/2. Dornach: Rudolf Steiner, 1996.

Steiner, Rudolf: *Aus den Inhalten der esoterischen Stunden*. Band III: 1913–1914. GA 266/3. Dornach: Rudolf Steiner, [3]2015.

236 Seiten, gebunden mit Schutzumschlag
ISBN 978-3-7725-2882-8

Was geschieht mit der Seele eines uns lieben Menschen nach seinem Tod? Kann es noch ein gemeinsames Leben mit den Verstorbenen geben? Wie können wir das in Erfahrung bringen? Iris Paxino erzählt lebensnah und bewegend aus ihren eigenen Erfahrungen mit Verstorbenen und als psychologische Begleiterin von Hinterbliebenen.

Verlag Freies Geistesleben

191 Seiten, Leinen mit Schutzumschlag
ISBN 978-3-7725-2438-6

Was ist der Schmerz? Wie lernen wir, seine Sprache zu verstehen und mit ihm umzugehen? Iris Paxino beschreibt die verschiedenen Formen des Schmerzes: den körperlichen, psychischen und den geistigen. Sie macht deutlich, dass wir Menschen nicht ohne die Fähigkeit des Schmerzerlebens auskommen können, zeigt aber auch, wie wir mit dem Schmerz als Grenzerfahrung leben können.

Verlag Freies Geistesleben

190 Seiten, Leinen mit Schutzumschlag
ISBN 978-3-7725-2541-4

Früher oder später fragt sich fast jeder: Ist das Leben, das ich führe, eigentlich mein Leben? Wie viel von dem, was mir im Leben gegeben wurde, gehört zu mir? Wie weit bin ich selbst Gestalter? – Johannes W. Schneider schöpft aus einem Leben vielfältigster Begegnungen mit anderen Menschen und Kulturen, um den Leser zu einem tieferen Verständnis seines Selbst anzuregen.

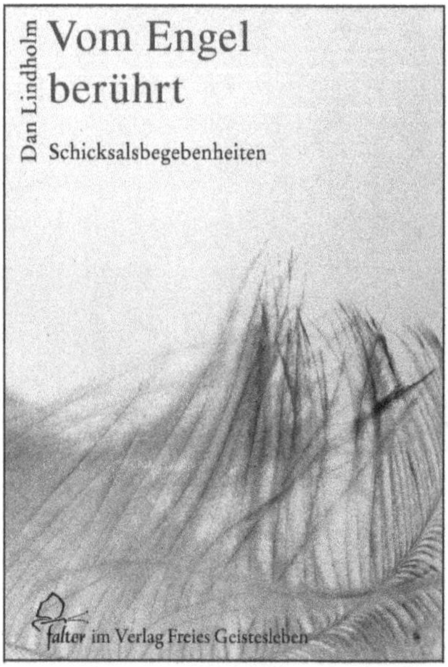

101 Seiten, Leinen mit Schutzumschlag
ISBN 978-3-7725-1052-6

Mancher mag sich in der Rückschau auf bestimmte Ereignisse seines Lebens fragen, warum er in einer bestimmten Situation so und nicht anders gehandelt hat. Lindholm erzählt von tatsächlichen Begebenheiten, die oft ans Unwahrscheinliche, ja Wunderbare grenzen und die dennoch von den eigenartigen Wegen des menschlichen Schicksals zeugen.

Verlag Freies Geistesleben

84 Seiten, Leinen mit Schutzumschlag
ISBN 978-3-7725-1055-7

Der meditative Erkenntnisweg der Anthroposophie geht ganz bewusst vom Alltagsbewusstein aus und versucht zunächst, dessen Grenzen erfahrbar zu machen. Es geht nicht darum, etwas Altes zugunsten eines Neuen einfach aufzugeben, sondern das durch das naturwissenschaftliche Weltverständnis geprägte Bewusstsein selbst wird erweitert. Diese Erweiterung geschieht durch die Ausbildung neuer Fähigkeiten, die in jedem Menschen schlummern.

202 Seiten, gebunden mit Schutzumschlag
ISBN 978-3-7725-2899-6

Die Autoren führen zu einem grundlegenden Verständnis und Erleben der Wesenheit Widars, sowohl anknüpfend an die nordische Mythologie, die Edda, als auch die Anthroposophie Rudolf Steiners. Gleichzeitig werden die tragischen und herausfordernden Weltereignisse des 20. und 21. Jahrhunderts einbezogen, durch die der gute Fortgang der Menschheitsentwicklung in Frage gestellt scheint.

Verlag Freies Geistesleben

169 Seiten, kartoniert
ISBN 978-3-7725-3304-4

Was heißt eigentlich emotionale Intelligenz? Was sagen mir meine Gefühle? Was tue ich, wenn ich wütend bin? Rudy Vandercruysse zeigt anhand von praktischen Übungen, wie die Fähigkeit der emotionalen Selbstführung entwickelt werden kann und dadurch eine Verwandlung und Umkehr des Gefühlslebens möglich wird. Diese neu errungene Fähigkeit kann wiederum Grundlage einer meditativen Tätigkeit werden.

Verlag Freies Geistesleben

236 Seiten, kartoniert
ISBN 978-3-7725-3313-6

Als Menschen können wir nicht zusammenleben, ohne einander unsere Fehler zu verzeihen. Sergej O. Prokofieff zeigt in dieser viel gelesenen Studie, dass das Verzeihen darüber hinaus noch eine tiefere Bedeutung hat: als Schlüssel zur Bewältigung des Karmas, als Weg zum Christus und als Entwicklungsaufgabe der Menschheit.

Verlag Freies Geistesleben

213 Seiten, kartoniert
ISBN 978-3-7725-1143-1

Das Wirken des Engels in der heutigen Zeit unterscheidet sich grundlegend von früheren Epochen: Der Engel erscheint nicht mehr. Aber er spricht leise in der Schicksalsbildung des Menschen. Das Ich des Menschen in seiner geistigen Dimension ist sein Existenzraum. Der Engel wirkt als Kraft im menschlichen Seelenleben, in der Leibesorganisation, in der Sphäre zwischen Menschen. Ob die Engelkraft den Menschen fördert oder schädigt: Das Ich selbst qualifiziert ihre Wirkung.

Verlag Freies Geistesleben